MON ANIMAL A-T-IL BESOIN D'UN PSY ?

JOËL DEHASSE

MON ANIMAL A-T-IL BESOIN D'UN PSY ?

Odile
Jacob

Ouvrage proposé par Christophe André

15, rue Soufflot, 75005 Paris

www.odilejacob.fr

ISBN : 2-7381-1705-8

Au-delà de la technique,
Au-delà de la science,
Commence l'art.

Introduction

Avant que la sonnette ne retentisse, le chien aboya ! Les propriétaires ont crié : « Ici, reste ici. » Et j'ai imaginé la scène : ils tiraient sur la laisse pour retenir le chien. J'ai activé l'ouvre-porte automatique et ils sont entrés dans la salle d'attente. Heureusement que je reçois les clients sur rendez-vous, car il eût été impossible de continuer une consultation en cours tellement il y avait du bruit dans la salle d'attente. Quand j'ai ouvert la porte pour permettre à tout ce petit monde d'entrer dans la salle de consultation, le chien, un boxer, s'est précipité, entraînant sa maîtresse dans son sillage ; un homme, son mari sans doute, les suivait. Le chien a bondi vers moi, sur moi, sans contrôle aucun de ses maîtres. Le chien a failli percuter mon menton, m'a donné un coup de langue, puis s'est précipité vers une balle de tennis qui traînait – intentionnellement – au sol. Le diagnostic probable d'hyperactivité étant réalisé en deux minutes, et confirmé après cinq minutes, j'ai passé le reste de l'heure de consultation à écouter les propriétaires avec empathie afin de déterminer leur degré de motivation à pouvoir engager un changement.

Toute consultation ne permet pas un diagnostic aussi rapide. Il est possible qu'après une heure je ne sois pas plus avancé qu'après les cinq premières minutes. Mais c'est exceptionnel. En une heure, j'ai généralement bien assez de temps pour comprendre, faire comprendre, motiver, agir et faire agir. Personne n'étant obligé de tout résoudre – définitivement – dès la première visite, j'ai bonne conscience de pouvoir engager les premiers processus de changement après une heure de consultation. Pourtant j'entends que, dans le monde, certains vétérinaires psy préfèrent des consultations de 90 minutes, de 2 heures, de 3 heures, même de 5 heures, pour engager un processus de changement.

Personnellement j'estime que, si en 1 heure on n'a pas « vendu son affaire », on n'y arrivera pas plus aisément en 3 ou 5 heures. Je m'imagine être le client et subir 3 à 5 heures de discussion, observations et manipulations. Je n'y survivrais pas. Je ne vois pas pourquoi les propriétaires d'animaux devraient subir ce que moi je ne tolérerais pas. Le but de la consultation n'est pas de tourmenter les clients mais de les aider et de se faire plaisir en même temps, n'est-ce pas ?

Évidemment, vingt ans d'expérience de consultations de comportement et une formation en thérapie familiale et en interventions systémiques, cela aide ! Alors, je me suis dit que j'allais partager avec vous cette expérience.

Je vous parlerai de comportements, celui des chiens et des chats, mais aussi celui des maîtres que vous êtes. Si je suis consulté, c'est bien évidemment que les comportements des animaux posent des problèmes à leurs propriétaires : le chien détruit, il hurle, il mord, il ne joue pas..., le chat urine dans la maison, il mord les chevilles… L'animal peut présenter un comportement normal mais qui ne convient pas à ses maîtres ; ou il peut présenter un comportement anormal : le chien ou le chat tourne sur lui-même et capture sa queue plusieurs heures par jour, l'animal se lèche la fourrure jusqu'à se dépoiler, il semble voir des choses inexistantes…

La spécialité en médecine vétérinaire comportementale, ou psychiatrie vétérinaire, s'est développée depuis plus de vingt ans ; elle est à son apogée aujourd'hui et est en passe de devenir une des spécialisations les plus importantes.

Avant d'aller plus loin, je dirai que je suis un adepte de l'individualisation des traitements, c'est-à-dire que le traitement est unique pour chaque animal. Sans doute est-ce imprégné dans mon subconscient par les années d'expérience. Je ne reçois généralement que des cas référés, des chiens ou des chats qui sont déjà passés à travers un bel échantillon de thérapies stéréotypées avec peu de changements ou avec aggravation de leurs problèmes de comportement. Je ne reçois évidemment pas ceux qui ont été améliorés et guéris. Prônant l'individualisation des traitements, j'estime qu'il est impossible de gérer ou de traiter un trouble du comportement sans un bon examen comportemental. Et, à défaut d'observer l'animal pendant des heures – ou des jours – dans son milieu de vie, le vétérinaire psy est obligé d'extraire l'information des personnes qui ont l'occasion d'observer l'animal, à savoir, en général, ses propriétaires, ses instructeurs (dresseurs et autres éducateurs canins), ses proches (ceux qui connaissent intimement le chien, les amis, les voisins, qui veulent participer). En effet, le vétérinaire psy peut voir les chiens de famille, mais aussi des chiens de travail, comme les chiens de la police ou de l'armée, les chiens de chasse, des chiens de sport…

Le thérapeute communique avec les personnes qui le consultent et lui apportent l'animal à observer et à examiner. La communication humaine est dès lors un élément fondamental de la consultation comportementale vétérinaire. Voilà pourquoi il faut organiser la consultation en gardant en mémoire les différents objectifs tels que, entre autres, l'obtention des informations pertinentes pour établir un diagnostic, pour donner les explications requises, pour élaborer une stratégie de gestion ou de traitement qui sera proposée, acceptée et mise en place par un propriétaire d'animal responsable et motivé.

Or s'il y a beaucoup de livres sur la pratique de la consultation en psychothérapie humaine, particulièrement en systémique et en thérapie comportementale, il n'y avait pas grand-chose d'écrit sur ce sujet en médecine vétérinaire comportementale. À force de donner des formations, de superviser des confrères, d'observer des jeux de rôles et des consultations, j'en suis venu à la conclusion que conduire une consultation de comportement (ou même une consultation en médecine vétérinaire générale) peut s'apprendre même si ce n'est pas une entreprise aisée. Rien ne remplace l'expérience, c'est-à-dire la confrontation à des milliers de cas cliniques et la résolution de la majorité d'entre eux. Mes consultations ont évolué en vingt ans ; elles ont changé par l'expérience et la formation en thérapie systémique. Les résultats sont meilleurs et plus rapides. C'est ce savoir que je désire transmettre.

Il y a encore une autre raison majeure à ce livre. La médecine vétérinaire comportementale a le droit à la reconnaissance comme spécialité vétérinaire au même titre que la neurologie, l'ophtalmologie, la médecine interne et les autres spécialisations. Ce livre démontre, je l'espère, que « faire du comportement » n'est pas synonyme de passer quelques minutes avec un client à discuter du problème que poserait son animal sain dans un milieu inadapté. Faire du comportement nécessite l'acquisition d'une science et d'un art. La science est complexe, en partie parce que tout ce qui touche à la psychologie et à la sociologie fait partie des sciences de l'imprécis[1]. On est loin en effet de la précision des mathématiques ou de la physique. Et même dans ces domaines réputés précis, dans son théorème, Kurt Gödel a établi en 1931 que, dans certains cas, on peut démontrer une chose et son contraire (inconsistance) et qu'il existe des vérités mathématiques qu'il est impossible de prouver (incomplétude). Cela signifie qu'aucune théorie n'est complète ni absolue. Si c'est déjà vrai en mathématique, c'est inévitablement vrai – et même pire – dans les sciences psychologiques et sociales.

Heureusement, les propriétaires d'animaux ne nous demandent pas la précision des mathématiques, ils nous demandent de les aider à résoudre leurs problèmes, liés à la vie avec un animal qui peut être normal mais qui, bien souvent, souffre d'une pathologie psychologique, comme un trouble compulsif, un trouble de l'humeur (anxiété, dépression), une démence sénile... C'est alors tout le système qui souffre. Et cette souffrance est intolérable.

Le système en souffrance, c'est tout ce qui entoure l'animal : sa famille proche, mais aussi les voisins, la communauté élargie, les vétérinaires intervenants... Si un chien a peur et se défend en mordant, qui risque d'être mordu ? Les propriétaires, leurs enfants, les voisins, le vétérinaire, une personne marchant tranquillement dans la rue. Même le politique souffre et s'en mêle avec des propositions de loi. En général, la préoccupation va au bien-être de la famille qui a adopté l'animal et en a pris la responsabilité.

1. Moles A., *Les Sciences de l'imprécis*, Seuil, Paris, 1995.

L'animal est présenté au vétérinaire psy. C'est l'animal qui souffre d'un trouble ou qui est le prétendu fauteur de troubles ; il est en souffrance ou il est cause de nuisances, donc de souffrance. Dans tous les cas, c'est l'indisposition du maître qui déclenche la demande de consultation. Cette affliction du maître est liée aux nuisances subies, par exemple les insomnies du chien causant celles des personnes, les aboiements du chien motivant des plaintes des voisins, les souillures par les chats entraînant des mauvaises odeurs dans l'habitat… Cette souffrance est liée aussi à l'incompréhension et à l'inacceptation des tourments d'un être aimé – l'animal – qui vit une expérience de pathologie psychique toujours invalidante.

Dans cette vision, l'animal souffre ou est la cause de la souffrance des gens dans le système social qui l'entoure ; l'animal est amené chez le vétérinaire. Celui-ci va écouter l'animal en auscultant son corps et en observant quelques comportements en consultation ou sur vidéo, si les propriétaires ont filmé leur animal. Mais pour examiner les comportements de l'animal, comprendre ses émotions et ses humeurs, qui mieux que les propriétaires peut en parler ? N'est-ce pas eux qui observent leur animal jour après jour. N'est-ce pas eux qui subissent les nuisances ? C'est leurs observations et leurs connaissances de leur animal qui permettront au vétérinaire de comprendre et de les aider à comprendre. C'est leur désir de changement et leur motivation qui permettront de traiter l'animal et de changer, si nécessaire, certains éléments du système pour donner plus de bien-être à tous. Ce sont donc eux, les propriétaires, qui sont les éléments clés de la consultation de comportement animal.

Aider les systèmes nécessite de discuter avec les propriétaires des animaux qui nous sont présentés. Ce travail de relation entre humains, d'un côté le thérapeute, de l'autre le client, a ses règles.

Les vétérinaires ne sont généralement pas instruits dans ce domaine. Ils ont pour mandat de soigner les animaux et, pour ce faire, ils doivent entrer en relation avec des... gens, les propriétaires. Et cette relation n'est pas simple. Il ne suffit pas de prescrire un médicament, de faire une injection, de réaliser une intervention chirurgicale pour prévenir ou résoudre les problèmes, non ! Il faut entrer en relation sociale, établir un lien, créer un climat de confiance, ouvrir son cœur à la souffrance d'autrui ! La médecine du comportement va au-delà de la science de l'éthologie clinique, de la psychologie, de la psychiatrie, de la neurophysiologie, de la neuropsychobiologie... Elle doit intégrer les sciences de la communication et des relations sociales. Certains vétérinaires sont doués ; ils ont cela en eux ! D'autres sont moins doués, et leur apprentissage est forcément plus long. J'espère que ce livre leur permettra à eux aussi de s'exercer et d'apprendre plus rapidement à communiquer de façon plus opérante, c'est-à-dire avec comme objectif l'aide aux systèmes composés par les humains et leurs animaux.

En fait, au-delà des techniques, les choses sont extrêmement simples, il s'agit d'aimer. Il s'agit de s'accepter en toute situation tel qu'on est, d'accepter les clients et les animaux tels qu'ils sont, et d'ouvrir son cœur avec empathie. Le reste va tout seul.

CHAPITRE 1

Docteur, mon animal ne va pas bien...

Histoire du chat Luka

« Docteur, j'ai pris un rendez-vous d'urgence pour mon chat. Il m'a agressé aujourd'hui. J'ai déjà vu votre confrère ; il a dû anesthésier Luka pour l'examiner. Il n'a rien trouvé. Il a dit que c'était un problème de comportement. Voilà, alors, je viens vous voir ; je ne veux pas garder ce chat !

— Racontez-moi ce qui s'est passé.

— Brusquement, ses yeux sont devenus fixes, il m'a regardé. » En même temps la propriétaire montrait ses mains grandes ouvertes, comme si elle mimait l'écarquillement des yeux de son chat. Je pouvais imaginer le chat, les yeux grands ouverts, le regard fixe, dressé sur ses pattes, tendu. « Il a poussé des cris terribles puis il s'est avancé vers moi lentement.

— Vous souvenez-vous de sa posture, de la position de oreilles, de la queue ?

— Oh, les oreilles étaient couchées, la queue, je ne sais plus, je regardais ses yeux, sa tête ; et il était très grand, très haut sur ses pattes.

— Et après, qu'avez-vous fait ?

— Je l'ai regardé, pour être sûre qu'il ne m'attaque pas, et j'ai reculé très lentement vers la porte, puis je l'ai enfermé. Mon Dieu, qu'est-ce que j'ai eu peur ! Je ne veux pas garder ce chat !

— Et après ?

— Je l'ai entendu crier dans la cuisine pendant plus d'une heure ; je suis venu voir plusieurs fois, mais je n'ai pas osé rentrer. Après une heure, il semblait calmé ; je suis rentrée dans la cuisine, il est venu se frotter à moi. J'ai voulu le prendre dans les bras, mais il s'est défendu, il a recommencé à souffler, et je l'ai laissé seul encore un certain temps. »

Luka est un chat noir, mâle castré, de un an et demi. Il vit avec sa maîtresse, une pédicure et sa fille. La belle-sœur de la propriétaire est aussi présente à la consultation.

« Est-ce la première fois que le chat montre ce comportement agressif ?

— Non, la première fois, c'était il y a longtemps.

— Vous souvenez-vous quand ?

— Je dirais il y a 3 ou 4 mois. J'étais occupée à placer une moustiquaire à la fenêtre de la cuisine. Brusquement j'ai entendu Luka crier et souffler. Je me suis retournée, il regardait dehors ; un chaton passait dans le jardin. Il était en colère, le poil hérissé. J'ai vite refermé la fenêtre. Et alors il m'a regardée, il m'a fixée des yeux, et il s'est avancé sur moi lentement. J'ai eu peur, je me suis redressée et j'ai reculé pour sortir de la cuisine.

— Vous a-t-il attaquée ?

— Non, jusque-là, il ne m'a pas attaquée, pas mordue, enfin, sauf quand on le prend sur les genoux et qu'on le caresse ; il n'aime pas ça très longtemps, alors il se débat, et il peut griffer ou mordre. Ce n'est pas un chat très câlin ; il ne l'a jamais été.

— Et entre la première colère avec le chaton et la moustiquaire et l'incident d'aujourd'hui, y a-t-il eu d'autres agressions ?

— Oui, deux ou trois ; une fois avec les enfants, Luka s'est brusquement mis à crier et à souffler ; les enfants lui ont jeté une chaussure ; ils ne l'ont pas touché ; juste devant lui ! Mais ça n'a rien fait. Il les regardait. Enfin, moi je n'étais pas là, c'est ce qu'ils m'ont raconté. Ils ont quitté la pièce ; ils avaient peur !

— Et combien de temps a-t-il fallu pour qu'il revienne à la normale ?

— Je ne sais pas, je n'étais pas là. Mais je crois que c'est longtemps ! »

À ce stade de la consultation, j'ai, bien entendu, quelques idées sur ce qui se passe. Ces idées sont liées aux modèles d'interprétation que j'utilise et qui se sont révélés fiables dans des centaines de cas, « fiables » signifiant reproductibles et prédictifs de l'évolution. Mais avant d'en parler, je dois absolument savoir ce que les propriétaires attendent de moi.

« J'ai bien entendu que vous ne désirez pas garder Luka. Mais qu'aviez-vous envie de faire de lui ?

— On voulait le replacer, dit la propriétaire.

— Il est exclu de l'euthanasier ! C'est un jeune chat, il est plein de santé !, insiste la belle-sœur.

— Mais on ne voudrait pas qu'il morde quelqu'un !, dit la propriétaire.

— En fait, vous vous sentiriez mal, peut-être coupable, si on l'euthanasiait ou s'il blessait quelqu'un. C'est un peu ça ?

— Oui, on connaît une vieille dame qui vient de perdre son chat et qui est prête à l'adopter.

— Et vous lui avez parlé des problèmes d'agression ?

— Ben… non ! On n'a pas osé. Mais on devrait, n'est-ce pas ? Mais alors, qui voudra encore l'adopter ? » Elle hésite, reprend : « Mais on habite à la campagne, peut-être on pourrait le faire vivre dans une ferme… ? »

Silence.

« Mais c'est pour ça qu'on est venues vous voir ! Pour nous dire si vous pouvez stopper cette agression.

— Et garantir qu'il ne sera plus jamais agressif ?, dis-je.

— Oui, évidemment ! »

Silence.

« Mais, dit la propriétaire, ce n'est pas possible, n'est-ce pas ? »

Je fais un mouvement de négation de la tête.

La propriétaire semble se recroqueviller sur sa chaise.

« Et vous pouvez nous expliquer ce qu'il a, qu'on comprenne mieux ? »

Et j'explique. En effet, sans aller même plus loin dans l'analyse des symptômes, on peut directement déterminer trois formes d'agression :

— Agression du chat caressé. C'est ce qu'on appelle le « chat-caressé-mordeur » ; c'est une problématique d'intolérance de la caresse. Il faut bien savoir que le chat, même s'il vient sur les genoux pour avoir un contact social et un endroit confortable pour sommeiller, ne demande pas d'être caressé, manipulé, tripoté. S'il est manipulé, il peut réagir par irritation, griffer, mordre et s'en aller, fâché.

— Agression territoriale avec un autre chat vu par la fenêtre et, vu l'impossibilité d'agresser ce chat étranger, redirection de cette agression sur la propriétaire, seule cible mouvante disponible.

— Agression atypique, brutale, inexpliquée, sans déclencheur, de longue durée ; cette agression fait penser à des troubles de l'humeur, un phénomène de crise, comme une convulsion comportementale, et est typique des troubles unipolaires.

L'agression territoriale redirigée et l'agression atypique se différencient bien lorsqu'on dessine le graphique de l'évolution de l'excitation émotionnelle de Luka en fonction du temps.

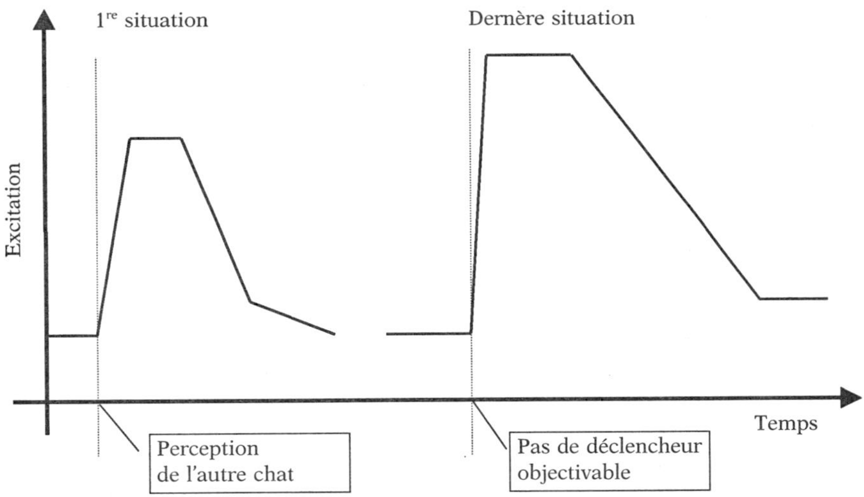

L'excitation émotionnelle du chat en fonction du temps.

Ce graphique nous permet de déterminer que Luka monte rapidement en excitation émotionnelle et qu'il redescend très lentement à la ligne de base d'une émotion adaptée ; c'est un trait de sa personnalité et cela ne peut pas être changé aisément, sinon par une médication à long terme. Les deux courbes sont également différentes par trois critères : la présence ou l'absence d'un déclencheur, l'intensité de l'excitation et la durée pour le retour à la norme.

Le chat vit en maison, il a accès à un jardin, mais il a peur du bruit des voitures, de l'agitation urbaine et il reste près de la maison, souvent dans la maison. Dès lors on peut aussi se demander s'il a assez d'activité, un chat ayant habituellement besoin d'une moyenne de 3 heures d'activité par jour.

Si on désirait proposer des solutions thérapeutiques, on pourrait donner des médicaments qui stabilisent l'humeur et réduisent les crises agressives, mais, parce qu'il y a un mais, le chat accepte en général mal d'avaler des comprimés, souvent amers, et il ne faudrait pas que l'administration de médicaments devienne un conflit quotidien dans les relations sociales entre le chat et ses propriétaires. On peut augmenter le niveau de stimulation de l'environnement et donner au chat de l'activité ; c'est toujours une bonne idée et, même, une thérapie prioritaire. On peut envisager des thérapies comportementales pour l'agression du chat-caressé-mordeur et pour les agressions territoriales redirigées, mais pas pour les agressions liées à des crises d'humeur, les plus graves en effet. On peut envisager un désarmement du chat en enlevant les griffes et les crocs, mais cette solution soulève généralement des indignations tant chez les vétérinaires et les propriétaires qu'au niveau légal, le dégriffage étant interdit, sauf pour raisons thérapeutiques. Enfin, on peut envisager le replacement et l'euthanasie. Toutes ces solutions proviennent du modèle psychiatrique.

Mais on pourrait envisager un autre modèle, comme le modèle énergétique. Si on envisage le chat comme un véhicule de l'énergie du système, on peut se demander qui est à l'origine d'un excès d'énergie que le chat doit éliminer sous forme de crises comportementales. Si cette hypothèse était vérifiée, alors un changement de système pourrait très bien permettre une atténuation, voire une disparition, des crises. Cependant, un replacement ne pourrait se faire qu'avec l'information complète sur la présence des crises agressives ; le nouveau propriétaire prendrait alors à sa charge la responsabilité du chat.

Dans l'analyse des solutions possibles, il faut proposer aux propriétaires un choix multiple afin qu'ils puissent choisir les solutions les plus adaptées à leur vision du monde. On pourrait ici analyser à loisir les sentiments de culpabilité des propriétaires face à l'euthanasie ou au risque de blessures sur autrui, les conflits entre la propriétaire et sa belle-sœur, amoureuse des chats et dont l'éthique revendique l'interdiction d'euthanasier un jeune chat en bonne santé physique. On pourrait travailler sur ces facettes psychologiques des maîtres, mais ce n'est pas leur demande. L'euthanasie du chat, solution envisageable par les vétérinaires pour la sécurité publique, entraînerait vraisemblablement des conflits entre les deux dames. Le traitement médicamenteux du chat, autre solution préférée des vétérinaires, est rejetée par les propriétaires dont la peur, palpable, entraîne un rejet complet de toute possibilité de traitement.

C'est finalement la solution du replacement, avec information claire, vraie et complète au nouvel adoptant, que les propriétaires ont sélectionnée.

Pourquoi consulter un vétérinaire psy ?

Toute consultation vétérinaire est façonnée par le processus et le cadre qui permettent au praticien d'obtenir toutes les informations nécessaires pour répondre à son mandat, généralement d'aider l'animal, le propriétaire et la relation de l'animal avec son environnement. En médecine vétérinaire comportementale, le processus de consultation est médical et bien entendu régi par le modèle médical qui est organisé en sémiotique, diagnostic, pronostic et traitement. Il est malaisé de s'en défaire et, pourtant, c'est ce que je vais proposer en partie. En psychothérapie animale, le diagnostic est secondaire à la résolution des problèmes, les thérapies sont coconstruites avec les propriétaires, les différentes phases de la consultation ne sont plus séparées mais mêlées.

Le vétérinaire psy – ou toute personne qui propose un service d'aide comportementale, par exemple un technicien en santé animale, une aide vétérinaire, un éthologiste – a une obligation de moyens, non une obligation de résultats. Mais sans résultats, il ne survivra pas longtemps dans une profession d'aide.

Les moyens mis en œuvre sont ceux de la profession vétérinaire, qui sont aussi – par conséquent – dictés par l'éthique professionnelle, les lois régissant la profession et les règles professionnelles (déontologiques), et celles-ci peuvent varier d'un pays à l'autre.

Une des obligations de l'intervenant est d'éviter la *perte de chances* : l'intervention ne peut nuire ni faire perdre du temps, c'est-à-dire faire perdre des chances d'amélioration et de guérison. Toute intervention doit être référencée par des publications professionnelles (ou, mieux, des publications scientifiques) et toute utilisation de techniques nouvelles ou non référencées doit être annoncée et faire l'objet d'un consentement éclairé par les propriétaires. Or la médecine vétérinaire comportementale utilise souvent des techniques nouvelles et individualisées, donc peu référencées. Dès lors il est important d'annoncer ce que l'on va faire, ce que l'on en attend, et les effets nuisibles potentiels de ses interventions.

Dans les notions essentielles, on retrouve :

— les objectifs,

— les cadres,

— l'entretien, la recherche des signes et symptômes,
— le lien thérapeutique, l'empathie et la motivation,
— la cocréation des stratégies de changement.

Objectifs, mandats et intentions

Les mandats du vétérinaire psy

Un médecin vétérinaire est mandaté légalement pour assurer la santé et le bien-être des animaux. Cela ne se fait cependant pas au détriment de la santé et du bien-être social et physique de l'environnement de l'animal, particulièrement de sa famille d'accueil et de la société en général. Soigner un chien craintif avec des médications qui peuvent activer les comportements d'agression entraîne des risques pour les personnes qui côtoient le chien. L'éthique et la loi l'interdisent. Toute prescription médicamenteuse sera donc basée sur une connaissance adéquate des effets des médications. Il en va de la responsabilité légale du prescripteur.

Cela dit, le vétérinaire est surtout mandaté contractuellement par le client. Les demandes et les attentes du client sont les éléments d'un contrat verbal, usuellement tacite.

Certes, les termes du contrat ne sont pas décrits en détail, il n'y a pas de poignée de main ou de document officialisant leur accord, mais le contrat existe néanmoins et chaque partie se doit d'en respecter les dispositions. Encore faut-il les connaître. Cela fait partie des cadres de la consultation.

Un vétérinaire peut anticiper de la part du client une demande de traitement pour l'animal qui lui est présenté. C'est logique mais pas systématiquement correct. Le contrat peut être une demande d'explication, une expertise officieuse ou officielle, etc., comme le montre l'anecdote suivante.

Une dame d'une cinquantaine d'années entre à la consultation. Elle n'a pas son chat avec elle ; pourtant j'ai en mémoire qu'elle voulait parler d'une affaire complexe liée au comportement d'un chat. Je suis intrigué. Elle m'explique que sa mère est décédée et que personne ne s'occupe de son chat qui vit toujours dans la maison et qu'une voisine nourrit pour le moment. Les frères et les sœurs de madame trouvent que le chat pose problème et ils ont décidé de l'abandonner à son sort dans le jardin. La maison sera vendue, le jardin aussi... Que le chat se débrouille, qu'il vive sa vie de chat dans la nature. Et la famille de refuser désormais de parler de ce sujet qui, manifestement, éveille des sentiments difficiles. Madame se demande si le chat pourrait se débrouiller seul. On est en automne, l'hiver approche et la région où vit le chat connaît des hivers rigoureux et enneigés. La demande de madame est donc de savoir si le chat peut survivre, s'il peut être abandonné à son sort.

Ma réponse est que, si le chat peut survivre sans contact social, sans l'amour d'un humain, il ne peut survivre sans abri et sans nourriture régulière. D'autre part, il y a des lois sur la protection animale, et l'abandon du chat est illégal. Le chat faisant partie de l'héritage, je suggère à madame de prendre contact avec le notaire et les vétérinaires de la région afin de gérer le replacement du chat ou, éventuellement, son euthanasie.

Il y a de nombreux thèmes de travail proposés à l'intervenant et il doit s'en enquérir, le client ne pensant pas toujours à l'avertir s'il désire une thérapie, une expertise ou une autre demande.

Le propriétaire de l'animal est un chaînon essentiel

Ce qui est mal connu, c'est que le client est un chaînon essentiel de la chaîne de changement. On a beau être un spécialiste du comportement animal, si le client, propriétaire de l'animal, n'est pas motivé ou motivable, la compétence de l'intervenant est sans valeur. Il vaut alors mieux être correct, même moyen, dans tous les domaines qu'excellent dans un domaine et médiocre dans un autre.

Des recherches récentes ont montré que les propriétaires sont surtout en demande d'écoute et de compréhension de la dynamique des problèmes, plus même que de changement ; dans ce dernier cas, les changements sont obtenus plus facilement lorsque le système familial est motivé que lorsque les changements sont imposés. L'expertise du vétérinaire devient secondaire à sa qualité d'écoute et à son empathie. Dès lors, si je désire améliorer le bien-être d'un chien ou d'un chat en souffrance, je dois passer par l'amélioration du bien-être de ses maîtres, dans une écoute empathique et motivante. Progressivement, dans ma pratique, l'écoute du maître est devenue plus importante que l'expertise en comportement animal.

Les objectifs du vétérinaire psy

L'objectif d'une consultation de comportement est de mettre les compétences du vétérinaire psy au service de celui qui consulte afin de l'aider à déterminer ses propres objectifs et ses propres stratégies de changement. L'objectif n'est certainement pas de vendre ses propres solutions à une personne qui ne les a pas demandées. Si le thérapeute part avec l'intention de régler les problèmes de l'animal et de son maître grâce à ses connaissances et à ses compétences, il est mal embarqué. Connaissances et compétences sont des outils au service des clients et des patients si et quand ceux-ci désirent transformer leur vécu.

Le vétérinaire – et les professions d'aide aux animaux – a l'obligation de veiller au bien-être animal. Ce sera un objectif à garder toujours en mémoire. Il ne sera cependant pas secondaire à la protection humaine, par exemple en face d'un animal agressif.

S'il fallait résumer les objectifs de l'intervenant, je dirais qu'il se doit d'écouter activement le client, c'est-à-dire d'être empathique.

Le premier pas : prendre rendez-vous

« Docteur X., vétérinaire spécialiste en comportement. Vous pouvez me téléphoner entre 9 heures et 9 heures 30, entre... ». Le répondeur téléphonique s'est enclenché pendant que je recevais des clients sur rendez-vous. Le son est minimisé pour ne pas déranger la consultation en cours. Le message continue : « ... Vous pouvez laisser un message, envoyer un fax ! Pour des informations, consultez mon site Internet... »

La première consultation de comportement nécessite généralement une heure de contact entre l'intervenant et le client. Il est plus aisé de consacrer cette heure sur rendez-vous, de programmer son temps. C'est plus agréable tant pour le vétérinaire que pour le client.

La prise de rendez-vous n'est pas une consultation

Cette prise de rendez-vous peut se faire à différents moments : au cours d'une consultation de médecine générale, par téléphone, par e-mail, par fax... Tous les moyens de communication modernes sont bons. Il y a cependant une règle essentielle à respecter : la prise de rendez-vous n'est pas une consultation.

De nombreux clients désirent savoir si le thérapeute peut résoudre leur problème et se mettent à raconter en détail les symptômes et l'histoire de leur animal. Il faut les interrompre et dire : « Vous aurez l'occasion de me raconter tout cela en détail lors de la consultation », ou bien : « Je suis en consultation et ne peux vous écouter maintenant, mais je vous propose un rendez-vous pour discuter de cela en détail. »

Au cours de cette communication, l'intervenant doit donner au client potentiel toute une série d'informations que je détaille dans le chapitre suivant (les cadres), à savoir, entre autres, la durée et les prix des consultations et d'une thérapie.

Le premier contact donne des informations

Même si l'intervenant ne recherche pas des informations sur le cas, même s'il les refuse en limitant la durée de la communication de prise de rendez-vous, il obtiendra tout de même des informations, parfois pertinentes. La première est donnée par la personne qui prend le rendez-vous et qui est neuf fois sur dix la personne en charge dans le système familial, c'est-à-dire la personne sur laquelle l'intervenant pourra compter pour réaliser des thérapies.

La seconde, non moins importante, est de savoir si le client est référé par un confrère où s'il vient spontanément. Si le cas est référé, il est bon de savoir ce que le confrère attend de vous et de prendre contact avec lui préalablement à la consultation, s'il ne l'a pas fait lui-même spontanément.

Un contact ne signifie pas une prise de rendez-vous

Si je fais un calcul subjectif du nombre réel de consultations par nombre de contacts (téléphoniques principalement) de clients potentiels, j'arrive au chiffre étonnant – et bas – de 10 %. C'est dire que seulement une personne sur dix, qui contacte un expert en comportement et qui reçoit les informations sur les prix et durées des consultations et de la thérapie, décide réellement de venir à un rendez-vous.

Très nombreux sont les demandeurs de résolution de problème ; très peu nombreuses sont les personnes résolues – voire simplement motivées – à résoudre les problèmes. Il y a beaucoup de raisons à cela. Ce peut être le prix de la consultation, ce peut aussi être l'*a priori* sur le travail personnel à engager, ce peut être la peur de devoir changer quelque chose à ses propres comportements… Il serait plus simple de pouvoir faire une injection à l'animal et que tout revienne dans l'ordre, que les problèmes disparaissent comme par enchantement. Et pourtant, non ! Ce n'est pas le cas. La médecine du comportement ne ressortit ni au miracle, ni à la magie ni à la sorcellerie.

Il faut savoir que ce chiffre (10 %) est comparable à celui que l'on trouve en médecine humaine. Sur une centaine d'enfants mordus par des chiens et présentés à un service d'urgence (à l'hôpital), seuls 3 ou 4 sont présentés à un service de psychologie et, cependant, tous ont des cauchemars.

Le vétérinaire psy doit connaître cette information pour ne pas être déçu du peu de réponse des propriétaires d'animaux de compagnie. Et, d'autre part, il faut éviter de perdre un temps considérable à expliquer, à donner des informations comportementales détaillées par téléphone ou e-mail, à des gens qui, dans 9 cas sur 10, ne viendront de toute façon pas en consultation. C'est décevant. Par contre, quand les propriétaires font l'effort de prendre rendez-vous pour consulter, il faut mettre tout en œuvre pour les satisfaire et améliorer leur bien-être et celui de leur animal.

CHAPITRE 2

La visite chez le vétérinaire comportementaliste

Moi, Loki, obèse et dépressive

Toki et Loki sont deux chattes stérilisées de 5 ans. Elles sont sœurs, sont noires, mais la ressemblance s'arrête là, parce que Loki pèse 9 kilos et Toki seulement 6. Si on peut considérer que Toki est normale, au point de vue tant physique que comportemental, on doit dire que Loki est obèse, peu active et obnubilée par la nourriture. C'est là le sujet d'inquiétude de ses propriétaires.

Les chattes vivent en appartement et, d'après les photos présentées par les propriétaires, cet appartement ne propose pas aux chats d'occuper les trois dimensions de l'espace. Il y a bien un manque d'enrichissement du milieu de vie afin d'assurer aux chats l'expression de leurs besoins éthologiques minimaux de mouvement. Cependant, les deux chattes vivent dans le même environnement, mais seule Loki est obèse et, probablement, dépressive. Elle doit donc avoir une personnalité qui se prête à développer des troubles psychologiques en milieu pauvre, tel qu'un appartement standard.

Les propriétaires ont déjà tenté de la faire jouer, ils limitent la quantité alimentaire ingérée, ils ont même mis des croquettes dans une bouteille plastique trouée, pour forcer la chatte à faire plus d'exercice, mais rien n'y fit, la chatte grossissait d'un kilo par an, devenait de plus en plus inactive, et réclamait sans arrêt à manger à voix forte.

Même quand elle a l'occasion de sortir en jardin, comme pendant les vacances à la campagne, Loki reste proche de la maison et s'empêche d'explorer alors que sa sœur vagabonde ; Loki a peur du monde extérieur.

C'est comme si, de par sa personnalité craintive et anxieuse, et la contrainte d'un environnement hypostimulant, elle s'était résignée au manque d'activité et l'avait redirigé, voire reprogrammé, en activité alimentaire. L'activité masticatoire et le remplissage de l'estomac ont une fonction apaisante. Ayant trouvé une activité apaisante, la chatte l'a sélectionnée comme activité privilégiée d'abord et, ensuite, comme activité exclusive ; manger est devenu une compulsion, un trouble (obsessionnel) compulsif.

À ce stade, enrichir l'environnement ne suffit plus ; il faut forcer la chatte à créer de nouveaux comportements et, pour cela, utiliser sa propension à manger : lui faire chercher sa nourriture en hauteur, par exemple ; il faut aussi transformer l'appartement et placer des « arbres » comme des troncs, des tapis de cordes muraux, et des « branches d'arbre » comme des étagères murales... afin d'aider le chat à grimper et à occuper les trois dimensions de l'espace.

On peut restreindre l'accès à la nourriture en plaçant celle-ci dans une boîte ou une pièce dont l'accès est rendu difficile par une ouverture (chatière) trop étroite, ce qui permet néanmoins à l'autre chatte de se nourrir.

Toutes ces idées me passent par la tête quand je reçois les informations sur la façon de vivre des chattes. J'en parlerai avec les propriétaires si cela s'avère nécessaire. Je dois, comme à chaque consultation, préciser leur demande.

« Qu'attendez-vous de mon intervention ?

— On aimerait qu'elle maigrisse parce que son embonpoint n'est certainement pas bon pour sa santé ; on a peur qu'elle fasse un problème au cœur... Et puis aussi on voudrait qu'elle ne réclame pas sans arrêt à manger. Et peut-on aussi la rendre plus active ?

— Je peux proposer un médicament, comme la fluoxétine (Prozac®) qui pourrait répondre à toutes ces demandes, mais il faut le lui administrer tous les jours. Même en sirop ou en solution, ce médicament est amer, et les chats sont très sensibles à l'amertume.

— Ça, ce serait possible ; cependant nous n'aimerions pas la droguer. Ce médicament n'a pas bonne réputation et il entraîne de l'accoutumance... Si on peut éviter, on évitera. »

Les clients ont accepté un médicament homéopathique et ont promis de faire le maximum pour enrichir l'environnement : monsieur imaginait déjà comment construire une boîte avec ouverture d'accès réduit ainsi qu'appliquer un tapis de laine au mur pour permettre aux chattes de grimper.

Les propriétaires ont été avertis que la perte de poids était très lente chez le chat et que ce serait déja une victoire si le poids se stabilisait pendant les trois premiers mois.

Les règles du jeu

J'appelle « cadres » les structures professionnelles qu'un vétérinaire propose et met en place afin de pouvoir remplir, de façon professionnelle, les engagements contractuels qui ont été pris.

Comme le dit Jacques-Antoine Malarewicz[1], psychiatre et thérapeute familial français : « Toute thérapie se déroule comme un jeu. Un jeu se définit comme un contexte spécifique où, de manière consensuelle, des règles et des finalités sont discutées et acceptées par les différents intervenants. Les règles ordonnent les échanges d'information et les finalités récompensent ou sanctionnent, pour chaque joueur, le résultat de l'ensemble de ses interactions dans un délai et un cadre spatio-temporel qui est lui-même fixé à l'avance. »

Dans une consultation vétérinaire psy aussi, il y a de nombreux cadres sur lesquels je reviendrai en détails :

— le cadre du temps,
— le cadre de l'espace,
— le cadre de la fréquence,
— le cadre des intervenants professionnels,
— le cadre financier,
— le cadre du mandat et du contrat.

D'autres cadres semblent plus subtils ou moins prioritaires, mais sont tout aussi importants :

— le cadre des attentes,
— le cadre de l'âme : empathie et tolérance,
— le cadre du « pourquoi maintenant ? »,
— le cadre de l'initiation des contacts,
— le cadre de l'inattendu,
— le cadre de l'arrêt de la thérapie,
— le cadre de la fin de la thérapie,
— le cadre des relations professionnelles et privées.

---

1. Malarewicz J.-A., *Comment la thérapie vient au thérapeute*, ESF, Paris, 1996.

Premières données

Certains cadres doivent être établis avant que ne commence la consultation ou aux tout premiers temps de cette consultation. Avant que le client ne s'engage, il faut qu'il connaisse les termes du contrat. Un client achète un service et il doit savoir ce qu'il va obtenir. S'il achète un micro-ondes, un appareil photographique, un vélo, une voiture, il connaît – *a priori* – ce qu'il va obtenir pour son argent. Si le client désire acheter un réfrigérateur, il trouvera toujours un vendeur pour lui en vendre un ; s'il rentre à la maison avec son réfrigérateur et essaie de le placer dans un espace laissé libre dans sa cuisine et que le réfrigérateur est trop grand de dix centimètres, ou même d'un seul centimètre, le client ne sera pas satisfait de son achat ! Dans le cas du réfrigérateur, le contrat doit spécifier exactement ses dimensions, sa puissance et tous ses paramètres. En chirurgie également, le contrat est assez clair et le prix précisé dans une fourchette de prix. Pourquoi pas en médecine du comportement ?

Il n'y a aucune raison que le contrat soit flou en psychothérapie. Bien entendu, en médecine vétérinaire comportementale, tout comme en médecine interne, en neurologie, les résultats ne sont pas contractuels. Et, en cas d'amélioration, il n'y a pas de garantie d'absence de récidive. Nous sommes en biologie, non en mathématique, et la certitude n'existe pas. Il n'y a pas de solution parfaite, pas de réussite complète et définitive. Comme l'écrit Paul Watzlawick[1] : « L'existence est un processus d'adaptation peut-être optimale, mais certainement jamais parfaite,

1. Watzlawick P., *The Language of Change (Elements of Therapeutic Communication)*, Norton, New York, 1993.

aussi long que la vie, et cela parce que le scénario de la vie change constamment. »

Comment pouvons-nous informer les maîtres des animaux des règles et des cadres de la consultation comportementale avant qu'ils ne prennent rendez-vous ? En cet âge de communication mondialisée et immédiate, c'est assez aisé. En ce qui me concerne, ces informations indispensables sont sur mon site Internet. Travaillant seul, sans aide vétérinaire ni secrétariat, j'ai deux outils à ma disposition : le téléphone et le site Internet. En absence de réponse directe, les clients obtiennent un message enregistré (répondeur) qui leur donne les moments d'accès téléphonique direct et l'adresse de mon site Internet. Un nombre croissant de clients consultent le site et obtiennent les informations pertinentes. Ils peuvent ensuite prendre un rendez-vous par courriel ou en téléphonant aux heures appropriées. La solution est satisfaisante, sans être parfaite. Le courriel sélectionne les clients qui ont un accès à la technologie moderne ; cette méthode n'est donc pas égalitaire. Le téléphone est accessible à tous ; un cadre bien défini par téléphone – le moment et la durée de la consultation, son prix, les éventuelles consultations suivantes, leur intervalle, leur prix – sélectionne les clients qui font le choix de s'investir, de s'engager dans un processus de changement. Les vétérinaires qui ont du personnel ou un service de secrétariat externe peuvent former leurs aides à répondre adéquatement au client.

Cette information préalable à la première consultation est très importante. Elle entraîne, en effet, une sélection. Comme je l'ai écrit dans le chapitre précédent, seulement 10 % des clients prendront un rendez-vous. Un nombre limité des personnes, qui ont un besoin pressant d'aide psychothérapeutique, demandent réellement de l'aide.

Le cadre du temps

Le temps de thérapie

Le moment et la durée de la consultation et des contacts successifs, la durée de l'ensemble de la thérapie doivent être précisés.

Personnellement, je ne reçois que sur rendez-vous. Le client est reçu à l'heure autant que possible ; je le lui dis, il le sait. La durée de la première consultation est de trois quarts d'heure à une heure. Le client le sait. Il peut prévoir, arranger son agenda et organiser son temps. Les visites de suivi ont lieu toutes les 4 à 6 semaines environ, leur durée est généralement plus courte que la visite initiale, soit une demi-heure. Toutes ces informations sont connues du client avant qu'il ne prenne un rendez-vous.

Les exigences de la première consultation imposent d'y consacrer un temps approprié et une attention adéquate. Un vétérinaire évitera de bâcler – disons même saboter – une consultation comportementale au cours d'une consultation vaccinale ; rien ne l'empêche cependant de vacciner l'animal lors d'une consultation comportementale. C'est une difficulté supplémentaire imposée au vétérinaire généraliste ; le client lui fait part d'un problème comportemental ; le vétérinaire lui propose une consultation séparée afin de prendre le problème au sérieux et lui accorder toute l'attention et le temps nécessaires.

Généraliste et spécialiste face à la demande de consultation de comportement

Un vétérinaire généraliste porte plusieurs casquettes : celle de généraliste, celle de chirurgien, celle de comportementaliste... Un vétérinaire spécialiste, lui, n'est pas confronté à la difficulté du port de ces casquettes multiples. Le généraliste doit jongler avec ces casquettes et c'est un exercice difficile. Une technique d'intervention systémique utilise le port de véritables casquettes. Une autre technique utilise des chaises différentes pour chaque personnage que doit jouer l'intervenant. Le généraliste pourrait s'amuser à trouver lui-même sa solution. Ne le fait-il pas déjà ? N'enfile-t-il pas un tablier spécial pour la chirurgie, un tablier de plomb pour la radiographie ? Pourquoi ne pas créer le costume du comportementaliste ? Quel serait-il ? Un jeans pour s'asseoir avec chiens et chats à même le sol, des biscuits en poche ? Un t-shirt avec la mention « ne me prenez pas trop au sérieux ! » ? De toute façon, je lui conseille d'abandonner la blouse blanche ! Elle fait fuir les animaux.

Le client du vétérinaire généraliste est capable de comprendre qu'une chirurgie ne se fait pas lors d'une consultation vaccinale ; le vétérinaire a été capable de le lui expliquer. Le même type d'explication est nécessaire pour la consultation comportementale. La banalisation de la médication des troubles comportementaux, facilitée par la mise sur le marché vétérinaire de molécules spécifiques, par le marketing de thérapies stéréotypées et non individualisées, pour des maladies supposées typiques, favorise la gestion superficielle des affections comportementales lors d'une consultation de routine. De nombreux animaux sont aidés de cette façon, c'est exact et bienheureux. La profession vétérinaire prend conscience de la nécessité de traiter ces affections comportementales et d'écouter les plaintes des clients, c'est aussi exact.

Néanmoins, la représentation professionnelle et populaire de la consultation comportementale est galvaudée et minimisée ; le client s'attend à une réponse rapide à une question somme toute simple : « Mon chien a mordu un enfant, quelle est la solution ? » La solution, cela va sans dire, est à donner en trois minutes. Le spécialiste est depuis lors envahi d'appels téléphoniques et de courriels – tant du public que de ses confrères – lui demandant de résoudre un problème de comportement par une réponse simple qui, de toute façon, ne lui prendra que quelques minutes d'attention. Il passe donc une partie de son temps à éduquer le public sur la nécessité d'attribuer un temps correct à l'analyse des problèmes afin de leur donner des réponses correctes et individuelles. Au moins les trois quarts des clients décident à ce moment de postposer la prise de rendez-vous. La réponse typique du client qui refuse de s'engager est la suivante : « Je vais en parler à mon conjoint et je vous rappellerai. » Il rappelle... rarement. Une autre remarque est : « En attendant que je puisse prendre rendez-vous, ne pourriez-vous pas me dire ce que je peux faire ? » Et le spécialiste de répéter qu'une intervention thérapeutique ne peut se faire qu'après diagnostic, donc après consultation. Le spécialiste peut référer le client réfractaire à des livres de qualité pour qu'il se rende compte de la difficulté ou de la complexité d'un cas comportemental *a priori* simple dans son esprit.

Une fois comprise la nécessité d'engager du temps – et de l'argent – pour régler un problème comportemental, le spécialiste risque d'être confronté à des patients – les animaux – qui ont déjà reçu l'ensemble des traitements stéréotypés disponibles sur le marché. C'est alors pour lui un défi de suggérer des stratégies de changements nouvelles et, cela, il sait d'ordinaire le gérer...

Durée et nombre des consultations

Pour revenir au cadre du temps, si le client peut être prévenu de la durée de la première consultation et des durées et fréquences approximatives des consultations de suivi, la durée complète de la thérapie reste inconnue avant que le diagnostic ne soit posé. Le propriétaire le sait aussi ; le vétérinaire ou son aide le lui a dit.

Dès lors la seule consultation contractuelle est la première consultation. Après celle-ci, le client est libre de continuer ; il sait cependant que, si une prescription de médicament est réalisée, un suivi est obligatoire.

Après la première consultation, le client sait – on le lui a annoncé – qu'il doit revenir une fois par mois pendant 2 à 3 mois, ensuite toutes les 6 à 8 semaines pendant un nombre de mois qui est annoncé. Lorsque des problèmes d'origine génétique sont suspectés, le client est averti que la thérapie peut durer un an et plus, c'est-à-dire parfois toute la vie.

Rien n'est évidemment totalement génétique ou totalement acquis ; toute pathologie est une combinaison subtile des deux. Tous les problèmes de personnalité ont une composante génétique forte : personnalité craintive, excitable, impulsive ou explosive, certains troubles de l'humeur comme les troubles bipolaires, les états dissociatifs, certains troubles compulsifs... Un chien qui commence vers l'adolescence à tourner sur lui-même, à capturer sa queue plusieurs fois par jour et qui vit comme dans un autre monde dont on ne peut que difficilement l'extraire pourrait souffrir d'un trouble dissociatif et on doit envisager un traitement médicamenteux à vie.

Par contre, si l'animal a subi un stress psychologique intense, il peut développer une dépression aiguë – ou trouble du stress posttraumatique – et le traitement sera court, parfois seulement de quelques jours. Pour des problèmes liés à des difficultés de communication ou d'éducation, la durée du traitement sera celle qui est nécessaire pour la reconstruction des moyens de communication et les apprentissages à l'animal (et à ses maîtres) et cette durée variera avec les ressources et résistances de chaque système social.

Le nombre de visites peut être contractuel également, un certain pourcentage d'amélioration devant être obtenu dans un délai déterminé, fixé par le système thérapeutique, c'est-à-dire tous les participants de la psychothérapie. Ce point est important parce qu'il peut être thérapeutique. Dans une « thérapie par objectif », dans laquelle un ou plusieurs objectifs accessibles sont fixés, le système thérapeutique peut déterminer que la cible doit être atteinte dans un délai calculé. Lorsque ce délai est assez court – sans être trop court, de façon à être atteignable –, le client peut être assez motivé pour se précipiter dans la mise en œuvre des traitements et la résolution du problème.

Par exemple, si un chien agresse les passants, on pourrait lui apprendre à focaliser son attention sur le propriétaire – ou l'éducateur – en présence d'un passant ; on appelle cette thérapie un contre-conditionnement. C'est quasiment impossible à faire d'emblée. Il faut d'abord apprendre au chien à regarder son propriétaire en l'absence de passants, dans un milieu calme et non distrayant, comme à la maison. Ce sera le premier objectif. Une fois celui-ci réalisé, on passera à un contexte plus stressant. Tout l'art de la thérapie est d'adapter exactement les techniques aux compétences des maîtres, en accroissant ces dernières petit à petit. Des thérapies trop complexes sont décourageantes, démotivantes.

Le moment des contacts

Il reste un point important à discuter dans le cadre du temps. Certains vétérinaires psy ne sont pas ennuyés de répondre à des appels jour et nuit, quelle qu'en soit l'heure. La majorité, par contre, désire avoir une vie personnelle, une vie de famille, du temps libre et ne pas être l'esclave de la clientèle. Il est alors important de préciser le plus possible les moments de contact. Dans le cas contraire, le client appellera à l'heure qui lui convient le mieux, téléphonant à minuit, sonnant à la porte quand il passe devant la maison du thérapeute, autant son lieu de travail que son domicile privé. Dans ces cas, il est impératif de fixer le cadre du temps et du lieu de contacts, avant de se faire totalement déborder et de se mettre à maudire le client et à haïr le travail de psychothérapie.

Le cadre de l'espace

L'endroit où se déroule la consultation est déterminé avant la consultation.

Où se fera la rencontre entre le professionnel, l'animal et son maître ? Il y a différentes possibilités : au cabinet, à domicile, en partie dans la rue (exercices pratiques), en club canin (d'éducation et de dressage), etc. Ce qui est certain, c'est que la consultation ne se fait pas au hasard d'une rencontre dans un magasin, par exemple.

Chaque lieu a ses avantages et ses inconvénients.

La consultation à domicile, c'est-à-dire au domicile du client et de l'animal, apporte des renseignements sur la topographie des lieux et certains éléments d'observation directe du comportement de l'animal. Indispensable pour les animaux que le client déplace difficilement, tels les chevaux, certains grands perroquets, etc. et pour les clients non déplaçables (handicapés), elle est très facultative pour les chiens et les chats. La présence du vétérinaire au domicile du patient perturbe le comportement de tout le système social. Mais c'est, comme le disait une consœur, une aventure assez excitante ! À chacun d'imaginer ce que cela peut être ! L'intérieur d'une habitation est-il à l'image de ses habitants ?

Une observation de bonne qualité sera apportée par des vidéos de l'animal, vidéos réalisées par un observateur habituel du système, c'est-à-dire le client ou un proche.

D'autre part, si on est spécialiste et que l'on reçoit des patients habitant à plusieurs centaines de kilomètres de chez soi, la consultation à domicile est une perte de temps considérable. Quelqu'un doit payer la facture : le client ou le professionnel. Le vétérinaire est mieux dans ses meubles, dans sa salle de consultation, dans son territoire. Cette analogie avec le monde animal est tout à fait correcte. On est plus sûr de soi chez soi, dans des lieux connus ; on s'épargne la confrontation avec un univers inconnu. Chacun n'a-t-il pas un petit peu de néophobie en lui ? Il est déjà suffisant d'affronter un animal inconnu et des propriétaires inconnus sans en plus se retrouver en territoire inconnu, loin de ses ouvrages de référence, empêché d'accès à une pièce où l'on peut s'isoler et appeler, en cachette, un confrère pour obtenir de l'aide, etc.

Sortir dans la rue avec un chien, observer l'interaction de l'animal et de son éducateur sur un terrain d'éducation canine, exercer soi-même le chien, apporte des informations importantes pour le diagnostic. Il ne faudrait pas s'en priver. Tous les intervenants n'habitent cependant pas à proximité de terrains d'éducation et se contenteront de vidéos pour se faire une idée approximative de certains problèmes.

J'estime pour ma part que le confort du professionnel est prioritaire. À chacun d'établir ses propres normes dans ce domaine. Le confort des clients et celui des animaux sont eux aussi très importants. Comment établir une bonne relation lorsqu'on est mal assis ? Comment recevoir une famille de cinq personnes si on manque de place ? Ma salle de consultation est constituée d'une place traditionnelle avec un bureau et des chaises vis-à-vis, d'une table d'examen, mais aussi d'un petit salon convivial où six personnes peuvent s'asseoir à l'aise autour d'une petite table ronde. Les murs sont en bois, la lumière est indirecte, quelques tableaux abstraits ornent les murs et des étagères sont couvertes de sculptures de chiens, chats et chevaux en bois, une musique apaisante est diffusée par la chaîne haute fidélité. Le chien a une carpette pour se coucher et différents jouets parsèment le sol. Le *feng shui* est bien étudié. L'ambiance est agréable. La majorité des clients s'y sentent bien et signalent que leur animal se comporte de façon bien plus paisible que ce à quoi ils s'attendent de lui dans un lieu inconnu.

Confort et sécurité. Un crochet fixé solidement au mur permet d'attacher les chiens agités ainsi que les chiens dangereux à distance de sécurité de l'intervenant.

Confort, sécurité et technologie. La chaîne haute fidélité permet de passer des bruitages divers et de tester l'animal pour une éventuelle peur des bruits. L'ordinateur et l'accès Internet rapide permettent d'autres options.

De telles conditions de travail ne peuvent aisément être obtenues au domicile du client. Le lecteur aura compris que je suis un fervent défenseur de la consultation à la clinique, sur le territoire du spécialiste. Cependant mes critères de confort ne sont pas forcément ceux de mes confrères et je laisse à chacun le soin d'agir en fonction de ce qui lui convient le mieux.

Le cadre de la fréquence

Quelle sera la fréquence des consultations et des contacts ? Mon expérience m'a conduit à proposer des consultations toutes les 4 à 6 semaines au début d'une psychothérapie ; la fréquence diminue après tous les 2 à 3 mois ; dans les thérapies de longue durée, c'est-à-dire plus d'un an, un contrôle tous les 4 à 6 mois devient suffisant. D'autres vétérinaires proposent des séances plus fréquentes. À chacun de voir.

Mais le client le sait-il ? À quoi s'attend-il ? Si le client a une expérience personnelle ou indirecte de la psychothérapie humaine d'obédience psychanalytique, il pourra s'attendre à deux visites par semaines pendant 4 ans. Certains me posent la question, très inquiets sur l'engagement financier que cela peut représenter. Ils sont rassurés de savoir que, dans la majorité des cas, 3 à 4 visites sont suffisantes pour résoudre les problèmes.

La médecine vétérinaire comportementale, du moins telle que je la pratique, ressemble beaucoup à une psychothérapie courte, de moins de 10 séances. Si le système thérapeutique n'a pas obtenu de résultats probants en une dizaine de séances, cela vaut-il la peine de continuer ? Si les résultats sont positifs, on peut aller aussi loin que le client le désire, tant que l'amélioration se poursuit.

Ces informations générales doivent être personnalisées une fois les diagnostics établis. Je mets diagnostics au pluriel parce que j'entends par là autant le diagnostic nosographique de la pathologie de l'animal – un trouble d'hyperactivité, un trouble d'anxiété généralisée, un trouble dépressif... – que le diagnostic des ressources du système qui le prend en charge – comme un système chaotique, ou au contraire rigide. Si les propriétaires ont des problèmes financiers ou habitent loin, ou pour toute autre raison valable, le contrat peut établir des visites plus espacées.

La fréquence et le nombre des visites peuvent être fixés d'un commun accord pour obtenir un objectif déterminé. Maintenant, qu'en est-il des contacts ? Tous les contacts ne sont pas des consultations où le professionnel, l'animal et son maître se réunissent

« physiquement ». Il peut y avoir des contacts par téléphone, par courriel ; on peut même envisager des vidéoconférences, la « webcam » permettant aujourd'hui ce type de performance. Il reste à savoir si les organisations professionnelles (déontologiques) suivront ; actuellement, en Belgique, la première consultation doit être « physique », les consultations suivantes pouvant se faire par télécommunication. En France, le sujet des consultations télématiques est à l'ordre du jour de l'ordre des vétérinaires.

Lorsque je prescris une médication – comme pour toute pathologie ou lors de nuisance sérieuse dans un système sans ressources –, je reste disponible pour l'ajustement des doses dans les semaines qui suivent le début de l'administration. Cette disponibilité est conditionnée à des appels téléphoniques ou de courriels courts ; il ne s'agit pas de refaire une consultation d'une heure mais de donner un conseil, d'ajuster une dose ; le tout doit prendre au maximum 3 minutes. Certains clients (rares) contactent le jour même ou le lendemain pour faire préciser une explication afin de ne pas commettre d'impair dans le début d'une thérapie. Ils en ont le droit ; cet appel démontre que le médecin vétérinaire n'a pas suffisamment utilisé le langage du client, n'a pas été assez clair, a été trop long, trop complexe, etc. Un client a droit à ses réponses. Encore une fois, une réponse courte s'impose, la consultation ne se refait pas une seconde fois au téléphone. Et le vétérinaire a intérêt à changer de langage, à ne pas répéter les mêmes explications, sous peine d'être à nouveau mal compris. La répétition est favorable quand le discours est clair, non quand il est hermétique. Dans ce dernier cas, le « plus de la même chose » est préjudiciable.

Pour revenir au sujet, la fréquence des contacts, le client peut m'appeler quotidiennement dans des cas aigus ou urgents. C'est exceptionnel. Je pense à un client cancéreux au stade terminal dont le chat souffrait d'insomnie et qui dès lors lui aussi souffrait d'insomnie, ce qui risquait d'accélérer son décès. Il est certain que, dans ce cas, un contact quotidien s'imposait jusqu'à ce que le chat dorme correctement la nuit, ce qui fut obtenu en trois jours. Dans ce cas également le contrat comprend une obligation de résultat.

La règle de fréquence de contacts est habituellement de me contacter (par télécommunication) dans les 10 jours, et ensuite de se revoir après 4 semaines. Je laisse à chacun le soin d'établir ses propres règles et de les annoncer à ses clients.

Le cadre des intervenants professionnels

Quelles sont les personnes qui prennent en charge la consultation, les contacts téléphoniques, les communications avec les référents, etc. ?

L'intervenant isolé

Dans mon cas, la réponse est aisée. Je travaille seul, sans aide, et je suis le seul à gérer mes cas cliniques. Je pars en vacances avec mon ordinateur portable (avec accès Internet) et/ou un téléphone cellulaire, et je suis joignable la plupart du temps. Il est rare, en médecine vétérinaire comportementale, d'être confronté à des urgences ; dès lors une réponse avec quelques jours de retard ne pose guère de problème.

Le personnel

Mon cas n'est pas exemplatif. La plupart des vétérinaires comportementalistes ont des collègues ou des assistants ; ceux-ci peuvent être informés des cas en cours et répondre aux questions des clients. Le personnel d'une clinique vétérinaire peut même assister aux consultations comportementales et être formé à la mise en pratique et au suivi des thérapies comportementales.

Dans le même cadre d'idée, le médecin vétérinaire peut déléguer tout ou partie des interventions éducatives à réaliser avec un chien à un éducateur canin. Certains éducateurs spécialisés peuvent aussi prendre en charge des thérapies en référé. C'est le cas en Suisse où des éducateurs ont été formés pour devenir auxiliaires en thérapie comportementale ; c'est aussi le cas dans les pays anglo-saxons où certains psychothérapeutes pour chiens et chats ont des formations universitaires. Dans ces cas, les différents intervenants collaboreront étroitement, échangeront leurs idées pour le bien-être de l'animal et du système familial.

■ *Le superviseur*

En cas de supervision, c'est-à-dire lorsque l'intervenant s'en réfère en aparté, en dehors de la consultation, à un collègue qui le conseille, le superviseur n'entre pas en contact direct avec le client. Dans le cas plus rare de supervision directe, c'est-à-dire lorsque le superviseur est présent au moment de la consultation, il peut décider d'intervenir avec le client tout comme avec l'examinateur. Cela fait partie de ses privilèges si le mandat qui lui est donné le lui permet. Cela dépend des conventions qui lient le superviseur et le vétérinaire responsable de la consultation.

En cas de formation clinique – c'est-à-dire lorsque, lors d'un enseignement pour devenir comportementaliste, le vétérinaire en formation doit consulter de vrais cas cliniques –, le superviseur (formateur) laisse à l'examinateur (étudiant) le maximum de liberté, mais comme il prend la responsabilité clinique, il prend aussi les décisions qui s'imposent pour la gestion didactique du cas.

Un point d'éthique doit être gardé en mémoire : le respect de la « pudeur » psychologique et affective du client. Lorsque le problème comportemental de l'animal interagit avec un fonctionnement du système familial, lorsque le client fait des révélations personnelles, il s'engage dans un processus de confiance. Ce processus est peu transférable. L'intervenant peut aller jusqu'au bout de la thérapie et ne pas transférer la gestion du cas à un tiers.

Le référent

On appelle référent la personne qui a réalisé la première évaluation de la problématique et a conseillé de venir consulter le spécialiste. En médecine vétérinaire comportementale, le référent est souvent un éducateur canin ou un vétérinaire généraliste. Dès que le référent joue un rôle dans l'homéostasie du système, il est inclus dans les intervenants professionnels. Il joue son rôle, comme un membre du système. En ce qui me concerne, les référents sont bienvenus à la consultation, c'est au client d'en faire le choix. Les référents vétérinaires reçoivent un rapport et prennent en charge tous les compléments d'analyse.

Le référent entre dans le système thérapeutique avec ses propres bagages, c'est-à-dire avec ses demandes, ses attentes verbalisées et cachées, son affectif, son désir de bien-être. L'intervenant doit en tenir compte.

Le cadre financier

Avant même la première consultation, le client devrait connaître le tarif des honoraires de cette consultation et, éventuellement, celui des contacts de suivi. Cela fait partie de l'engagement contractuel des deux parties. C'est un facteur qui peut être limitant pour certains clients et ils doivent pouvoir prendre leurs décisions en connaissance de cause. Beaucoup de clients s'attendent à ce que le prix de la consultation de comportement soit analogue à celui d'une consultation générale. Il ne s'attend pas toujours à payer un tarif supérieur, un tarif horaire par exemple. Et l'absence d'actes techniques ne justifie pas à ses yeux un prix supérieur. Il paiera aisément 30 euros pour une consultation ordinaire de 15 minutes (soit 120 euros par heure), 50 euros pour une vaccination (d'un animal en bonne santé) mais difficilement 100 euros pour une consultation comportementale d'une heure. « Après tout, se dit-il, on se contente de discuter. » La présence d'actes techniques (prise de sang, par exemple) facilite l'acceptation d'un prix plus élevé. La notoriété de l'intervenant favorise aussi ce consentement.

Le tarif de la consultation en médecine vétérinaire comportementale varie grandement d'un intervenant à l'autre – et cela dépend partiellement de ses qualifications et de sa réputation – et d'un pays à l'autre, tout comme en psychothérapie humaine. Pour vous donner un ordre de grandeur, ce tarif varie aisément de 50 à 150 euros par heure.

La consultation comportementale semble, au premier regard, dépourvue d'une grande technicité. C'est exact si on pense technicité manuelle. Le travail manuel, en grec *cheir* (main) et *urgos* (travail), qui a donné chirurgie, est quasiment absent en psychothérapie vétérinaire. Cependant la technicité langagière est fondamentale. Et c'est un art qui ne s'apprend pas en quelques heures ou en lisant un bouquin, même de qualité. C'est un art qui s'acquiert au cours du temps, par essais et erreurs, par imitation de formateurs, par rétroaction des clients, par les succès et les échecs des thérapies. La formation peut aider à acquérir cette dextérité cognitive par des jeux de rôles et par des consultations supervisées.

Une consultation d'écoute passive du client n'entraîne aucun résultat, même si cette consultation dure trois heures. Elle peut même embrouiller le vétérinaire. Au contraire, une consultation interactive de 45 à 60 minutes doit pouvoir dégager les éléments essentiels pour engager le changement. La consultation comportementale n'est pas un confessionnal, mais un moment de science et d'art. Et la compétence a un prix.

Le prix de la première consultation variera donc d'un intervenant à l'autre. Il sera annoncé au client. Idéalement, le prix des autres consultations et contacts sera lui aussi annoncé. Au moment de la première consultation, il est bon que le spécialiste calcule un budget global, décrivant le tarif des honoraires, celui des interventions éducatives (par un éducateur compétent, voire spécialisé), le prix des médications, etc. Un chiffre précis, fixe et définitif est impossible à donner ; cependant une fourchette peut être proposée. Le client peut décider sur cette base de son engagement dans le processus thérapeutique. De nombreux clients qui affirment haut et fort qu'ils feront tout pour leur animal, quel qu'en soit le prix, se dégonflent à la vue du budget écrit noir sur blanc. Et le vétérinaire est souvent étonné de voir que des clients, apparemment démunis, s'engagent dans un processus à long terme, aménageant leur budget en conséquence. C'est pour le vétérinaire un exercice d'ouverture d'esprit, d'absence de jugement et d'objectivation de l'information, financière dans le cas présent.

Les impératifs budgétaires peuvent influencer le choix des traitements (des médicaments) et des objectifs de la psychothérapie. Autant donc mettre les cartes sur table et dire : « Voici ce qu'il vous en coûtera sur une période de 6 mois... »

J'aime utiliser l'analogie suivante : « Le coût de la réparation d'une fracture relationnelle équivaut à celui de la chirurgie d'une fracture d'un membre. » Et cela a permis à plus d'un client de s'engager dans une première consultation. Il y a d'autres comparaisons possibles, comme celle de quelques restaurants, la réparation de la télévision, etc.

Pour faciliter l'accès à la médecine vétérinaire comportementale du plus grand nombre, il y a plusieurs possibilités. La réduction des honoraires de l'intervenant est une gageure, car de quoi pourrait-il encore vivre ? La sponsorisation de la consultation est une autre façon de faire ; je pense aux SPA, aux dispensaires pour personnes financièrement défavorisées, etc. Et je pense aussi aux assurances : la consultation comportementale chez un intervenant (éventuellement diplômé) pourrait être remboursée aux taux en vigueur par les assurances animalières.

Le cadre du mandat et du contrat

Les intentions et les objectifs de la consultation doivent être déterminés rapidement : diagnostic, avis, éducation, rééducation, thérapie, expertise (légale)... Le mandat doit être verbalisé ou, mieux, écrit. Je l'écris sur le dossier, en présence du client. Je l'écris sur la feuille d'aide qui lui est remise en fin de consultation.

La mission la plus importante – ou la plus fréquente – du vétérinaire est de traiter, guérir, soigner, rétablir la santé et le bien-être de l'animal. Avec un tel *a priori* dans la tête, la moindre sollicitation d'un client peut être comprise comme une demande de traitement. Et le professionnel de s'engager instantanément, tête baissée, dans un processus thérapeutique. La plupart des consultations de comportement commencent par l'exposé des problèmes que le propriétaire rencontre avec son animal – je reviendrai sur cette partie de la consultation plus tard –, mais une fois les problèmes exposés, c'est le moment de faire un temps d'arrêt et de demander au client : « Mais qu'attendez-vous de moi, que souhaitez-vous par mon intervention ? » C'est là qu'il sera confirmé dans ses propres attentes ou surpris, voire ébahi, de l'attente du client : « Je veux savoir pourquoi... », « Je désire que mon chien ne morde plus jamais... », « Je désire une expertise... », « Je voudrais vous retenir comme expert dans le procès... », etc. Les propriétaires demandent le plus souvent de comprendre le comportement de l'animal afin de mieux l'accepter, de mieux l'aimer. Pourquoi le chien détruit-il le sofa ou gratte-t-il les portes, pourquoi prend-il un air craintif quand il a détruit et qu'ils sont fâchés, pourquoi le chat urine-t-il sur le coussin du petit ami... ? Certains comportements, une fois compris, sont acceptés sans demande de changement. Si le chien est d'une lignée de chiens de chasse et qu'il a besoin de 6 heures d'activité par jour, le propriétaire comprend que, si le chien n'a pas ses 6 heures d'activité quotidienne (promenade, jeux, mâchonnements d'os, séances d'obéissance...), il puisse détruire le canapé ou aboyer à tue-tête. D'autres comportements, même compris, nécessitent d'être changés. Si le chat miaule à 4 heures du matin, même si c'est l'heure normale de l'éveil d'un chat en été, cela réveille sa propriétaire qui souffre dès lors de fatigue ; il faut faire dormir le chat la nuit, sinon c'est la propriétaire qui prendra des somnifères ou se séparera du chat.

Lors d'une requête thérapeutique, je demande aussi souvent : « Dans quel délai désirez-vous l'amélioration ou la guérison de ce problème ? »

En fait, j'essaie de préciser les termes du contrat. Accepter la demande des clients est un contrat verbal ; le vétérinaire comportementaliste a tout intérêt à reformuler cette demande afin d'exprimer ce qu'il peut offrir pour y répondre.

Certains seront surpris par cette démarche inhabituelle en médecine. La toute-puissance du médecin, du thérapeute, est-elle remise en question ? Est-elle révolue l'époque où le médecin décidait tout ? Le client doit-il continuer à écouter bouche bée et obéir aux désirs de l'expert ? Si vous avez déjà vécu une thérapie, une intervention psychothérapeutique, avez-vous eu un contrat qui spécifiait le pourcentage d'amélioration attendu dans un délai déterminé ? Ou bien êtes-vous passé à travers une vingtaine de séances en quelques mois sans savoir où la thérapie vous mènerait ni combien de temps et d'argent vous dépenseriez encore afin d'obtenir un résultat ? Le résultat – j'ose espérer que vous avez (certainement) obtenu un résultat – correspondait-il à votre attente ?

C'est vrai, cette démarche contractuelle est nouvelle. Elle vient du paradigme des thérapies brèves mais aussi, bien évidemment, de la vie quotidienne. Vous viendrait-il à l'idée d'acheter quoi que ce soit sans savoir si la chose vous convient, qu'il s'agisse d'un vêtement, d'un réfrigérateur, d'une alarme, d'un ordinateur ou d'un service comme la peinture des fenêtres de votre maison... ? Le vétérinaire psy vend ses services lui aussi et devrait annoncer les termes du contrat.

> La consultation de comportement animal établit un contrat entre les demandes des propriétaires de l'animal et les services du vétérinaire psy qui s'engage à les aider dans l'élaboration des stratégies de changement espéré.

Je vous donne un exemple. Un jour, au cours d'une formation clinique de vétérinaires comportementalistes, une cliente a présenté le problème d'un chien acquis à la SPA et qui avait déjà tué trois de ses chats. Après trois minutes de consultation, j'ai arrêté la consultation en disant : « Si votre demande est que le chien ne tue plus aucun de vos chats, je ne peux y répondre ; je préfère alors arrêter la consultation maintenant. Si vous désirez qu'on en réduise le risque, cela, on peut essayer de le faire ! » Les vétérinaires en formation étaient choqués, me demandant par après : « Mais est-ce qu'on a le droit de faire cela ? »

Bien entendu, on a le droit, et même le devoir, de préciser les termes du contrat et, surtout, de ne pas se laisser engager dans une transaction (de service) qu'on ne pourra pas respecter. La cliente a eu l'air surprise, choquée même de la réponse immédiate à la demande qu'elle n'avait pas posée mais à laquelle elle espérait que les experts pourraient répondre avec satisfaction. Elle a immédiatement recadré sa demande et dit : « Si le chien tue un autre chat, je le ferai euthanasier ; en attendant, je désire mettre tout en œuvre pour réduire les risques. » J'ai signalé : « Cela signifie qu'il y a de grands risques qu'un autre chat soit mis à mort. » Et la cliente a dit : « Oui, je sais, et j'en prends le risque. » À partir de ce moment, le contrat était établi, et la consultation a pu continuer sans équivoque.

De nombreuses demandes de consultation sont le fait de personnes qui désirent savoir si leur chien est normal ou anormal et qui demandent, éventuellement, un rapport (une expertise) de normalité. Un vétérinaire comportementaliste peut accepter ou refuser un tel rapport et recadrer la demande en proposant de modifier un comportement nuisant, même si ce dernier n'est pas pathologique en soi. De nombreux chiens présentent des comportements totalement adaptés pour leur espèce ou pour leur race, mais qui mettent néanmoins en danger la sécurité du public. Imaginez un jeune chien braque, d'une lignée de chasse, qui a un impérieux besoin de bouger ; en présence d'enfants en bas âge, il risque de les bousculer ! Imaginez un chat ayant vécu dehors et forcé de vivre en appartement ; il va chasser quelque chose, c'est normal ; le problème est que ce quelque chose est souvent la cheville ou la main de son propriétaire ! Ces comportements tout à fait normaux entraînent un risque pour le système social dans lequel ils vivent et ce, en raison d'un environnement qui ne leur permet pas d'exprimer leurs besoins innés.

On peut proposer des interventions éducatives qui réduisent ce risque. L'éventail des interventions du vétérinaire comportementaliste ne se limite pas à l'intervention thérapeutique sur un animal qui souffre d'une pathologie. Il peut aussi s'agir de donner un avis, d'offrir un conseil, de réaliser une expertise... Qu'on s'en souvienne ! Je propose que chacun fasse préciser le mandat avant d'accepter les termes du contrat ! Une fois ce contrat précisé, le vétérinaire psy ne doit pas hésiter à refuser les mandats qui sont paradoxaux, contraires à son éthique – tel serait pour moi le cas de la médication sédative d'un chien normal parce que les propriétaires refusent de lui donner l'activité dont il a besoin, ou le traitement d'un chien mordeur d'enfants dans un système qui n'a pas les compétences pour le gérer... – ou inaccessibles – comme de changer la personnalité d'un animal, ou d'accepter de guérir une maladie chronique comme un trouble de l'humeur en quelques jours...

Je vous donne encore un autre exemple. Un vétérinaire comportementaliste en formation s'est vu présenter un setter Gordon qui avait maigri de 10 kilos en un mois. Le vétérinaire référent affirmait qu'il ne pouvait s'agir que d'un problème de comportement ! Le vétérinaire comportementaliste a accepté ce cadre et cherché les pathologies comportementales du chien. Comme on trouve toujours un problème de comportement mineur lorsqu'on cherche bien, même si le chien est normal, le thérapeute a joué le jeu de travailler sur des problèmes de tolérance au stress, qui déclenchait ou plutôt aggravait des problèmes gastro-intestinaux. Ce qui n'est pas acceptable...

Aucun problème de comportement, si sévère soit-il, ne conduit chez un chien adulte à une perte pondérale aussi intense et rapide : les problèmes comportementaux, bien réels, ne suffisaient pas à eux seuls à expliquer le tableau clinique ; le chien était mourant ! Dès lors, il était du devoir de tout vétérinaire non seulement d'informer le propriétaire que son chien était mourant, mais de refuser le contrat tel qu'il avait été précisé par le référent et répété par le client ! En clair, le vétérinaire psy en formation aurait dû refuser ce contrat ou réaliser un recadrage et, donc, proposer un nouveau contrat.

Daisy la rott et sa maîtresse

Un jour ensoleillé de septembre, entre une chienne rottweiler, toute excitée d'entrer dans la pièce de consultation et de venir à ma rencontre, suivie par une jeune femme, jolie, blonde, accrochée des deux mains à la laisse et retenant la chienne à grand-peine. La chienne tire, la jeune femme lâche la laisse ; la chienne court partout, explore la pièce, va chercher une balle de tennis, se couche, tient la balle entre ses ergots et ronge la balle, tentant d'en arracher des filaments. Madame s'assied dans un fauteuil en osier. On fait les présentations : Daisy, Martine. Daisy est la chienne rottweiler de 2 ans, Martine la propriétaire, 35 ans.

Quel est le problème ?

« À la maison, Daisy fait ses besoins dans le jardin et refuse de les faire ailleurs. À la mer, au mois de juillet, elle a éliminé dans l'appartement. Et on a dû rentrer le jour même. C'est comme si Daisy avait besoin d'herbe et d'être sans laisse. J'ai essayé cela dans les dunes, mais elle sentait partout et courait, et elle n'a pas éliminé.

— Combien de temps êtes-vous restée dans les dunes ?

— Un quart d'heure, vingt minutes. »

À voir le chien, à entendre la propriétaire, la chienne est « hyper », hyperréactive, hypervigilante, prête à démarrer, à jouer sans arrêt. De plus elle mange aussi à toute vitesse et ingère des corps étrangers. Daisy bouscule ses propriétaires dans l'escalier ; cela devient dangereux par moments.

Le diagnostic est simple : la chienne est hyperactive. Elle est malpropre parce qu'elle est distraite dans un environnement nouveau ; il lui faut un environnement connu afin d'être suffisamment détendue pour éliminer.

À ma question sur les promenades dans la rue et en forêt, madame me répond : « Daisy est beaucoup au jardin mais... elle est peu sortie du jardin ! Je n'ai pas envie de me faire insulter par les gens ; ils pensent en général qu'un rottweiler, c'est méchant, et Daisy court vers tout le monde et saute pour dire bonjour. J'attends qu'elle s'assagisse pour la sortir. »

Daisy a donc peu l'occasion d'apprendre à éliminer hors du jardin. Pour le lui apprendre, il faut qu'elle sorte ; pour qu'elle sorte, il faut qu'elle s'assagisse ; pour cela on peut l'aider par une médication qui fera 30 à 50 % du travail. Reste à lui fournir tout de même de l'exercice. Pour cela madame a une solution. Quand elle donne un os, la chienne va l'enterrer et le déterrer 10 à 15 fois sur une journée et elle rentre dans la maison avec les pattes pleines de terre. Alors madame lui donne une bouteille en plastique et elle passe son temps à la mordre. Je propose de lui donner un jouet en caoutchouc dur que l'on peut fourrer avec un aliment pour rendre l'objet intéressant et motiver la chienne à mâchonner quelque chose d'autorisé.

Pendant ce temps, la chienne courait de-ci de-là dans la pièce, prenait un jouet, le rongeait, venait vers moi me lécher les mains et les bras, tentait de me lécher la figure et de monter dans le fauteuil. J'orientais son activité vers un objet de caoutchouc qu'elle pouvait mâchonner.

Madame dit qu'elle va devoir prendre des cours avec un dresseur si elle doit sortir son chien en forêt et éviter qu'elle ne saute sur les gens. Je propose de tenir Daisy en longe de 5 à 10 mètres et/ou de la promener à jeun, lui donnant à manger chaque fois qu'elle revient à la demande, tout au long de la promenade ; de cette façon, la chienne sera motivée de rester avec madame.

Madame me parle ensuite de son mari à qui elle en veut parce qu'il donne des aliments à table à Daisy. Madame se fâche, son mari refuse de comprendre. J'explique qu'on ne peut pas changer les autres, qu'il faut donc soit accepter la situation, soit motiver les autres à changer. Dans ce cas, si la chienne apprend qu'elle doit rester à 1 mètre de la table pendant le repas – et elle sera récompensée par un aliment ; de toute façon, monsieur lui donne quelque chose à manger à ce moment –, elle ne viendra plus mettre sa truffe sur la table au milieu des assiettes.

À ce moment, je montre à madame comment faire obéir sa chienne. J'utilise des récompenses alimentaires : des croquettes pour chat. La chienne s'assied, je dis « assis » et je récompense. En trois répétitions, elle s'assied à l'ordre ; ensuite elle se couche à l'ordre. J'explique que la chienne ne demande que ça, travailler ; en fait, s'amuser, mais surtout faire des choses structurées.

On aurait pu s'arrêter là, écrire les conseils et prescrire le médicament. Il y a souvent d'autres demandes qui apparaissent une fois les personnes mises en confiance.

« Ma belle-mère vient la semaine prochaine et comme elle n'aime pas que les chiens sautent, je devrai enfermer Daisy dans une autre pièce. Elle gratte à la porte ; elle a envie de contact. » Et madame prépare la chambre pour sa belle-mère, monsieur l'aide un peu, à peine... « Il est comme mon père : 8 heures de travail au boulot, après, les pieds sur la table à regarder la télé. » Et plus tard : « Il est assez nerveux pour le moment ; il a peur de perdre son emploi ; il est pessimiste. »

— Manifestement, dis-je, monsieur fait une dépression.

— Et moi, ça ne se voit pas, mais je suis aussi en dépression, dit madame.

— Je sais, je le vois ! » dis-je. En effet, elle a un air un peu effacé, inhibé, bloqué, sans enthousiasme. Ce que je dis à propos de sa chienne semble ne pas la toucher, ne pas la faire réagir. Chaque solution est acceptée sans résistance et sans animation.

Madame me dit en quelques mots pourquoi elle est dans cette situation. Histoire de famille, dispute de son père et de son oncle et retentissements sur la famille entière, dont les enfants sont pris à partie. Mais madame, fille modèle et gentille jusqu'à 35 ans, a décidé maintenant de se rebeller. Et, bien entendu, je l'encourage à aller à elle-même.

En fin de consultation, elle dit : « Je suis rassurée ; je ne suis pas une si mauvaise éducatrice de chien que ça ! »

C'est donc ce qu'elle était venue chercher en consultation, sa demande non exprimée, cachée : une valorisation de ses qualifications. La construction des solutions ensemble avec le client permet de valoriser ses compétences, toujours nombreuses.

Les autres cadres

Le cadre des attentes

▪ *Attentes exprimées et cachées*

J'ai déja abordé plus haut les attentes du client et l'importance de ces attentes pour le mandat et le contrat. Si je reviens sur ce sujet, c'est qu'il y a deux types d'attentes :

— les attentes exprimées,

— les attentes cachées.

Les attentes exprimées, verbalisées, donnent une description du mandat. Les attentes cachées sont plus complexes à déchiffrer.

Et ce point est valable tant pour les attentes des personnes qui consultent que pour les professionnels consultés.

Faut-il être en thérapie pour faire de la thérapie ?

Et j'en profite pour répondre à une question souvent posée : « Faut-il être (psychologiquement) sain pour faire de la psychothérapie, c'est-à-dire proposer à autrui de changer pour une meilleure adaptation ? » La réponse est « non », mais cela aide d'être tolérant, d'avoir l'esprit ouvert, d'être empathique et d'abandonner au maximum ses *a priori*. Si le psychothérapeute (vétérinaire ou psychologue) souffre de paranoïa, de dépression, etc., il n'est pas au mieux de son art pour soigner autrui. En revanche, s'il souffre d'une phobie des araignées, de crises de panique, etc., il pourra probablement avoir plus d'empathie face aux patients souffrant de pathologies semblables et cela n'entravera pas son art.

Nombre de professionnels sont honnêtes et verbalisent leurs attentes. Mais j'ai vécu quelques situations ambivalentes. Ainsi, un vétérinaire m'a un jour référé un cas, pour lequel il avait déjà réalisé des traitements pendant plusieurs mois, afin que je dise au propriétaire de l'animal qu'il n'y avait plus rien à faire et qu'il valait mieux procéder à l'euthanasie. En ce qui me concerne, je n'accepte pas ce contrat si l'animal peut être soigné, ce qui était le cas...

Bénéfices personnels d'une formation en comportement

Plusieurs vétérinaires ont tiré des bénéfices psychologiques personnels de la formation en médecine vétérinaire comportementale, qui comprend entre autres de l'éthologie, de la psychologie, de la psychiatrie et de la communication ; ils ont pris conscience de certains éléments de leur personnalité et de leur fonctionnement psychologique et social. Cela leur a ouvert les yeux sur certains *a priori* de leur vie et a facilité un processus de changement vers une meilleure adaptation et une meilleure affirmation d'eux-mêmes. J'ai moi-même bénéficié, en plus, d'une formation de trois ans en thérapie familiale et en intervention systémique. Il faut dire que cette formation était basée partiellement sur une analyse familiale personnelle et, beaucoup, sur des jeux de rôles, des sculptures (au sens psychoéducatif). Ce processus ne peut qu'entraîner des réflexions privées et des changements existentiels, notamment dans la vision du monde, le degré de tolérance à l'opinion d'autrui, l'éthique personnelle, etc. Mais outre les transmutations existentielles, il y a un réaménagement des attentes plus concrètes telles les perspectives de son travail, de sa profession, de son image professionnelle, de sa représentation de la vie avec un animal, des résultats souhaités, parce que cette image de soi va influencer ce que l'on attend de la part de ses clients ! Un petit exemple vous fera saisir la portée de ce message. Si l'on reste empreint du paradigme dualiste, on fait un choix entre l'inné et l'acquis, entre la génétique et l'apprentissage, entre la responsabilité (faute) du propriétaire et celle de l'animal. On se retrouve alors avec une stratégie variant entre l'inaction face à une limitation génétique ou innée et l'accusation du propriétaire responsable du problème ou du manque d'effet d'une thérapie. J'encourage chacun à envisager le paradigme systémique comme solution pratique pour éviter les pièges du dualisme et pour envisager des stratégies d'action opérantes. Je recommande une telle formation à toute personne qui veut s'engager comme intervenant en psychothérapie, que ce soit en thérapie humaine ou vétérinaire.

> Le vétérinaire psy est aussi son propre patient lorsqu'il s'engage dans une stratégie de changement avec des propriétaires d'animaux à problème.

Attentes cachées des clients

J'en viens aux attentes cachées des clients, puisque les attentes des patients, les animaux, ne sont pas prises en compte. Quoique... ! Certains clients demandent l'euthanasie d'un animal normal et qui cherche à survivre dans un environnement « anormal », c'est-à-dire pathologique ou inadapté aux exigences de l'espèce. Je me dis parfois que l'animal pense que l'euthanasie du propriétaire résoudrait ses problèmes... Bien entendu, cela doit être pris comme une plaisanterie ! Mais quel intervenant n'a jamais eu cette pensée éphémère ? Le replacement de l'animal, son adoption dans un autre système social, une autre famille est, bien entendu, une solution à envisager dans ce cas précis.

Quelles peuvent être les attentes cachées des clients ?

— recherche d'attention personnelle,
— désir d'amélioration de l'animal sans engagement ou changement personnel,
— délégation des problèmes de l'animal (et de ses problèmes) à un expert,
— obtention d'une bonne conscience (d'avoir tout essayé) avant de sacrifier l'animal,
— test d'un processus thérapeutique sur un animal avant de se lancer soi-même en psychothérapie (si le test est concluant),
— évitement de l'analyse de ses propres problèmes personnels ou familiaux en déléguant le problème sur le dos de l'animal,
— euthanasie de l'animal,

— recherche d'une alliance (coalition) avec un expert pour avoir plus de pouvoir dans son système familial, face à son partenaire de couple ou confronté à un enfant,
— etc.

Il n'y a pas de limites aux attentes cachées. Ces attentes cachées peuvent être verbalisées dans une ambiance d'empathie et de tolérance créée par l'intervenant. Lorsqu'elles ne sont pas verbalisées, ces attentes cachées entraînent des résistances au traitement et des échecs thérapeutiques. Il faut des années de pratique de l'art de la communication (humaine) pour obtenir des solutions à ce problème. Cependant, avant de penser que les clients sont des menteurs, dissimulateurs ou manipulateurs pathologiques, interrogeons-nous sur nos propres insuffisances en communication. Avons-nous posé la question idoine de façon adéquate ? Par exemple, quand on a l'intuition d'une attente cachée d'euthanasie de l'animal, rien n'empêche de dire : « J'ai l'impression – mais je peux me tromper – que vous avez envisagé l'euthanasie de votre chien. Je peux comprendre la situation d'impuissance dans laquelle vous vous trouvez actuellement... Voulez-vous me dire si mon intuition a quelque vraisemblance ou si je me trompe ? »

Dans l'ensemble des cas, il est toujours possible de dire : « Vous m'avez parlé des problèmes, nous avons précisé ce que vous attendiez de moi et ce que je pouvais vous proposer comme service, et j'ai l'impression – peut-être une fausse impression, vous me le direz – que tout n'a pas été dit. Vous avez la liberté de dire ou de ne pas dire ce que vous désirez, mais, bien entendu, je ne peux travailler qu'avec les informations que vous m'avez données et mes observations... Si une de vos attentes importantes m'avait échappé, n'hésitez pas à me la répéter maintenant ; si une réflexion vous vient plus tard, ne tardez pas à me la téléphoner, à me l'écrire. »

Lorsque le vétérinaire sent la présence d'une attente cachée, il est préférable qu'il la verbalise, en disant que c'est une sensation, une impression, ce qui autorise l'erreur et laisse au client une ouverture qu'il pourra saisir directement ou plus tard.

Ces techniques permettent de donner une issue de secours à de nombreux clients honnêtes. Les clients malhonnêtes, menteurs, seront résistants à tout savoir-faire. Certains clients, et c'est arrivé, retourneront faire euthanasier leur chien chez leur vétérinaire généraliste après que vous leur aurez garanti une résolution à 70 % dans un délai de deux mois. Et ils lui diront que vous avez conseillé l'euthanasie parce qu'il n'y avait plus rien à faire. C'est une des raisons pour lesquelles le vétérinaire référé et le référant doivent rester en communication.

Le cadre de l'âme : empathie et tolérance

L'empathie

L'empathie est la capacité de comprendre cognitivement et, surtout, affectivement autrui, sans jugement et avec acceptation totale, tant dans ses bonheurs que – et c'est ce qui nous préoccupe davantage ici – dans ses problèmes et malheurs, sans en souffrir, sans en être malade, en gardant toutes ses compétences pour aider la personne et sans imposer ses propres idées et solutions. C'est se dire : « Si j'étais dans cette situation, avec cette histoire de vie, je réagirais sans doute de la même façon. » Mais c'est aussi pouvoir se dire : « Sachant cela, quelles seraient les ressources du système pour changer ? » L'empathie, c'est aussi pouvoir euthanasier un animal, en ressentant la tristesse de la situation, mais sans pleurer avec le client.

L'empathie donne un avantage sur les vétérinaires qui sont dépourvus de cette qualité. C'est la possibilité d'intégrer directement une situation sans devoir l'analyser. Watzlawick[1] dirait que l'empathie permet d'accéder au cerveau droit sans passer par le pouvoir totalitaire et analytique du cerveau gauche. Cela vous fait gagner du temps et vous accorde la sympathie du client, ce qui est favorable pour la relation thérapeutique.

> L'empathie est l'acceptation de l'autre sans jugement, sans passage par le filtre totalitaire et analytique de la pensée rationnelle. L'empathie permet d'aimer vraiment.

L'empathie vous permet non seulement de gagner du temps, mais d'aider réellement le changement. Il y a cette expérience incroyable citée par Miller et Rollnick[2] de l'effet de l'empathie de l'intervenant sur le résultat de la thérapie. Désirant analyser les effets des psychothérapeutes (et de leurs thérapies) sur les changements des patients humains, les expérimentateurs ont divisé les psychothérapeutes en trois groupes : les psychothérapeutes empathiques, les psychothérapeutes experts mais avec peu d'empathie et, dans le troisième groupe, pas de psychothérapeute, mais des ouvrages bien informés remis aux patients. Au grand étonnement des chercheurs, les meilleurs succès étaient obtenus par les intervenants empathiques, ensuite venait le groupe des patients qui avaient reçu un bon livre ; les moins bons succès étaient réalisés par les psychothérapeutes avec peu d'empathie.

L'empathie, dit-on souvent, on l'a ou on ne l'a pas. On ne l'acquiert pas. Et je ne suis pas d'accord. C'est une des compéten-

1. Watzlawick P., *op. cit.*
2. Miller W.R. et Rollnick S., *Motivational Interviewing*, The Guilford Press, New York-Londres, 2002, p. 8.

ces que l'on peut acquérir en ouvrant son cœur. Écoutez cette anecdote. Je donnais une formation en Crète à des vétérinaires allemands. Une des étudiantes avait avoué qu'elle avait bien des difficultés à communiquer avec les gens, qu'elle trouvait antipathiques. C'était un grand handicap dans le métier de vétérinaire et plus encore dans celui de vétérinaire comportementaliste. Et elle avait les mêmes difficultés au cours des jeux de rôles alors qu'elle jouait le personnage de la vétérinaire. Je lui ai proposé d'imaginer le client comme un animal. « Si le client était un animal, quel animal serait-il ? » Son visage s'est éclairci, son corps s'est redressé, elle a souri, et a pu jouer sans difficulté le rôle imposé. Elle a aussi affirmé que cela l'aiderait énormément dans sa pratique de vétérinaire généraliste. Elle avait réussi à surmonter l'antipathie ou la crainte des gens par l'utilisation d'une métaphore animalière. Comme elle éprouvait de l'empathie pour les animaux, elle pouvait désormais en éprouver aussi pour les gens. Les gens ne sont-ils pas également des animaux ? Je l'ai avertie que ce petit jeu pouvait avoir aussi des conséquences bizarres, si elle se mettait à rire à un moment inopportun, imaginant quelqu'un en girafe, en cochon ou en autre animal totalement déplacé dans le contexte.

En formation de thérapie familiale, mes professeurs m'avaient dit : « Cherche à trouver quelque chose à apprécier, à aimer, chez les gens, même s'ils ont une apparence antipathique ! »

La tolérance

La tolérance est une autre qualité formidable. Si vous êtes convaincu que les gens font ce qu'ils font parce qu'ils n'ont pas d'autre choix, pas d'autre solution, en raison de leur génétique, de leur histoire de vie, de leur culture, de leur éducation... vous pourrez plus facilement travailler avec eux. La tolérance vient de la perte ou de la remise en question de ses propres dogmes, convictions, croyances et certitudes. L'évangile selon saint Intervenant doit être mis de côté au cours du travail de psychothérapie ; vous pourrez le récupérer plus tard pour votre vie de tous les jours, si vous y arrivez. J'ai perdu mon évangile au cours de la formation en thérapie familiale, et je ne l'ai jamais retrouvé. Cela ne signifie pas que j'ai perdu mon éthique, loin de là...

Tolérance veut dire compréhension sans jugement de valeur de la différence entre lui et moi. Les gens boivent à l'excès, prennent leur chien dans leur lit, lui mettent une assiette à table... Moi non. Ils ont certainement une raison pour ces comportements. À moi de découvrir si ce comportement induit ou facilite le maintien d'un problème comportemental. Si c'est le cas, à moi d'examiner si le comportement en question peut être modifié afin de rétablir l'adaptation de l'animal et du système. Si ce n'est pas le cas, je ne touche pas au comportement.

À ceux qui me disent : « Je sais que je ne devrais pas faire dormir mon chien dans mon lit... » je réponds : « Pourquoi ? Si cela vous fait plaisir et ne cause pas de problème ? » Parfois je rajoute avec un clin d'œil : « Tant qu'il ne dort pas dans mon lit, je ne vois pas de problème ! » Ce genre de remarque détend l'atmosphère, permet au client de révéler d'autres interdits potentiels, d'être plus franc puisqu'en face de lui se trouve quelqu'un qui ne le juge pas.

C'est aussi cette tolérance qui est acquise lorsque l'intervenant met en place un processus de destruction systématique de ses *a priori*. C'est extrêmement difficile. Je vous donne un exemple.

Au cours d'une formation en Suisse, je supervise le cas d'un chat, dont la propriétaire pratique le *Reiki*, une forme de magnétisme. Je connais un petit peu cette technique énergétique et elle s'est montrée efficace. Cela dit, je ne la pratique pas. Pour un cartésien prescripteur de psychotropes, il serait sans doute hérétique de lui confier le sort d'un animal en souffrance. La propriétaire avait déjà utilisé le *Reiki* avec ce chat pour des problèmes somatiques, avec succès, mais n'avait pas pensé l'utiliser pour des troubles émotionnels. « Pourquoi ne pas utiliser le *Reiki* sur le chakra, un centre énergétique du corps... ? » lui ai-je dit. Bien m'en a pris puisque le problème était résolu dans un délai de 3 semaines, ce qui était bien plus efficace qu'une prescription de fluoxétine. Les sceptiques parleront d'effet placebo. Qu'importe, puisque la situation est améliorée. Placebo ne veut-il pas dire « qu'il plaise » ? Alors il me plaît.

Détruire ses *a priori*, ses jugements et principes stéréotypés et cristallisés est une entreprise pénible. On croit que sa vie, sa survie, repose sur eux. Sans eux, sommes-nous perdus ?

Pendant un enseignement théorique, on fait de la formation. Pendant un enseignement clinique, je propose de faire de la déformation. L'instruction théorique se doit d'être didactique c'est-à-dire être modélisée et proposer une caricature de la réalité. Cette initiation théorique étant supposée acquise, assimilée, intégrée, le formateur est en droit de prendre des libertés afin de mieux coller à la clinique. C'est à ce moment que le formateur propose de sortir du moule stéréotypé de la caricature pour entrer dans la diversité infinie de la réalité. Le formateur propose de sortir de la science pour entrer dans l'art. Pour faire de l'art, il faut d'abord connaître la science, posséder la technique et la maîtriser. Ensuite, il faut s'en libérer pour entrer dans la création. Cette métaphore devrait permettre au vétérinaire psy en formation de pouvoir se libérer quelque peu, et progressivement plus avec l'expérience, de quelques stéréotypes handicapants.

Si le thérapeute veut aller plus loin dans ce processus de décapage (personnel), je lui conseille d'être supervisé par un thérapeute plus expérimenté et de suivre une thérapie cognitivo-comportementale, systémique, une psychothérapie courte (mais d'éviter la psychanalyse) afin de se remettre en question.

LE CADRE DU « POURQUOI MAINTENANT ? »

Les troubles comportementaux commencent rarement juste avant la première consultation. La question « pourquoi maintenant ? » permet d'obtenir des informations parfois précieuses sur les motivations du client, sur les ressources et résistances du système, notamment sur son niveau d'épuisement.

Ne vous attendez pas à obtenir chaque fois des informations précieuses. La raison la plus fréquente à la prise de contact maintenant, c'est que le client a (enfin) entendu dire qu'on pouvait l'aider à résoudre ses problèmes, même si ceux-ci existent depuis des années. Il n'y a pas de mystère. Il a suffi de lui dire que vous vous occupiez de comportement ; il a suffi de mettre un poster au mur de la salle d'attente, décrivant humoristiquement les compétences du vétérinaire dans le vaste monde du comportement animal.

Parfois cependant, il a fallu que le vétérinaire généraliste parle de vous, le soi-disant expert ou spécialiste, que le client vous aperçoive dans les médias (qu'il lise un article signé de votre nom, qu'il lise un livre, vous entende à la radio proposer des commentaires judicieux, qu'il vous voie à la télévision et que votre tête l'ait charmé) afin de faire la démarche de vous consulter. Après, bien sûr, il regrettera de ne pas être venu plus tôt. Mais c'est une autre histoire.

Pourquoi maintenant ? Parce que le propriétaire a changé de mobilier, a acquis un nouveau salon (en cuir) et en a interdit l'accès à l'animal qui s'est bien évidemment précipité dessus pour s'y faire une place confortable ou s'y frotter, ou même... éliminer ! Tant que le chien souillait le vieux divan et que le chat y faisait ses griffes, il n'y avait pas de problème pour le propriétaire ; mais si les animaux font de même sur le nouveau divan en cuir, cela devient un problème urgent à résoudre !

Pourquoi maintenant ? Parce que le propriétaire est au bord de l'épuisement, et que cela suffit à contester l'opinion du beau-père (« Tu ne vas tout de même pas voir un psychanalyste pour chien ? »), à disputer l'affirmation du voisin (« Il va te pomper 100 euros et tu ne seras pas plus avancé ! »), à désavouer son meilleur copain (« Ce n'est qu'un chien, t'as qu'à en changer ! ») et revendiquer le droit au bien-être pour soi et pour son chien. Et dans 70 à 80 % des cas, le vétérinaire psy apporte des solutions et il s'ensuit une amélioration du système social. Cependant, quand le client est au bord de l'épuisement, l'intervenant doit comprendre l'urgence d'agir et, surtout, de bien agir. Des compromis sont à découvrir afin de traiter les signes urgents et de remettre à plus tard la guérison complète du cas (pour autant qu'elle soit possible).

Pourquoi maintenant ? Parce que le chien a rongé la porte en chêne et que la plaque métallique placée devant la porte a argenté les dents du chien et que la propriétaire craint pour la santé des dents de son caniche. Parce que les deux petites chiennes hyperactives de 6 kilos ont détruit pour plusieurs milliers d'euros de matériel informatique en deux jours, que le propriétaire est prêt à leur tordre le cou de ses propres mains et que sa femme menace de divorcer s'il met ses paroles en pratique.

Pourquoi maintenant ? Parce que le chien qui grognait sur le fils de 3 ans depuis un an l'a finalement mordu à la figure, qu'il a fallu aller à l'hôpital, mettre trois points de suture, et que le chirurgien a dit d'euthanasier le chien, ce à quoi les propriétaires ne peuvent se résoudre, leur bichon étant leur premier enfant (et bambin préféré, porteur du joli nom de « bébé »). Il est vrai, diront-ils à la défense du chien, que l'enfant n'avait pas à aller caresser bébé (le chien) quand il mangeait (dans les bras de sa maman), comme on le lui avait dûment expliqué plusieurs fois. À ce moment, le vétérinaire comportementaliste se rappelle le paragraphe sur la tolérance du thérapeute et il se demande si l'auteur ne s'est pas moqué de lui. L'auteur lui recommande immédiatement de signaler aux autorités compétentes (juge des enfants, police, SOS enfants, etc.) le risque de maltraitance passive sur un enfant en bas âge, de dire aux propriétaires qu'il est contraint par la loi de le faire[1], et qu'il acceptera de suivre le cas à condition que... (les points de suspension seront remplacés par un ensemble de prescriptions destinées à réguler la dangerosité du chien), lesdites prescriptions étant contresignées par les propriétaires.

Pourquoi maintenant ? Parce que les voisins ayant porté plainte à cause des vocalises inopportunes du chien en l'absence de ses maîtres (qui travaillent la nuit et habitent un immeuble à appartements), lesdits propriétaires sont sommés par le syndic de résoudre le problème dans la semaine. Bien entendu, les propriétaires ne savaient pas que leur chien, qu'ils adorent, ne supportait pas d'être séparé d'eux et cette preuve d'amour de leur chien vaut bien la peine qu'on tente de résoudre le problème des voisins. « Cela dit, docteur, faites vite, parce que nous ne pouvons pas nous permettre de déménager. » C'est l'habituelle consultation sous contrainte ; c'est-à-dire que le propriétaire ne consulte pas de son propre gré, qu'il n'est pas motivé, qu'il y est contraint par des pressions extérieures et que, dès lors, il résistera à toute proposition de changement, sauf si cela lui facilite la vie et lève le poids des contraintes qui pèsent sur son dos !

---

1. En Belgique, il est obligatoire de déclarer aux autorités compétentes toute information concernant la maltraitance active ou passive d'un enfant. Dans d'autres pays, cette obligation est liée à la loi sur l'assistance de personnes en danger.

> Le changement est une urgence, même si les problèmes de comportement existent depuis longtemps. Le vétérinaire psy doit tenir compte de cet impératif.

Le cadre de l'initiation des contacts

Il est important d'obtenir des informations sur l'observance et le suivi du cas. Si le maître de l'animal ne lui donne pas ces informations, l'intervenant peut proposer, avec son accord, de l'appeler à des moments déterminés à l'avance.

C'est une question importante pour les vétérinaires, et particulièrement ceux en formation, doutant encore du succès de leurs interventions. Comment savoir si leur travail est efficace si le propriétaire ne donne plus de signe de vie après la première consultation ? Et c'est une question sérieuse en recherche clinique. Comment évaluer l'efficacité d'un certain type de traitement quand le client ne donne pas de nouvelles ? Le client signe un accord lorsqu'il participe à une recherche, néanmoins un certain nombre d'entre eux arrêtent tout contact.

Je n'ai pas vraiment eu ce problème puisque 70 à 80 % des clients restent en contact après la première consultation. D'autre part, je donne la liberté au client de rappeler ou de ne pas rappeler. S'il ne rappelle pas, malgré la convention que nous avions de contacts consécutifs, il ne respecte pas ses termes du contrat et il me délivre de toute responsabilité quant au suivi. D'autre part, si un médicament est prescrit, il ne l'est que pour un délai de 4 à 6 semaines. Si le client arrive à obtenir d'autres prescriptions, c'est le nouveau prescripteur qui en prend la responsabilité. Cela n'est valable qu'à partir du moment où le vétérinaire comportementaliste a bien posé – et verbalisé – les termes du mandat et du contrat.

Mais j'ai entendu cette inquiétude lors de supervision de collègues. Je leur ai proposé de contacter le client, avec son accord, en disant, par exemple : « Dans mon expérience, certains propriétaires ne pensent pas à donner des nouvelles sur l'évolution du traitement ; ils sont trop occupés, ils sont déçus parce que l'amélioration n'est pas assez rapide et ils n'osent pas le dire, ou bien l'amélioration est satisfaisante et ils ne pensent pas à le dire... Le cas de votre animal me tient fort à cœur ; j'ai absolument besoin de savoir comment il évolue avec le traitement. Je pense que vous me le direz. Mais au cas où, par mégarde, cela vous échappait, je me permettrais de vous téléphoner, de vous envoyer un e-mail. Quels seraient le jour et l'heure de votre meilleure convenance ? »

À chaque spécialiste de trouver la formule qui lui convient, avec laquelle il a le plus de facilité. La règle est de fournir au client une « issue de secours » tout en se ménageant la possibilité d'obtenir ce qu'on veut. Le spécialiste précise un des termes du contrat (verbal) à respecter par les parties et il se donne le droit de contacter le propriétaire de l'animal si celui-ci ne respecte pas sa partie du contrat. Et, bien entendu, il l'autorise à ne pas respecter le contrat et il lui donne d'excellentes raisons pour ce faire, tout en se donnant le droit d'intervenir. Dans ce cas, quelle que soit la solution choisie par le client (qu'il prenne ou ne prenne pas contact), le vétérinaire comportementaliste obtiendra une communication. Et ce contact de suivi permettra éventuellement un ajustement des médications et des thérapies, ce qui est favorable pour l'animal et, donc également, pour son maître. C'est une de ces situations où tout le monde gagne. Finalement, beaucoup de gens apprécient que le vétérinaire prenne leurs problèmes « à cœur » et qu'il se préoccupe de savoir comment la situation évolue.

Le cadre de l'inattendu

Il convient toujours d'annoncer les situations inattendues et imprévisibles qui peuvent apparaître au cours de la gestion du cas, c'est-à-dire les changements possibles de médicaments, de dosages, de thérapies, ainsi que l'évolution en dents de scie de l'amélioration souhaitée. Comme le montre le schéma ci-dessous, l'évolution présente des hauts et des bas, la moyenne étant une courbe progressive dans laquelle l'amélioration est importante au départ et progressivement moins importante avec le temps.

Si le vétérinaire prend la peine de dessiner ce schéma devant le client qu'il reçoit, il lui permet d'anticiper les fluctuations de l'amélioration et de ne pas se décourager si brusquement l'animal présente une recrudescence (temporaire) des symptômes.

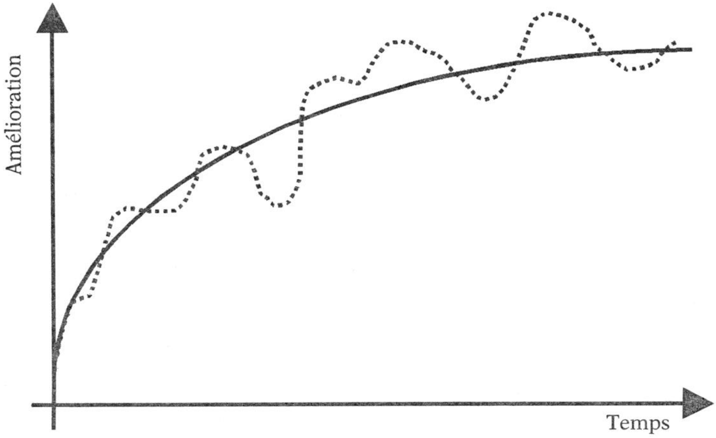

Évolution de l'amélioration souhaitée
Moyenne (trait plein) – Réalité (pointillé).

Il est fréquent que, suite à la première consultation, l'amélioration soit directe, rapide et importante (surtout lors de l'utilisation de médicament). Le client anticipe que la suite de l'évolution se fera de la même façon – avec la même cinétique – et est déçu lorsque la vitesse de l'amélioration ralentit, lorsque l'animal récidive (même à un degré mineur). Par exemple, pour les chiens agressifs, de nombreuses demandes d'euthanasie se font lorsque le chien, qui mordait régulièrement avant le début du traitement, se remet à grogner à nouveau après plusieurs mois sans signe d'agression.

Pour en revenir aux autres éléments inattendus possibles, il faut bien se rendre compte qu'un vétérinaire comportementaliste travaille avec du « matériel » biologique, qui n'a pas la fiabilité et la certitude des mathématiques. Les variations individuelles sont importantes – et imprévisibles – et empêchent une prévision correcte des effets d'un traitement pour chaque animal. Nos certitudes, quand elles existent, sont statistiques et concernent des échantillons de populations.

Le vétérinaire a plusieurs stratégies de traitement ; celles-ci comprennent entre autres les thérapies comportementales, les modifications de l'environnement et les médications. La variabilité et l'imprévisibilité d'effet se retrouvent bien avec les médicaments. Par exemple, mon premier choix de traitement médicamenteux pour les grands chiens hyperactifs est la fluvoxamine parce qu'elle me donne plus de 80 % d'amélioration rapide pour un coût inférieur à la fluoxétine. D'autres vétérinaires ont, bien entendu, leur propre expérience, qui peut être différente.

Cela signifie aussi que 20 % des chiens ne réagissent pas comme je le souhaiterais. Mais pour le chien auquel je prescris, il n'y a que deux solutions : il s'améliore ou il ne s'améliore pas. Ses chances d'amélioration sont de 50 % et non de 80 %. J'ai tout intérêt à dire au client : « Je vous prescris de la fluvoxamine, parce que c'est le médicament qui me donne le plus de résultats et j'ai huit chances sur dix d'améliorer votre chien ! Cela veut dire aussi qu'il y a deux "malchances" sur dix qu'il ne s'améliore pas ! De toute façon il ne s'aggravera pas ! J'espère de tout cœur que votre chien n'est pas en dehors des normes, qu'il n'est pas exceptionnel au point de résister au traitement ! » Cette façon de s'exprimer permet de verbaliser l'effet attendu et d'annoncer que le 100 % est illusoire. D'autre part, si le chien ne s'améliore pas – et cela est peut-être une petite consolation pour le client –, c'est que le chien est hors norme, qu'il est exceptionnel. Il n'y a pas de petite valorisation, n'est-ce pas ? Si le chien est exceptionnel, il méritera des attentions et des traitements exceptionnels. Il faut néanmoins que le chien ne soit pas si exceptionnel qu'on ne lui trouve jamais aucun traitement efficace !

Outre l'évolution en dents de scie, la sensibilité particulière à un médicament et l'impossibilité de prévoir les effets au-delà d'une prévision statistique, il y a aussi les incertitudes sur les effets des thérapies, la façon dont elles seront mises en pratique et les actions qu'elles auront sur l'animal. Là aussi, nous n'avons qu'une prévision statistique et, encore, les publications scientifiques manquent sérieusement d'évaluations cliniques dans ce domaine. Chaque vétérinaire reste avec ses croyances – son évangile – sur l'efficacité de ses interventions thérapeutiques. Cela manque de sérieux, ne trouvez-vous pas ?

Pour vous donner un exemple, quand je prescris un contre-conditionnement – une thérapie comportementale consistant à apprendre à l'animal un nouveau comportement dans les contextes qui déclenchent le comportement nuisant qu'il produit – à réaliser sur un chien présentant de l'agression de distancement, j'annonce des effets appréciables à partir de 1 000 répétitions.

Quand le client revient après 4 semaines et avoue avoir réalisé seulement 30 répétitions, personne ne s'étonne du manque d'amélioration. Alors que, s'il en a déjà réalisé 250, il est content de déjà apercevoir des changements et il peut anticiper ce qui se passera après la millième répétition. Parfois le chiffre 1 000 est remplacé par un autre chiffre, en fonction du client, de son épuisement et de ses capacités à mettre en place la thérapie. Un chiffre inférieur peut être proposé, mais ce chiffre dépasse toujours les 250. Et comme en psychothérapie le ridicule ne tue pas (et qu'il s'adresse directement au cerveau droit affectif et non logique), qu'il permet l'interpellation et peut focaliser l'attention, j'annonce un chiffre de 360, 777, 1 021 ou un autre chiffre sacré ou bizarre.

Enfin, il faut aussi se donner le droit à l'erreur, c'est-à-dire à l'expérience d'une stratégie thérapeutique sans obtenir le succès espéré. On peut s'être trompé dans la prise des symptômes, dans les diagnostics, dans les prescriptions, pour des raisons diverses, toutes meilleures les unes que les autres. Notre science est imparfaite et nous ne pouvons créer un lien thérapeutique avec chaque patient et chaque client. Il est plus aisé de prendre la responsabilité de nos erreurs afin de pouvoir les éviter ou les corriger ultérieurement. Gardons en tête le principe suivant : il est plus aisé de se changer soi-même (ses propres manquements ou erreurs) que de changer autrui.

De nombreux vétérinaires psy sont perfectionnistes. Je connais le problème ! Ils doivent apprendre à « lâcher prise », à accepter leur faillibilité et se rendre compte que la grande majorité des clients sont satisfaits avec 70 à 80 % de perfection plutôt qu'avec 150 %.

Pour en finir avec le cadre des incertitudes, je recommande d'annoncer qu'il y a des variabilités dans l'évolution et que le processus d'amélioration sera plus aisé à préciser après la visite de suivi, quand on aura une première évaluation individualisée de l'animal et de son système et pas seulement une prévision statistique.

> La psychologie est une science extraordinaire : elle permet de réaliser des changements de conscience en expérimentant des situations inattendues !

Le cadre de l'arrêt de la thérapie

Chaque partie a le droit d'arrêter la thérapie sans avoir à donner d'explications. En cas de médication, le client doit savoir s'il y a une période de sevrage à respecter.

Cette affirmation est en contradiction apparente avec les contrats qui ont été passés. Rappelons que le premier contrat est limité à la première consultation. Ensuite un nouveau contrat peut établir un certain nombre de visites et de contacts. Et je dis maintenant que chacun peut s'en aller de son côté sans se justifier. C'est la totale liberté, qui n'empêche pas de mettre en place un cadre d'initiation de contacts. Si une partie ne donne plus signe de vie – c'est le client généralement –, il y a rupture de contrat et l'autre partie – le thérapeute – est désengagée de ses responsabilités contractuelles. La valeur légale de cette rupture de contrat reste à démontrer (et est facilitée par la signature de documents, ce que nous exigeons rarement), mais sa valeur professionnelle est indéniable.

Quand cette particularité du contrat est énoncée et annoncée d'avance, elle donne la liberté au client et au thérapeute de sortir de la relation thérapeutique sans avoir à s'expliquer sur leurs motivations ! L'avantage est de donner à chaque partie une issue de secours pour se retirer. Il faut toujours éviter de placer qui que ce soit dans une situation sans issue.

Le cadre de la fin de la thérapie

Comment se termine une thérapie ? Très souvent le client ne revient pas parce qu'il est satisfait des résultats. C'est du moins ce que l'on voudrait croire. Le client ne revient pas, également, parce qu'il est insatisfait des résultats ; les problèmes n'ont pas évolué suivant ses attentes, le coût de la thérapie dépasse ce qu'il estime pouvoir dépenser ou l'investissement en temps lui semble trop substantiel, etc. Selon que vous êtes optimiste ou pessimiste, vous choisirez l'une des deux éventualités pour confirmer vos croyances.

Il serait intéressant de savoir pourquoi les clients s'en vont, sans rien dire, afin de les fidéliser, afin d'éviter des récidives, afin d'améliorer ses traitements, d'augmenter son taux de réussite. Pour ma clientèle, je ne peux pas répondre. L'information que j'ai est anecdotique. Fréquemment, j'entends parler des clients des mois ou des années après, en direct ou par l'intermédiaire d'un autre client qu'ils ont référé ; l'animal va bien, ils n'ont plus l'animal (il a été replacé ou euthanasié) mais ils sont satisfaits de mon intervention parce qu'ils ont reçu des explications plausibles, parce qu'ils ont été déculpabilisés, parce que, même s'ils ont dû se défaire de l'animal, les conseils se sont avérés précieux pour l'éducation – ou la cohabitation avec lui – d'un nouvel animal, etc. Évidemment, les clients insatisfaits, on en entend rarement parler ; ils ne se manifestent pas.

Parfois le client revient par habitude, par peur de la récidive, par compulsion, par dépendance. Le mieux, pour éviter ces problèmes, est de proposer un contrat pour un nombre déterminé de consultations, avec réévaluation à chaque fin de mandat.

Je parlerai de façon plus détaillée de ce sujet dans le chapitre dédié à la fin de la thérapie.

Le cadre des relations professionnelles et privées

Est-il possible d'intervenir pour l'animal d'un ami ? Et si je posais la question différemment ? Est-il possible d'intervenir dans le système social d'un ami ? Bien sûr, c'est le rôle d'un ami de parler avec ses relations. Et si l'ami le demande, on peut décider de se charger de la psychothérapie. La sémiotique comportementale nécessite de sonder dans la vie de l'animal et de son environnement social (la vie des gens), et ce sondage pourrait interférer avec l'amitié. Chaque vétérinaire fera ses choix suivant son éthique personnelle et en fonction de l'ami qui devient son client. Les mêmes cadres s'appliquent à cette relation privée. Entre vrais amis, cela se passe bien. Si la relation privée est seulement un copain, un camarade, le professionnel devra poser les limites de ses interventions.

L'autre question, c'est de savoir ce qui se passe quand les relations professionnelles évoluent vers l'amitié ou l'intimité. Comme le professionnel est à l'écoute de ses clients, et que l'écoute est devenue une denrée rare dans la société moderne, elle est prisée et appréciée. Quand le vétérinaire psy est empathique et le client sympathique, la relation peut déborder du lien thérapeutique professionnel pour devenir une relation privée. Là aussi, il faut pouvoir mettre les cadres. La chose est plus facile à dire qu'à faire, croyez-moi. Les spécialistes en comportement animal qui s'en tiennent à leur rôle d'expert, qui sont peu empathiques et qui restent bien en dehors du système social de leurs clients n'auront pas ce type de problème. C'est une solution. Mais elle n'est pas applicable à tous les thérapeutes, certains étant – par nature – familiers, séducteurs, et entrant aisément dans une relation interpersonnelle plus intime.

L'intimité la plus profonde s'obtient lorsque le client et le vétérinaire psy tombent en amour l'un avec l'autre. Si c'est réciproque, il n'y a pas de problème. À chaque adulte de gérer ses relations. Si c'est unilatéral, c'est-à-dire le plus souvent le client tombant amoureux du thérapeute – mais c'est parfois l'inverse aussi –, il vaut mieux stopper la relation professionnelle et prendre de la distance. C'est au professionnel qu'incombe cette responsabilité de distanciation. Cela fait partie de l'éthique de la profession.

Une autre forme d'intimité relationnelle est la création d'un lien de dépendance affective, qui n'est pas de l'amour, mais une forme de recherche d'attention pathologique, comme dans l'exemple suivant vécu par une collègue.

L'homme téléphone vers minuit et dit qu'il va se suicider en se jetant par la fenêtre... Que faire ? Réfléchissez un moment à ce que vous feriez ! Donc imaginons que vous avez décroché votre téléphone. Et comme vous n'avez pas fait de jeu de rôle à ce sujet, vous ne savez pas quoi répondre. Dès lors votre interlocuteur a toute votre attention. Comme vous pensez à la loi d'obligation d'aide à toute personne en danger, et que le client est en danger de mort, vous lui parlez, vous le raisonnez, et une heure après vous êtes toujours au téléphone. Puis-je vous conseiller de vous focaliser sur votre patient ? Peut-être pourriez-vous lui dire : « Je suis vétérinaire, je ne suis pas psychologue. Je suis dans l'incapacité de vous aider. Je vous conseille de téléphoner à votre médecin, à votre psychologue, à SOS suicide... je suis désolé, je ne peux rien faire. Cependant, ma préoccupation est la suivante : que va-t-il se passer avec votre chien si vous décédez ? Avez-vous pensé à cela ? Que décidez-vous à ce sujet ? Il faut que vous preniez des dispositions à son sujet. Désirez-vous qu'il soit mis à la SPA ou euthanasié ? Avez-vous imaginé par quelles émotions il va passer, une fois que vous serez décédé et donc disparu de sa vie ? Il devra faire le deuil et donc sera sans doute malheureux un temps certain. Je vais vous laisser réfléchir à cela et je vais raccrocher le téléphone dans deux minutes. Si vous désirez que je fasse quelque chose pour votre chien, il faut me laisser un message clair à ce sujet, me le dire maintenant au téléphone ou me laisser un mot très explicite. Voulez-vous faire cela ? Bien, maintenant, les deux minutes sont passées et je raccroche le téléphone. » Une fois le téléphone raccroché, vous pouvez téléphoner à la police. Vous pouvez aussi, tout en parlant au client, écrire un mot à votre compagne ou compagnon (pour autant que vous n'êtes pas seul) pour lui demander de téléphoner à la police. Si vous êtes seul et que vous disposez d'une seconde ligne ou d'un téléphone cellulaire, essayez de mettre votre interlocuteur en attente pour appeler à l'aide.

Ces problèmes sont liés à l'écoute attentive, intéressée, empathique et même sympathique du vétérinaire psy. Quand il fait trop bien son travail, il récolte quelques spécimens de ce genre sur le dos et il vaut mieux qu'il soit préparé à répondre à chaque circonstance de la façon la plus appropriée à son éthique et à son bien-être.

CHAPITRE 3

Mais quel est le problème ?

Informer et comprendre

Le mystère de la chatte Câline

Après le bonjour d'accueil et la présentation de la chatte, Câline, 3 ans, stérilisée 6 mois auparavant, deux mois après son adoption de la rue, la propriétaire en vient directement au problème qui la préoccupe : « Câline urine dans la maison ; en fait, elle marque les murs et les portes. » La propriétaire semble faire la différence entre marquage urinaire et souillure d'élimination ; elle a raison ; Câline arrose des supports verticaux d'une petite quantité d'urine.

Le marquage urinaire, chez le chat, est toujours lié à un état d'excitation ; l'excitation est l'émotion de base, contraire de l'inhibition ; l'excitation permet l'éveil ; elle va conduire à l'irritation (colère), à la peur ou à la tristesse ; on retrouve l'excitation dans tous les états « hyper », les fortes émotions. Qu'est-ce qui excite notre chatte, qu'est-ce qui la met en éveil ? Le marquage urinaire est aussi utilisé dans la communication sociale – pour résoudre des conflits sociaux – et dans la communication sexuelle.

« Depuis quand Câline marque-t-elle à l'urine ?

— Cela fait quatre mois ; elle a commencé peu après l'opération.

— Pensez-vous que les deux événements sont liés ? » La propriétaire semble penser que les deux événements sont liés, que la chatte a commencé à marquer après l'opération de stérilisation. Est-ce possible ? Il y a une corrélation dans le temps, mais est-ce pour autant une corrélation valable ? La stérilisation peut-elle être la cause du problème de marquage urinaire ? Quel état d'excitation pourrait-il être causé par une intervention chirurgicale ? Je pense évidemment aux douleurs postopératoires. Est-ce possible que la chatte ait eu mal ?

« J'y ai pensé, dit-elle, vous ne croyez pas que c'est possible ?

— Oui, bien sûr, c'est possible. Il y a aussi plein d'autres possibilités que nous allons explorer. Racontez-moi ! Marque-t-elle tous les jours ? » Je cherche bien entendu à déterminer la fréquence du marquage et son évolution dans le temps.

« Non, cela se passe par périodes. »

Je reste silencieux, ce qui pousse la propriétaire à meubler le silence : « Elle se met à marquer la porte qui mène dehors et d'autres chats se rassemblent et marquent l'autre côté de la porte et les murs, et je ne vous dis pas l'odeur...

— Insupportable !

— Oui, insupportable, et quasiment impossible à désodoriser, malgré des nettoyages répétés.

— L'urine de ces chats d'extérieur sent-elle bien plus fort que celle de votre chatte ?

— Oui et non ; l'urine des marquages de Câline sent aussi terriblement fort, plus que normalement, enfin je veux dire plus fort que quand elle urine dans le bac à litière ; même si c'est rare puisqu'elle préfère uriner dehors. »

Dès ce moment, l'hypothèse de diagnostic se simplifie. Si le marquage urinaire est épisodique, s'il se fait sur des surfaces en contact avec l'extérieur, s'il attire un rassemblement de chats qui, eux aussi, marquent à l'urine – et j'imagine que ce sont des matous –, alors c'est qu'il s'agit vraisemblablement de marquage de communication sexuelle. Mais est-ce possible si la chatte est stérilisée ? La chatte a-t-elle des chaleurs ?

« Câline a-t-elle encore des périodes de chaleurs ? Vous savez, avec frottements répétés, la queue comme pliée, avec miaulements d'appel... se roule-t-elle sur le sol, je veux dire, quand elle a ses périodes de marquage urinaire ?

— Oui, mais c'est moins fort depuis qu'elle a été opérée. »

Après quelques instants de silence, madame demande : « Mais comment est-ce possible ? On l'a fait opérer ! »

S'il reste du tissu ovarien, un morceau d'ovaire, c'est possible. Que ce soit intentionnel – certains vétérinaires laissent un ovaire pour que les chattes aient leurs hormones – ou accidentel – et dans ce cas, un morceau d'ovaire a échappé au bistouri du chirurgien –, on peut très bien avoir du tissu ovarien fonctionnel, sécrétant des hormones sexuelles et déclenchant des périodes de chaleurs avec communication sexuelle ; et dans la communication sexuelle, on retrouve le marquage urinaire.

Je continue : « La première chose à faire est de vérifier cette hypothèse. Un dosage hormonal, un frottis vaginal, un test thérapeutique à base d'hormones, une échographie pour rechercher l'ovaire si possible... »

Excédée par la situation et limitée dans son budget, la propriétaire choisit l'option du test thérapeutique, qui se révélera probant : la chatte arrêta de marquer à l'urine rapidement. La suite est une affaire de médecine vétérinaire générale : poursuite d'un traitement antihormonal malgré les risques d'effets secondaires, nouvelle intervention chirurgicale... Il y a plusieurs possibilités.

La consultation fut rapide ; un quart d'heure probablement, pas plus. Et elle me rappela à quel point les variations de l'organisme influencent les comportements ; ceux-ci ne sont finalement que des produits secondaires de ce qui se passe dans le corps, dans ce cas-ci, de perturbations hormonales.

Les techniques d'entretien

Si la consultation en médecine vétérinaire comportementale est faite d'observation, d'examen, de tests, de travail éducatif pratique... de l'animal, il reste que la partie la plus importante du recueil des symptômes et de la prescription de changements est réalisée dans l'entretien avec le propriétaire de l'animal. Et c'est au cours de l'entretien que le vétérinaire obtient la coopération de ce dernier, l'information et l'observance du traitement.

— La coopération et l'observance sont obtenues par le lien thérapeutique (chapitre 4).
— L'information est acquise par les techniques de questionnement.

Ce chapitre concerne essentiellement les techniques d'entretien. On y verra successivement les points suivants :

— l'écoute,
— l'observation,
— les techniques de questionnement de base,
— les techniques de questionnement élaboré.

L'écoute

L'ÉCOUTE ATTENTIVE

Il est impossible d'obtenir des informations pertinentes sans écoute ni lien. Je ne parle pas simplement de la capacité sensorielle d'audition – d'entendre – mais aussi de l'attention neutre et bienveillante du thérapeute. Écouter, c'est comprendre ce que l'autre dit, avec son langage. L'écoute, c'est en fait de la… traduction. Quand un enfant vous dit : « Je ne t'aime plus, pour toujours », « toujours » signifie dans ce cas cinq minutes et pas une de plus, et cette émotion est facile à désamorcer. Ce n'est pas la même chose si un adulte vous tient le même propos. Une personne qui consulte a son vocabulaire et c'est au professionnel de la rejoindre sur son territoire langagier. L'exemple le plus courant est le suivant : parler de son chien « dominant » pour dire « désobéissant » ou « agressif ». Au thérapeute de faire de la traduction simultanée !

Et ce n'est pas parce que le client utilise le même vocabulaire que le vétérinaire psy que pour autant ils parlent la même langue. Un professionnel entend ce qu'il a envie d'entendre parce que cela cadre avec ses préconceptions. Quelle erreur, quel mensonge à soi-même ! S'il a réalisé un diagnostic expéditif, il est possible qu'il cherche à se le faire confirmer et que son écoute soit sélective et qu'elle ne soit dès lors plus objective. Par exemple, si les problèmes énoncés sont ceux d'un chien qui hurle et détruit quand il est laissé seul, le thérapeute peut faire un prédiagnostic d'anxiété de séparation et proposer un questionnement inductif qui lui fera confirmer son diagnostic, au détriment de tout autre diagnostic différentiel. C'est extrêmement fréquent avec les problèmes de hiérarchie qui sont surévalués et que, lors de supervision ou de formation clinique, je démonte et démantèle huit fois sur dix. Le vétérinaire supervisé me regarde alors d'un regard désabusé ; sa thérapie, basée sur un diagnostic imaginaire, tombe à l'eau.

Écouter quelqu'un, c'est donc entendre son vocabulaire, le comprendre et tout cela sans *a priori* et avec objectivité. Aventure ardue mais pas inaccessible. Le vétérinaire peut utiliser des synonymes pour obtenir une meilleure compréhension de ce qui lui est dit et, surtout, il doit faire détailler les comportements. À partir du moment où l'on a une séquence comportementale bien décrite, complète, on peut l'appeler comme on veut, on se comprend.

> L'écoute, c'est souvent de la traduction. Comment peut-on réellement entendre l'autre et aller à sa rencontre si on interprète ce qu'il dit avec sa propre vision du monde ?

L'ÉCOUTE SILENCIEUSE

Le second point dans ce chapitre sur l'écoute, c'est d'être silencieux. On ne peut pas écouter sans silence intérieur. Comme l'écrit Françoise Kourilsky-Belliard[1], « être silencieux avec soi-même signifie s'oublier : s'abstenir de commentaires, même intérieurs, et ne pas préparer sa réponse avant que l'autre ait fini de parler. L'écoute réelle implique de se dissocier de soi, c'est-à-dire

1. Kourilksy-Belliard F., *Du désir au plaisir de changer*, InterÉditions, Paris, 1995.

d'adopter une “métaposition”... ». Cela signifie qu'il faut écouter l'autre en silence puis s'écouter soi-même tout en observant la réaction d'autrui à nos paroles. Les entend-il, les écoute-t-il, les comprend-il ? Au cours de formations cliniques, j'ai vu des vétérinaires en charge des consultations empressés de poser de nouvelles questions alors que le client avait à peine élaboré la réponse à la question précédente ; on pouvait voir dans les sourcils froncés du vétérinaire psy qu'il réfléchissait à de nouvelles questions et était absent de la relation. Dans le débriefing – après l'étape de recueil des symptômes de la consultation –, le professionnel se retrouve alors à manquer d'informations pertinentes pour élaborer une stratégie thérapeutique ; il ne les a pas entendues, parce qu'il n'était pas à l'écoute de son client mais seulement à l'écoute de lui-même.

Une des règles importantes, c'est de ne pas parler plus que le propriétaire de l'animal sans pour autant se laisser envahir par son mitraillage vocal et rester muet. J'ai constaté que les vétérinaires en formation parlent beaucoup. Ils semblent vouloir convaincre leur auditoire de leurs connaissances ou meubler leur angoisse de ne pas pouvoir répondre adéquatement par un flot de paroles. Ce n'est pas parce que l'on parle haut et fort, à un débit rapide, et que l'on interrompt autrui que pour autant on a raison et dit la vérité. L'intérêt de la consultation n'est pas de montrer à tous ses connaissances mais d'aider les systèmes à changer et à trouver un nouvel équilibre.

Au cours d'une formation clinique en Suisse, le vétérinaire, un gars baraqué et très sûr de lui, régulièrement loquace et compétent, s'est fait embarquer par une cliente dans une compétition vocale ; c'était à qui parlait le plus et le plus vite. Le mari de la dame parlait peu ; personne ne lui en laissait le temps. Le chien était très excité, restait debout et gémissait. Après une demi-heure, le vétérinaire s'est tourné vers moi et a murmuré « Help ! », ce que madame n'a pas remarqué tellement elle était prise dans son flot de paroles. J'ai arrêté la consultation, demandé aux propriétaires de promener leur chien pendant une demi-heure et proposé au groupe de formation d'analyser la situation : la dame parlait 50 % du temps pour 5 % d'information pertinente, son mari parlait 5 % du temps et tout était pertinent, et le vétérinaire parlait 45 % pour essayer d'obtenir de l'information objective sans succès. J'ai demandé : « Que devons-nous faire ? » Et le vétérinaire a répondu : « Il faut faire parler le mari. » Nous avons rappelé les clients et la consultation a repris. L'épouse a directement repris son monologue ; le vétérinaire lui a dit : « Excusez-moi, mais sur ce point justement, je voudrais entendre l'avis de monsieur. »

Toute la consultation a basculé, chacun prenant un tiers du temps de parole, le chien s'est couché entre ses propriétaires enfin apaisés et s'est endormi. Le langage corporel de tous les participants s'est apaisé : ils communiquaient, c'est-à-dire – en respectant l'étymologie du mot *communicare*, commune avec le mot « communier » – qu'ils s'associaient, ils coconstruisaient une relation et un système. Les relations se complétaient au lieu d'être en compétition et en antagonisme. C'était devenu un bel exemple d'écoute.

L'écoute digitale et analogique

Enfin, pour clore cette section sur l'écoute, je distinguerai l'écoute digitale de l'écoute analogique. On qualifie de digital ce qui a trait au contenu, à l'information, à la logique du cheminement mental. Je viens d'en parler longuement. Est analogique ce qui donne de l'information affective, émotionnelle et subjective au langage : l'intonation, le rythme, la musicalité de la voix – mais aussi le rythme des silences – qui s'accompagnent également de micromouvements qu'il est possible d'observer.

L'observation

L'observation est une part importante et souvent négligée de la consultation. Je ne parlerai pas de l'observation des comportements bizarres, problématiques ou pathologiques de l'animal qui sont du domaine de la sémiotique. Je dirai juste un mot à ce sujet : on ne lâche l'animal que si on peut garantir la sécurité de toutes les personnes présentes, y compris le propriétaire et... soi-même.

Mais ce dont je veux parler ici, c'est de l'observation des clients et des relations dans le système[1]. Je voudrais pointer quelques éléments du langage corporel humain, qui viennent confirmer ou infirmer l'information verbale.

Il y a plusieurs attitudes corporelles qui sont évidentes à décoder sans que l'on soit un spécialiste de l'observation. L'attitude corporelle change sans cesse avec les déclarations et la relation, et elle est donc analysée dans sa synchronisation avec le discours. Il y a deux postures de base, l'ouverture (attrait) et la fermeture (aversion). L'ouverture est essentiellement manifestée par une libération de l'accès au ventre et au bas-ventre, la fermeture par un verrouillage de cette zone corporelle. L'être en attirance ouvre son corps, ses mains et, en position debout, il entrouvre les jambes, les pieds étant tournés vers l'extérieur. Si les bras sont croi-

1. Je n'irai pas dans l'analyse des détails des micromouvements – révélateurs des pensées secrètes des personnes – qui sont analysés par la PNL et ont, plus récemment, été décrits avec minutie par Philippe Turchet dans *La Synergolie*, Éditions de l'homme, Montréal, 2000.

sés, le dos des mains et les pouces sont visibles (assurance). L'être en aversion ferme son corps, croise les bras, cache ses mains entre bras et corps, croise les jambes et détourne le regard. Dans l'attirance, le corps se rapproche d'autrui ; dans l'aversion, il s'éloigne. Dès lors, si un client vous dit qu'il accepte de mettre en pratique les conseils que vous lui prescrivez, tout en se penchant en arrière, croisant les jambes, détournant le regard et cachant ses pouces, il faut savoir qu'il y a peu de chance que la thérapie soit mise en pratique.

Si au cours de la conversation le propriétaire de l'animal s'éloigne et se ferme, le vétérinaire peut recourir à plusieurs changements de sa posture : il peut se pencher en avant, mettre ses mains sur la table et montrer ses paumes ou se lever et venir s'asseoir temporairement à côté du client. Il peut également baisser sa voix et inciter de cette façon son interlocuteur à se pencher en avant, à se rapprocher.

Les techniques de questionnement de base

La première règle est d'éviter les questions fermées, c'est-à-dire les questions qui sont répondues par oui ou par non. Ces questions sont d'un intérêt limité parce qu'elles sont orientées et ne permettent pas la description des séquences comportementales dans tous leurs détails. « Votre chien est-il obéissant ? » Oui, non, qu'est-ce que ça veut dire obéissant, et dans quelles circonstances ? Il est préférable de poser des questions ouvertes permettant de décrire une séquence de comportement.

La seconde règle est de décrire et de circonstancier toute information. « Mon chien est désobéissant ! » D'accord. Cela ne veut rien dire et ne donne aucune information. Que fait-il ? À quel ordre désobéit-il ? Comment est posé l'ordre, quelle est l'intention de l'éducateur (et que comprend le chien de cette intention) ? Que fait le chien ? Comment réagit l'éducateur ? Quelles sont les postures et mimiques de chacun ? Qu'est-ce qui s'exprime vocalement et verbalement ? Quand cela se passe-t-il ? Et avec quelle fréquence ? Cela a-t-il évolué avec le temps ? Les détails doivent décrire la situation de telle façon que l'intervenant doit pouvoir se représenter la scène, la séquence comportementale dans sa totalité.

Certains vétérinaires proposent de remplir un questionnaire avant la consultation. Quel en est l'intérêt ? Comme je n'utilise pas cette technique, et comme je constate que je lis peu les proses que me donnent mes clients, préférant largement le questionnement interactif en consultation, mon opinion sera subjective. Je crois que l'intérêt majeur de ces questionnaires est de faire réfléchir le propriétaire qui consulte à la masse et à la précision des informations qu'il faut donner au professionnel. Et l'autre intérêt est de pouvoir respecter le cadre horaire de la consultation sans avoir à poser toutes les questions et d'obtenir néanmoins la majorité des informations de sémiotique.

La différence entre lire la même information (digitale) et l'entendre raconter est essentiellement dans les indications analogiques, celles qui sont adressées au cerveau droit, celles qui donnent la sincérité sur le symptôme. Pour qu'un questionnaire soit riche en information pertinente (pour le changement, la thérapie), il faudrait que chaque question permette une description complète et contextualisée. La taille du questionnaire serait alors de plusieurs (dizaines de) pages, et sa lecture longue et fastidieuse. Le spécialiste serait noyé dans les informations digitales et risquerait d'avoir de grandes difficultés à discerner les points importants pour élaborer une stratégie thérapeutique.

Je n'ai donc pas de questionnaire, mais j'ai une feuille de sémiotique assez complète qui me permet de ne jamais oublier des items importants tels que l'activité, le sommeil, l'alimentation, l'activité et les jeux, le contrôle de soi, les humeurs et émotions, l'intelligence de l'animal... Et, même si j'avais oublié d'analyser une catégorie comportementale, telle que la sexualité ou le comportement alimentaire, cela aura-t-il une influence majeure sur ma stratégie thérapeutique ? Une psychothérapie à long terme, pour un problème complexe qui nécessite une sémiotique très élaborée, ne se crée pas en une heure. Il vaut mieux, dans un premier temps, se préoccuper du lien thérapeutique et des problèmes et attentes, et détailler ces derniers, que d'obtenir une sémiotique exhaustive dans laquelle on est immergé et asphyxié.

Les techniques de questionnement élaborées

Je reviens maintenant aux techniques de communication verbale. J'ai parlé des deux règles essentielles ; voici maintenant quelques savoir-faire plus élaborés.

Le questionnement croisé

Le questionnement croisé consiste à essayer d'obtenir une confirmation d'une réponse par des questions très différentes ; si la réponse diverge d'une question à l'autre, on peut tenter de préciser la situation ou noter l'incohérence des observations. Par exemple :

Le vétérinaire : « Avez-vous observé des problèmes d'agressivité chez votre chien ? »

Le propriétaire : « Non, mon chien n'est pas agressif ! »

Le vétérinaire (cinq minutes plus tard, ayant parlé d'autre chose entre-temps) : « Vous me disiez que votre chien mange des croquettes... S'il mange autre chose, comme un os, lui arrive-t-il de grogner ou de montrer les dents ? »

Le propriétaire : « Non, on ne lui donne pas d'os parce qu'il a mordu un jour quand on a voulu mettre celui-ci à la poubelle... »

Vous me direz que le questionnement croisé ressemble à une enquête policière. Oui, en quelque sorte ! La question que je me pose est la suivante : pourquoi ne peut-on pas faire totale confiance au propriétaire d'un l'animal pour nous dire la vérité ? Je vois plusieurs explications. La première, c'est que la vérité n'existe pas ou qu'elle est variable pour chacun de nous. Ensuite, le propriétaire peut avoir oublié l'information et n'avoir pas eu le temps de chercher dans sa mémoire ou dans ses archives ; de toute façon la mémoire est une reconstruction actualisée du passé. Enfin, il ne sait pas ce que nous attendons de lui et, parfois, il se défend d'un jugement *a priori* ; il ne sait pas que nous pouvons être dans l'empathie et dans l'acceptation sans jugement. Pour remédier à ces difficultés, l'usage des questionnaires à remplir avant la consultation est intéressant.

Même si le thérapeute a établi des cadres clairs avant la consultation, le client ne connaît de la psychothérapie (humaine ou vétérinaire) que ce qu'il en a lu dans les magazines populaires, ce qu'il a vu dans des films et documentaires ou ce qu'il a entendu dire par personne interposée. Et la culture garde dans sa mémoire collective toute l'influence de la psychanalyse. En schématisant à l'extrême, mais c'est ce que les gens pensent, si un enfant a des problèmes, c'est la faute de sa mère et/ou de son père. Dès lors, et c'est extrêmement logique, si un animal de compagnie a des problèmes, c'est la faute de ses propriétaires. L'avènement du behaviorisme n'a rien amélioré à cette préconception. Qu'un animal présente un problème, on ne s'occuperait pas de l'animal lui-même (la fameuse boîte noire), mais des stimuli déclencheurs et des conséquences ; on peut modifier les conséquences par punition ou récompense et on peut influencer les déclencheurs. Et, pour de nombreux propriétaires d'animaux, le déclencheur, c'est... eux ! Et personne ne trouve plaisant d'être la cause du malheur d'autrui, d'autant plus qu'on adopte un animal pour faire son bonheur et non son malheur.

Avec toutes ces influences culturelles et pseudoscientifiques sur la représentation de la psychothérapie, il est normal qu'une personne décide consciemment ou inconsciemment de dissimuler au thérapeute certaines informations ou de l'induire en erreur par des réponses évasives ou fausses. Si le professionnel montre sa tolérance d'esprit pour des comportements bénins, cela facilite la verbalisation de problèmes plus importants. Ainsi cette femme qui m'avoue que son chien dort sur son lit : « Je sais que je ne devrais pas » précise-t-elle ; à quoi je réponds : « De nombreux chiens dorment sur le lit ; cela ne pose bien souvent aucun problème et dans ce cas il n'y a généralement pas de raison de changer cette habitude si elle fait plaisir à tous. » Elle répond : « Ah, oui ? Vous savez, il se glisse sous la couette ! » Et la cliente, se sentant libérée, de me donner d'autres informations pour lesquelles elle avait des préconceptions négatives...

Le questionnement triangulaire

Pour réaliser un questionnement triangulaire, il faut avoir devant soi deux clients, généralement un couple ou un parent et son enfant. La technique est de demander à l'un, en présence de l'autre, ce que l'autre pense de la situation ou comment l'autre répondrait à la question. « Madame, que pensez-vous que votre mari répondrait à cette question ? Que pense-t-il de l'hyperactivité du chien ? Quelles solutions a-t-il envisagées ? » « Madame, que pensent vos enfants de la situation ? » Il est possible de poser des questions directes : « Monsieur, pensez-vous que votre compagne ait envisagé l'euthanasie du chat pour ces problèmes de souillures ? »

Quel est l'effet du questionnement triangulaire ? Si les clients ont discuté du problème, ils savent ce que leurs proches pensent et ressentent, et leurs intentions. Le vétérinaire psy apprend qu'il y a un accord ou un désaccord dans le système, et cette situation est verbalisée. Par exemple : « Ma femme n'en peut plus, elle a décidé d'euthanasier le chat ; je ne suis pas d'accord, je veux lui donner une dernière chance ! » Cette verbalisation exprime le désaccord sur la solution, démontre que l'aide thérapeutique ne viendra sans doute que de monsieur et que sa compagne a probablement déjà commencé le processus de deuil. La femme est venue sous contrainte ou de sa volonté propre ; dans le second cas, elle marque son accord sur le principe de la consultation et de la thérapie ; dans le premier cas, elle résistera (afin d'avoir raison) et il faut alors déterminer un accord minimal sur un objectif précis, probablement sur une durée de traitement et un pourcentage satisfaisant d'amélioration.

Si les clients n'ont pas discuté du problème, ils apprennent ce que leurs proches pensent qu'ils pensent ou ressentent. Dans ce cas, ils se regardent et se mettent à parler entre eux, ce qui permet de spécifier les accords et les désaccords éventuels. C'est très bon pour éclaircir les non-dits. Parfois, il faut envisager qu'ils se disputent, que la situation dégénère... Dans ce cas, si un apaisement n'est pas possible, la meilleure solution reste de mettre tout le monde dehors.

De cette façon, le questionnement triangulaire est intéressant pour dynamiser la communication dans un système, pour verbaliser ce que chacun pense que l'autre pense, pour objectiver les accords et désaccords dans le système, le but de toute l'opération étant de découvrir les ressources et résistances afin d'aider l'animal, et le système à trouver un nouvel équilibre.

Le questionnement triangulaire est aussi une technique intéressante lorsqu'un des clients monopolise la communication. Souvent, celui-ci a préparé son discours, il a son petit papier, il y recourt quand sa mémoire défaille. Il a sans doute déjà passé plus d'une heure a réfléchir au problème la veille au soir ou le matin même de la consultation ; il ne lâchera pas tant qu'il n'aura pas dit tout ce qui est écrit sur son papier ! Il commencera par l'histoire de l'adoption de son animal, parlera de ses maladies enfantines, et vous expliquera dans un flash-back soudain que cet animal fut adopté suite à la mort de l'animal précédent et il vous parlera en détail de l'animal décédé comme s'il était encore en vie aujourd'hui et comme si les événements de sa vie avaient des retentissements fondamentaux sur les problèmes vécus aujourd'hui. Si le vétérinaire le laisse parler sans intervenir, il sera encore occupé à écouter – ou à dormir – une heure plus tard. Le conjoint et les autres accompagnants seront tous endormis ou frustrés de ne rien pouvoir dire.

Intervenir directement et dire : « Le passé n'a aucune importance, je voudrais que l'on parle du présent ! » ne ferait qu'antagoniser le client qui, une fois la parole récupérée, se fera un point d'honneur de bien démontrer l'utilité des détails futiles. Que faire ? Quand on a la chance d'avoir d'autres personnes, on en profite. On saisit l'instant fugace d'une inspiration chez la personne loquace et on fait intervenir le conjoint ou l'accompagnant. Si on n'y arrive pas, on s'adresse au « monologuiste » et on lui dit : « C'est très intéressant ce que vous me dites, mais savez-vous ce qu'en pense votre mari ? » ou « Pouvez-vous me dire ce qu'en pensait votre chien ? »

Demander ce qu'en pense son partenaire fait parfois réagir – et sortir le partenaire de sa rêverie – et lui donne plus de présence dans la discussion. Ou bien on pose la question au partenaire qui a, enfin, l'occasion de donner son avis.

La seconde solution – demander ce qu'en pense l'animal – surprend davantage. Je peux vous garantir une fraction de seconde de silence ! C'est le moment de se jeter dans la bagarre et de poser une autre question qui interpelle et fait réfléchir ! C'est le moment de faire parler quelqu'un d'autre, de valoriser ce qu'il dit, ou de lui demander ce qu'il pense que le monologuiste pense du problème et surtout quel est le problème ! Une fois le problème connu, il est possible de passer à l'étape suivante : la demande et les attentes.

> Si le vétérinaire psy demande au propriétaire de l'animal de lui dire ce que pense son conjoint ou son enfant de la problématique avec l'animal, il reçoit plus que des précisions sur l'animal, il reçoit des informations précieuses sur les relations au sein du système familial.

La métaphore

La métaphore est une image qui permet une représentation mentale différente de la situation réelle. C'est une figure de style qui compare deux objets, le comparé et le comparant, sans comparatif. Quand ma fille me dit : « Tu es un chat ! », c'est une métaphore. Si elle me dit : « Tu te comportes comme un chat ! », c'est une comparaison ! Le comparé, c'est moi ; et le comparant, c'est le chat ; le comparatif est le mot « comme ». La comparaison est-elle flatteuse ? C'est une autre histoire !

La métaphore (et la comparaison également) facilite la découverte de nouvelles compréhensions et de solutions inédites. Elle est autant sémiotique que thérapeutique.

La métaphore est particulièrement efficace parce qu'elle court-circuite le cerveau logique et qu'elle s'adresse directement à l'imaginaire. C'est dire combien il est important que le thérapeute n'impose pas ses propres « visions ». Une femme désirait acquérir un chien. Je lui ai proposé d'imaginer son chien soit comme un animal sauvage, soit comme une voiture. Elle m'a dit que les voitures ne l'intéressaient pas, sauf les belles voitures.

« Laquelle ?, ai-je demandé, la Jaguar, la 2 CV, la Golf... ?

— La Jaguar !, a-t-elle dit sans hésiter.

— Et comme animal sauvage ? »

Elle m'a répondu : « Le loup ! »

Je lui ai dit : « Pas un félin, pas un dauphin, pas un castor... ? »

Elle a répondu : « Non, un loup ! » Et, bien entendu, son choix de race de chien se portait vers le berger blanc, le doberman...

J'ai dit : « Un prédateur ? »

Et elle s'est mise à réfléchir si c'était bien un prédateur qu'elle désirait comme chien de compagnie. Dans ce cas, la métaphore a permis d'associer le chien avec la notion de prédateur, ce qui n'est pas l'évocation première que l'on a du chien de compagnie mais qui n'est pas totalement incohérent non plus. En général, la métaphore permet d'envisager les qualités spécifiques et différentes du comparant. Une des qualités du loup par rapport au chien est justement son aspect prédateur que l'on tente d'occulter chez le chien mais qui se réveille aisément.

Le truisme

Quoi de plus vrai qu'un truisme ? Un truisme, c'est l'énoncé d'une vérité incontestable. Au maître qui me dit que son chien de berger ne devrait pas attaquer les lapins et les moutons, je réponds : « C'est un chien ! » À la dame qui se plaint que son berger de Tervueren mâle attaque les autres chiens mâles et les plaque au sol sans les blesser, je réponds : « C'est un chien mâle ! » Le propriétaire semble interpellé et se dire : « C'est ça, un chien ? » comme s'il voyait la vérité d'un chien pour la première fois.

Si « c'est ça, un chien », alors c'est inscrit incontestablement dans la nature du chien et, si on veut changer ce comportement, on aura fort à faire. Cela veut dire que le comportement en question ne sera pas changé en un coup de baguette magique médicamenteuse ou comportementale et qu'il faudra utiliser une stratégie thérapeutique sérieuse et longue pour influencer le comportement, sans pour autant le supprimer totalement.

À la propriétaire de ce chat qui se mettait à l'affût et attaquait ce qui bougeait – c'est-à-dire les chevilles, les bras et le visage de sa propriétaire – dans l'appartement de 75 mètres carrés, j'ai dit : « C'est un chat et il a besoin de 3 à 5 heures d'activité par jour… », comme si c'était mon diagnostic. Et c'était mon diagnostic, c'est-à-dire que, même si je dis que ce chat souffre du trouble « anxiété du chat d'appartement », ce que je veux réellement dire, c'est que « c'est un chat » et que, si on fait vivre un chat dans un milieu appauvri, on ne doit pas s'étonner d'observer qu'il tente de s'adapter en bougeant et en faisant bouger ce qui peut se déplacer dans l'appartement. Il tente de s'adapter jusqu'au moment où ses capacités d'adaptation sont étouffées et il développe de l'anxiété avec hypervigilance et hyperréactivité, et tout le cortège des symptômes typiques d'anxiété, y compris de la malpropreté.

Le truisme est d'autant plus efficace qu'il est énoncé par un expert. Je suis censé être un expert international en médecine comportementale des animaux de compagnie, donc ce que je dis prend de la valeur, ce que je dis est proche de la vérité. Il est évident que le « c'est un chien » n'a pas le même sens, ni la même valeur, dans ma bouche et dans celle d'un enfant de 5 ans.

La projection dans le futur

La projection est une représentation d'une situation qui pourrait se présenter mais n'existe pas à ce jour. C'est une projection dans le futur irréel, potentiel, conditionnel et virtuel : « Et si votre chat attaquait un enfant au visage comme il vous a attaqué, vous ? » Est-il possible de refuser d'évoquer une image dramatique ? Le cerveau droit la capte immédiatement et induit de l'émotion alors que le cerveau gauche essaie désespérément de la nier. Il y arrivera peut-être, mais l'image est créée et stockée dans la mémoire.

Les propriétaires font tous de la projection spontanée. Ils ne consultent pas parce que la situation d'aujourd'hui est insupportable mais parce que celle de demain sera intenable. Si un chien menace les enfants, la motivation à consulter, c'est la représentation d'un enfant mordu. C'est de la projection. Les propriétaires qui ne font pas de projection font par contre du déni. Ils refusent de croire et d'imaginer que le chien pourrait un jour défigurer un enfant. À ces clients, il est utile de montrer des photographies d'enfants mordus au visage. Même dans ce cas, le déni est puissant. Ils pensent que d'autres chiens peuvent être dangereux, mais que leur chien ne causera jamais d'accident.

La projection est tout aussi intéressante pour des conséquences négatives que pour des résultats positifs. « Votre chien attaque les autres chiens en promenade. Imaginez... Que serait votre vie si le chien n'agressait plus les autres chiens ? » On peut emmener la personne pas à pas dans différents moments de sa journée et lui demander : « Et que se passerait-il maintenant ? » Elle imagine la scène, elle la vit, son émotion change, son langage corporel change.

Dans certains cas, la projection change peu les émotions et les raisonnements du client. En effet, sa décision est déjà prise, inconsciemment ou consciemment. C'est aussi une information qu'il est bon de connaître, car cela signifie qu'il faudra attendre qu'une amélioration se produise réellement pour qu'il puisse changer ses représentations ; il faudra une thérapie par objectifs limités dont le vétérinaire psy est certain des effets, sinon l'animal sera abandonné, replacé ou euthanasié. Dans ce cas, inutile de passer une heure à expliquer le pourquoi et le comment des comportements de l'animal, il faut agir et agir vite pour obtenir l'amélioration. Et le thérapeute est en droit de le dire : « Je ressens votre fatigue, votre épuisement, et je les comprends. Je vous propose un objectif dans le temps : un mois. Il faut obtenir 25 % d'amélioration en un mois, sinon on arrête tout. Si on a réalisé cet objectif, on peut fixer un autre objectif. Ce sera votre décision. Je ne veux rien imposer. Vous connaissez mieux que moi vos propres ressources ! » Ce à quoi on m'a répondu : « Un mois, ce n'est pas grand-chose, je peux bien faire des efforts pendant trois mois ! Cela dure bien depuis plusieurs années... »

La projection est donc un outil à double tranchant : elle peut influencer la décision de suivre une thérapie alors qu'il vaudrait mieux pour la sécurité de tous que l'animal soit écarté du système familial ; elle peut faciliter l'euthanasie d'un animal pour lequel le pronostic de guérison était tout à fait favorable, tout simplement parce que le propriétaire est incapable d'envisager cette amélioration et ne voit pas en quoi le changement que vous proposez améliorera son confort.

Ainsi la femme dont le chat lui chassait les chevilles m'a-t-elle alors dit que, avec un petit enfant de 2 ans dans la maison, elle n'avait plus vraiment envie d'avoir son chat dans son appartement minuscule et qu'elle se demandait d'ailleurs pourquoi elle l'avait adopté. Le motif de consultation qui est donné au vétérinaire psy n'a plus rien à voir avec les attentes cachées de la propriétaire. En l'occurrence, celle-ci a accepté un objectif d'un mois parce qu'elle avait mauvaise conscience et ne pouvait envisager de se séparer du chat immédiatement...

> Il est impossible de ne pas imaginer. L'imagination est une arme puissante pour – ou contre – la motivation au changement.

Le discours socratique

Il s'agit d'une suite logique à partir d'une affirmation du client. Évidemment, le vétérinaire psy guide le propriétaire de l'animal là où il le désire en donnant généralement des déclarations d'expert qui ne peuvent être mises en doute.

Voici un propriétaire qui dit que son chien fait des souillures intentionnelles la nuit. Il se lève du lit de son maître, où il dort, va sur la terrasse et en profite aussi pour uriner dans la maison. Le propriétaire estime qu'il s'agit d'une sorte de récrimination.

Le vétérinaire : « Nous avons trois cas de figure : le chien anxieux, le chien dominant, le chien qui ne peut se retenir la nuit. Si les souillures sont une forme de récrimination, c'est que le chien est dominant. »

Le propriétaire : « Oh ! non, mon chien n'est pas dominant. »

Le vétérinaire : « En effet, nous avons vu qu'il ne s'appropriait pas de privilèges, ni n'en défendait. Dès lors, s'il n'est pas dominant, est-il anxieux ou malpropre ? »

Le propriétaire : « Oh ! il n'est pas anxieux. Pourquoi serait-il anxieux seulement la nuit ? »

Le vétérinaire : « En effet, pourquoi ? Admettons l'hypothèse que le chien ne soit pas anxieux – on y reviendra plus tard –, il nous reste donc que le chien est malpropre et a choisi d'éliminer la nuit quand sa vessie lui dit qu'il est temps d'éliminer et qu'il a accès aux toilettes qu'il s'est attribuées dans la maison. »

Le propriétaire : « Oui, cela me semble évident ! »

Le vétérinaire : « Dès lors, si on l'empêche d'accéder à ses toilettes… »

Le propriétaire : « Peut-être sera-t-il propre la nuit ? »

Dans cette petite discussion, non seulement le thérapeute produit un recadrage des *a priori* du client, mais il lui permet de trouver une solution simple et efficace.

Cette technique, je l'utilise souvent lorsqu'un client refuse une médication, parce qu'il a des préconceptions sur la médication.

Le propriétaire : « Je ne veux pas donner de médicament ! »

Le vétérinaire : « Pourquoi ? »

Le propriétaire : « Je ne désire pas droguer mon chien ! »

Le vétérinaire : « Pour vous, un médicament est une drogue ? Quels sont pour vous les effets d'une drogue ? »

Le propriétaire : « Il ne va plus bouger, il dormira tout le temps, ce ne sera plus le même chien ! »

Le vétérinaire : « Oh ! c'est ce que vous pensez que le médicament que je désire prescrire va faire ? Et si je vous dis que le chien ne dormira pas plus, qu'il va même apprendre plus facilement, qu'il sera moins anxieux, qu'en pensez-vous ? »

Le propriétaire : « Je ne sais pas, je n'aime pas les médicaments. »

Le vétérinaire : « Vous n'aimez pas les médicaments ! C'est très différent. Aimer, ne pas aimer, c'est très personnel, c'est émotionnel. Contre cela, je ne peux rien dire ! Mais buvez-vous du café ou du thé ? »

Le propriétaire : « Oui… »

Le vétérinaire : « De façon régulière, tous les matins, plusieurs fois par jour ? »

Le propriétaire : « Plusieurs fois par jour ! »

Le vétérinaire : « Savez-vous que le café et le thé contiennent de la caféine qui est une drogue et a des effets secondaires, comme une accélération cardiaque… ? »

Le propriétaire : « Oui, mais les effets secondaires sont très faibles. »

Le vétérinaire : « Eh bien ! savez-vous que les effets secondaires du médicament que je voudrais prescrire sont moins importants que ceux du café ou du thé ? »

Le propriétaire : « Ah oui ? Mais, tout de même, mon chien n'est pas malade… ! »

Le vétérinaire : « Vous trouvez ? Il est hypervigilant, hyperréactif, dort mal la nuit et se lève plusieurs fois, se réveille au moindre bruit… Il est anxieux, et c'est une maladie. Et le médicament peut lui redonner du bien-être. Personnellement, en tant que vétérinaire, le bien-être du chien est une de mes priorités. Pour vous aussi, j'en suis certain ! »

Le propriétaire : « Pour moi aussi, bien évidemment ! »

Cet échange permet d'ouvrir les yeux des propriétaires d'animaux sur l'opportunité de donner un médicament dont les effets seront positifs alors que les préconceptions du client sont négatives. Quelle expérience ont-ils des médicaments ? Ceux qu'ils ont donnés à leur chien pour un voyage ou lors d'un orage, c'est-à-dire une phénothiazine à dose sédative ? Ceux qu'ils ont pris eux-mêmes et dont ils ont vécu les effets secondaires ? Ceux qu'ils ont vu donner à des proches ?

Les outils visuels et le dessin

L'utilisation des outils visuels, des photographies, des reproductions, des vidéos... permet de réduire le temps de description. Pour un chien agressif, au lieu de demander si la posture est haute ou basse, si le chien montre les dents, si les oreilles sont pointées en avant ou en arrière, pourquoi ne pas montrer une série de dessins au client afin de choisir l'attitude qui correspond le mieux à celle de l'animal au moment de l'observation ?

Plutôt que de décrire *in extenso* les destructions et souillures d'un animal dans un appartement et de tenter d'imaginer son comportement, pourquoi ne pas filmer l'animal pendant les périodes où se produit le comportement problématique ?

Pour les chats, il est très important de déterminer où se trouvent les bacs à litière, les lieux de nourrissage, les lieux de couchage, les marquages, etc. Même un propriétaire très peu doué en dessin peut réaliser une caricature du plan de son appartement. Certaines problématiques environnementales sautent aux yeux alors qu'il aurait fallu plusieurs consultations pour les comprendre. Imaginez, dans un problème de souillure chez le chat, un bac à litière situé à côté du lieu d'alimentation ou dans un endroit de passage ou d'agression potentielle par un autre chat ou un chien !

La grande difficulté des consultations de comportement au cabinet du vétérinaire psy, c'est qu'il manque des données d'observation directe. Une visite à domicile permet de pallier cet inconvénient, mais prend beaucoup de temps. La vidéo, les photographies, les dessins, et tout l'attirail visuel, permettent de faciliter ces observations.

Le mime et les onomatopées

On fait toujours grand cas des explications verbales (digitales), mais pas assez du langage du corps. Je parle ici des capacités qu'ont les gens de jouer au théâtre et d'imiter leurs animaux, tant dans leurs postures que dans leurs mimiques et dans leurs vocalises. Tout comme pour l'image, la mimique et le son permettent d'économiser du temps et d'éviter des erreurs d'interprétation. Au-delà de la simple économie, ce type de langage s'adresse directement au cerveau droit et permet des compréhensions immédiates sans processus intellectuel complexe et biaisé.

De plus, faire miauler, aboyer ou hurler quelqu'un est ludique. Il faut que le vétérinaire se prenne au jeu et propose lui-même des vocalises ou des grimaces amusantes. Pourquoi ne pas faire le singe si cela apporte une bonne ambiance et des renseignements riches de sens ?

> Faire le singe, en mimant le chien ou le chat, permet aux interlocuteurs de déconnecter leur mental analytique et de s'ouvrir au théâtre de la relation sociale.

CHAPITRE 4

Parce qu'un animal a toujours un maître…

Qui est le psy de qui ?

Les malheurs de la chienne Miss

Miss, appelée aussi Tsunamiss, est une chienne yorkshire stérilisée de 4 ans et de 4 kilos. Je sais qu'elle a un problème de malpropreté, j'en ai été averti par e-mail lors de la prise de rendez-vous !

Après me l'avoir présentée, sa propriétaire, Mme E, explique son histoire.

« Cette petite chienne a vécu bien des malheurs ; elle a perdu sa propriétaire il y a un an… »

Et madame de m'expliquer que l'ancienne propriétaire était sa sœur, handicapée, qui laissait tout faire à la chienne, y compris agresser les visiteurs et éliminer n'importe où dans la maison, que ce soit sur le sol, dans les fauteuils et dans le lit. La chienne n'a eu aucune éducation. À la mort de sa propriétaire, elle est venue habiter chez Mme E, en compagnie d'un chat chartreux et de deux chiens mâles castrés, un coton de Tuléar et un croisé yorkshire et chihuahua, sans oublier madame et son mari.

« C'est en fait une chienne très gentille ; actuellement, elle est gentille avec les visiteurs, elle ne les mord plus. Elle me suit tout le temps ; elle m'est très, comment dire, attachée...

— Collée ?, proposai-je.

— Oui, collée.

— Et pour le problème de malpropreté ?, dis-je.

— Ça va mieux, mais c'est loin d'être parfait. On la met au jardin et elle revient uriner dans la maison ; on la promène même plusieurs heures et elle se retient pour uriner dans la maison ! Mais c'est tout de même mieux qu'avant.

— Donc vous avez réussi à supprimer l'agressivité avec les gens et à améliorer la propreté. C'est super ! Avez-vous vraiment besoin de mon intervention ? »

La propriétaire sourit et penche la tête et dit : « Oui, on pourrait peut-être encore améliorer la propreté ?

— Avant elle était malpropre combien de fois par jour ?

— Avant, c'était bien 5 fois par jour, maintenant, disons 3 fois. Alors, elle est surtout malpropre quand je la laisse seule.

— C'est-à-dire seule avec les autres chiens... ?

— Oui, avec les autres chiens, mais sans moi ! Quand elle est seule, même si je suis à l'étage dans mon bureau devant mon ordinateur, parce que je limite les chiens au rez-de-chaussée, alors elle fait des urines, des selles et, bien entendu, les autres chiens font de même.

— Et avez-vous déjà fait des traitements ?

— Oui, je lui ai donné "Vine" en fleurs de Bach.

— "Vine" c'est la "Vigne". "Vine", c'est un remède pour l'autoritarisme, la revendication et le ressentiment, cela. Vous la trouvez dominante ?

— On pensait qu'elle voulait marquer son mécontentement de cette façon !

— Je la sens plutôt "Chicory", la "Chicorée", remède de colère et d'hystérie, furieuse de ne pas avoir la vie qu'elle désire au moment où elle le désire... »

Je n'ai pas le temps de terminer ma phrase que la propriétaire me dit : « Hystérique ? Ma sœur était hystérique et manipulatrice ! » Et elle m'explique que sa sœur, dont elle avait la tutelle depuis la mort de leurs parents et de leur frère, avait essayé de la manipuler de différentes façons, y compris en simulant des affections médicales.

La chienne Miss semblait plus hystérique, disons démonstrative et théâtrale, que craintive ; livrée seule à elle-même, sans contrôle de la propriétaire, elle ferait n'importe quoi : elle aboierait toute la journée, elle souillerait...

« Mais je dois aussi vous dire qu'elle boit comme une folle, si on la laisse faire. »

Madame ne peut pas préciser la quantité, mais la chienne boit souvent et longtemps, et madame doit lui dire de s'arrêter. C'est comme si elle n'avait pas de satiété de prise de boisson. Comme tous les examens sanguins et autres sont normaux, j'envisage de la potomanie.

« Oh, oui, je l'appelle "potomane" », dit madame avec un sourire.

La conversation continue en parlant de la relation de madame à la chienne qui est une prise en charge, comme elle l'a fait pour sa sœur, pour ses enfants, pour son mari (accidenté lors d'un hold-up dans lequel il s'est courageusement interposé). De là, madame a parlé d'elle-même du coma qui l'a plongée dans les ténèbres pendant plusieurs semaines, de sa sortie du coma, de son retour à la vie parce qu'elle pensait qu'elle pouvait encore aider ses proches et qu'elle devait continuer de les prendre en charge, de ses changements spirituels tels que l'acceptation de la responsabilité des événements que l'on vit, y compris de ses handicaps, plutôt que d'être victime du monde...

Madame étant tout à fait axée sur la médecine énergétique, on convient en fin de consultation de lui donner « Chicory » en fleurs de Bach, de lui donner un traitement homéopathique et puis de penser à donner des activités guidées (et structurantes) à la chienne, tout en la récompensant avec de la nourriture appétissante ; par exemple lui apprendre à se taire à l'ordre, façon intéressante de réduire les aboiements qui semblent, avec la malpropreté, déranger, sinon la propriétaire, du moins ses voisins.

> Le comportement d'un animal est une porte d'entrée sur l'univers des hommes ! L'animal nous montre des miroirs de nous-mêmes. Si nous le désirons, nous pouvons en prendre conscience.

Pourquoi un propriétaire d'animal et un vétérinaire comportementaliste se rencontrent-ils ?

Les croyances des propriétaires

De tous les systèmes familiaux dans lesquels un animal présente un problème de comportement, seuls quelques propriétaires désirent consulter un spécialiste. Les autres résolvent le problème en se distanciant de l'animal (en abandonnant l'animal dans une société de protection animale, par exemple) ou ils se résignent à vivre avec le problème sans chercher à le changer. Les propriétaires qui consultent sont dans une dynamique différente. Ils ne désirent pas fuir le problème, ils veulent le comprendre et, si possible, le résoudre.

Les motivations profondes sont personnelles mais je peux déceler trois tendances. Dans le premier cas, le propriétaire considère que le problème est chez l'animal et qu'il en subit, lui, les nuisances ; en somme, il est victime du comportement de l'animal et la modification de ce comportement nuisant rétablira l'équilibre dans le système familial. Pour prendre un exemple de cette vision duelle, voilà un chien hyperactif dont les mouvements excessifs et chaotiques entraînent des bousculades dont sont victimes les maîtres.

Dans le deuxième cas, le propriétaire ne met pas la faute sur l'animal mais sur le fonctionnement dans le système ; ce n'est pas l'animal qui est responsable, mais l'interaction, la relation, entre l'animal et son propriétaire. Un exemple de cette vision systémique est le même chien hyperactif qui vit dans un environnement dont le propriétaire sait, consciemment, qu'il est insuffisamment stimulant pour rassasier les besoins d'activité de son chien. Dans ce cas, le propriétaire se sent souvent partiellement coupable du mal-être du chien.

Dans le troisième cas, beaucoup plus rare, le propriétaire sait que, par ses comportements, son animal lui envoie des messages qui peuvent lui permettre des prises de conscience. En effet, quelles sont les dynamiques qui conduisent un humain et un animal à entrer en résonance ou en dissonance – et à ne pas être indifférents l'un à l'autre –, à se choisir mutuellement pour vivre des expériences ensemble. Ce chien, par exemple, est agressif envers la mère de sa propriétaire ; à l'analyse, c'est en fait la propriétaire qui est en colère contre sa mère ; cependant elle ne l'exprime pas ouvertement ; pourtant cela ne trompe pas le chien qui exprime ouvertement, lui, ce que sa maîtresse ressent en son for intérieur. Le changement de comportement du chien peut passer par cette prise de conscience et par la résolution de cette colère interne chez la propriétaire.

Quelles que soient leurs motivations, les propriétaires demandent à être acceptés tels qu'ils sont, avec leur vision du monde.

Les croyances du vétérinaire comportementaliste

Pourquoi devient-on vétérinaire comportementaliste. Qu'est-ce qui attire des vétérinaires à se passionner pour le comportement animal et humain ? Et pourquoi ce métier rencontre-t-il un plus grand intérêt chez les femmes que chez les hommes ? Nous avons ici une élaboration de réponse. S'occuper d'autrui, être à l'écoute de l'autre, est généralement associé à l'aspect féminin, à la mère, à l'aspect maternant, plus qu'au père.

Mais le vétérinaire psy a son propre agenda subconscient ; en rentrant dans un système thérapeutique avec les propriétaires et leurs animaux, il peut prendre conscience de bien des éléments qui dirigent sa vie : des croyances, des influences culturelles, des idées qu'il se fait sur lui-même. On retrouve aussi plus chez les psy que partout ailleurs le désir de sauver le monde, le désir de faire quelque chose d'important pour ce monde, chacun à son échelle ; aider les animaux et leurs maîtres en fait partie. Et là se trouve un piège, celui de croire qu'on sait mieux que l'autre ce qui est bien pour lui ! Comment le vétérinaire psy, avec cet agenda personnel, peut-il humblement oublier ses propres croyances pour aller à la découverte des propriétaires et de leurs animaux. Là se trouve tout le secret de l'empathie !

Le lien thérapeutique

Le lien thérapeutique est un lien de confiance. Il est basé sur une bonne ambiance, l'empathie du praticien, la qualité de l'écoute et l'expertise. Chaque lien thérapeutique est individuel et exclusif de la relation entre le vétérinaire, les propriétaires des animaux et les animaux. « Le patient, écrit Antoine Malarewicz[1], doit à chaque instant avoir le sentiment que l'action du thérapeute est unique et s'adresse à lui seul dans toutes ses singularités. La relation doit être effectivement interpersonnelle, spécifique à deux personnes. »

Ce lien est fréquemment fondé sur le premier sentiment au cours des premières minutes du premier contact : sympathie ou antipathie. Ce premier sentiment doit être retravaillé sans arrêt par le thérapeute afin de construire un pont de communication.

La rencontre est une collision

Sans lien, il n'y a pas de communication et pas de relation. La consultation entraîne une rencontre d'au moins deux individus, le vétérinaire psy et le client. En médecine vétérinaire comportementale, il s'y ajoute souvent un animal. Le client peut être unique ou multiple : un couple, une famille, une personne et un éducateur, un propriétaire et le vétérinaire référant, etc. Les situations sont variées et nombreuses, et parfois cocasses.

Cette consultation entraîne donc une rencontre, c'est-à-dire une collision, un télescopage. Certains chocs sont plaisants, d'autres sont déplaisants. Le but d'une consultation n'est pas de provoquer

---

1. Malarewicz J.-A., *op. cit.*

une bataille rangée mais de permettre au système familial (les propriétaires et leurs animaux) de gagner du confort, du bien-être, sans pour autant oublier le confort de l'intervenant. Il y a des gens sympathiques, ouverts, souriants, tolérants, et il est aisé de créer un lien, un bon rapport, une alliance, mais d'autres sont antipathiques – physiquement ou psychologiquement –, et créer une alliance est plus difficile.

> La rencontre du vétérinaire psy, de l'animal et de son propriétaire est une collision de valeurs, d'éthique, de cultures, d'habitudes, de rites... et une expérience d'une grande richesse.

En musique, faire vibrer une corde de guitare entraîne la vibration de la même corde d'une guitare proche. C'est le processus de résonance. À l'opposé de ce processus existe la dissonance, génératrice de cacophonie. Le lien thérapeutique, c'est la résonance.

Le réflexe d'alignement

Que faites-vous si vous voyez sur un mur un tableau de guingois ? Le remettez-vous droit ? Mais si ce tableau n'est pas sur votre mur, de quel droit le réaligneriez-vous ? Probablement parce que, dans votre modèle de vie, les tableaux doivent être droits. De même, beaucoup de gens qui voient leur semblable « de guingois » veulent le remettre droit. Quand nous voyons une souffrance animale ou humaine, nous avons tendance à vouloir l'atténuer surtout si nous croyons avoir les moyens de le faire. Nous croyons qu'il est de notre devoir, de notre éthique, de notre profession, de supprimer la souffrance. En somme, nous nous efforçons de sauver le monde de lui-même.

Que nous ayons raison ou tort est ici sans importance ! Si nous voulons aider les animaux et leurs maîtres, il nous faut inhiber notre réflexe de réalignement[1], au moins jusqu'à ce que nous sachions si notre vision du monde est la même que celle de la personne venue consulter. L'empathie inclut l'acceptation de l'autre tel qu'il est, et non tel que nous le voudrions dans notre modèle du monde. Ensuite, il nous faut savoir s'il y a une demande, quelle demande et aussi quelle motivation pour le changement !

À QUOI SERT LE LIEN THÉRAPEUTIQUE ?

Si vous rencontrez quelqu'un, que cette personne vous invective, vous injurie même, vous propose des comportements qui sont contraires à votre éthique, allez-vous lui obéir et mettre ses conseils en pratique ? Non, j'en doute. Pour mettre en pratique des conseils qui vous sont donnés, il faudra que vous en voyiez l'utilité (cerveau gauche) et que vous soyez attiré ou séduit (cerveau droit). Si vous êtes ébloui ou fasciné, c'est encore mieux, mais sans doute excessif !

Être en résonance facilite l'obtention des informations. Il est plus aisé de s'entretenir à cœur ouvert et de dire la vérité à quelqu'un qui rayonne de sympathie et en qui on a confiance qu'en présence de quelqu'un dont on se méfie. Cela semble évident mais il faut le dire.

Être en résonance favorise la compliance, c'est-à-dire l'observance, des suggestions et prescriptions. C'est pourquoi le lien est une partie essentielle de la thérapie. Imaginez qu'un vétérinaire prescrive une médication miracle et des thérapies prodigieuses ; pour une raison de désaccord, de dissonance, de mésentente, le

1. Miller W.R. et Rollnick S., *op. cit.*, p. 20-21.

propriétaire de l'animal n'applique pas les conseils et ne donne pas les médicaments (ou en change les doses). Imaginez ! À quoi aurait servi cette heure de consultation, toute la formation accumulée par le spécialiste, toutes ses lectures… ? À rien ! Sans lien thérapeutique, il ne sera pas meilleur que quelqu'un sans formation. Dans ce cas son expertise n'est qu'un beau diplôme affiché sur son mur et rien de plus. Sans lien, il n'aidera personne ! C'est pourquoi j'insiste sur le lien, sur l'écoute, sur l'empathie, sur… l'amour. Et, réciproquement, un lien thérapeutique de bonne qualité et une excellente « compliance » n'apportent pas de guérison si la technique et les prescriptions sont nulles.

Comment améliorer le lien thérapeutique ?

J'ai parlé de l'empathie et de la tolérance dans « le cadre de pensée » et l'« écoute » et j'y reviendrai encore plus tard. Voici déjà quelques façons d'être et quelques techniques pour générer le lien, générer la relation et faciliter la communication.

Les attentes

La première façon d'améliorer le lien thérapeutique, c'est d'écouter les attentes et d'y répondre.

Voici la situation d'une personne âgée qui a adopté un labrador jeune qui a maintenant 2 ans et pèse 40 kilos. Le chien est un peu « hyper », c'est-à-dire hyperactif, mais pas assez pour en faire un diagnostic d'hyperactivité. Son problème, c'est qu'il attaque les autres chiens mâles. Il a été castré pour hypersexualité, mais cela n'a rien changé à son comportement agressif. Madame ne peut plus se promener au bois depuis un an à cause de ces bagarres. Quand j'analyse la situation, les contextes, les postures, les séquences, je me rends compte qu'on est proche de la normalité :

le chien n'a jamais mordu d'autre chien, il est par contre au stade préobsessionnel, c'est-à-dire qu'il recherche activement les autres chiens. Est-il l'attaquant ou se défend-il ? C'est difficile à dire : ces deux rôles sont partagés. J'estime, en tant qu'expert, que ce chien peut courir en forêt, puisqu'il est quasi adapté. Le problème – et c'est là qu'il faut bien analyser les attentes –, c'est que la propriétaire a vécu dans un climat de violence au cours de sa vie et ne supporte plus la violence, donc elle ne supporte plus les bagarres de chiens. L'attente, c'est-à-dire pouvoir promener son chien en forêt, ne peut être résolue par le vétérinaire seul, même s'il est formé en thérapie familiale. La propriétaire a décidé de voir un psy pour elle, alors que le chien était mis sous médication et que le couple propriétaire-chien était encouragé à se promener en forêt, le chien étant muselé si nécessaire.

C'est en analysant et en questionnant les demandes que l'on arrive à obtenir les informations pertinentes et dès lors pouvoir y répondre de façon appropriée. Ce type de relation nécessite que le client dise ses attentes, qu'il soit dans un climat favorable pour ce faire.

Le climat de la consultation

Il y a un mot qui décrit bien ce climat, c'est *Stimmung*, un mot allemand qui signifie en même temps « ambiance », « humeur » et « atmosphère ». Souvent, on dira qu'on s'est senti bien ou mal à l'aise, dans telle situation, sans pouvoir dire pourquoi et sans pouvoir spécifier à quels comportements et à quelles attitudes l'attribuer. C'est cela la *Stimmung*. Pour faciliter le lien thérapeutique, il faut une bonne ambiance.

Comment créer une bonne ambiance ? Les techniques sont apparentées à celles de la séduction. Comment séduire, comment charmer, comment plaire ? Beaucoup de gens séduisent sans savoir comment ils font. Il y a une constante : c'est faire plaisir. Il faut y mettre des limites, celles de son éthique professionnelle et privée, celles de la manipulation. Il s'agit de séduction « professionnelle ». Entendons-nous bien, il est impossible de faire abstraction de son sexe biologique, c'est-à-dire de sa masculinité ou de sa féminité ; il fait partie de la relation au même titre que l'aspect physique général, que l'habillement, que l'émotion du moment, que l'expertise et la compétence, que la facilité de s'exprimer, etc. Et c'est la même chose pour les clients.

Les personnes créent le climat, mais l'environnement participe aussi à la *Stimmung*. La qualité et la beauté esthétique de l'environnement visuel et sonore, en même temps professionnel et artistique, ne peuvent que faciliter une bonne ambiance. Certains feront appel au *feng shui*, à la géobiologie, au design moderne ou antique, afin de construire une ambiance qui leur convient et leur permettra d'être confortable et détendu, ce qui sera favorable à la création d'un lien. Ce type d'environnement personnalisé a le désavantage de sélectionner une clientèle à laquelle cela plaît et de faire fuir certaines personnes à qui cela déplaît. On ne peut plaire à tout le monde. Autant travailler de préférence avec des personnes avec qui on a des points communs.

Enfin, pour terminer sur ce sujet, le climat dépend du contenu du discours. Si on passe tout son temps de consultation à discuter des problèmes, on finira par en entasser un tel nombre qu'il sera bien difficile d'être de joyeuse humeur pour conseiller un traitement.

Tout comme le climat influence l'humeur, l'ambiance plaisante de la consultation de comportement influence l'état de bien-être et de bonne humeur de tous ses participants, facilitant la création des stratégies de changement.

Le cas suivant tente d'illustrer cette situation et les techniques pour s'en sortir. Lorsque cette dame aveugle me consulte pour son chien guide qui s'énerve à chaque arrêt de train, j'étais loin de me douter de l'étendue des « dommages ». Elle est venue en voiture à la consultation avec son chien, bien entendu, son mari qui la conduisait et ses deux enfants. L'un des enfants était trisomique et l'autre était autiste et malvoyante. Tout en écoutant l'énoncé du problème, j'ai passé les premiers moments de consultation à observer la gamine malvoyante circuler dans la pièce, prendre quatre tape-mouches qui traînaient sur une table, et regarder les livres et les objets qui parsèment ma salle de consultation. Voyant qu'elle respectait tout et ne se cognait à rien, je l'ai laissée faire. L'enfant trisomique restait sur sa chaise bien gentiment. Après un moment d'émotion catastrophée, je me suis dit que ce système fonctionnait pas mal du tout.

Quel était le problème ? Le berger allemand s'excitait à l'arrêt du train – madame devait emprunter régulièrement un train omnibus – et aboyait, se redressait, sautait sur les sièges et n'était plus contrôlable. Pour cette raison, et pour respecter le bien-être des voyageurs, la propriétaire n'allait plus s'asseoir dans les compartiments, mais restait près de la porte, assise sur un strapontin. Le chien faisait le même cinéma et en plus se dressait contre la porte et mordait et arrachait les joints de caoutchouc. Une fois la porte ouverte, il se comportait de façon tout à fait normale et contrôlée. Pour tout dire, le chien avait fait la même chose dans le bus avec un autre aveugle qui n'avait pu le garder qu'un mois. Le dresseur avait proposé de donner de l'acépromazine (un médicament sédatif) qui était efficace mais qui empêchait le chien de faire son travail : étant amorphe et titubant, il n'était plus guère utile comme chien guide et risquait de causer un accident. En présence du dresseur, par ailleurs, le chien se comportait normalement. Le dresseur estimait donc qu'il y avait un problème chez madame mais n'arrivait pas à trouver lequel.

Mon premier travail « climatique » fut de voir que cette famille était fonctionnelle, malgré ses difficultés, et que peut-être ce que j'aurais moi appelé « malheur » était une certaine forme de « bonheur » pour eux. Je me suis préoccupé du symptôme sans confirmer l'hypothèse du dresseur. « Non, je ne sais pas à quoi est dû le problème et je ne vois pas en quoi vous déclencheriez ce problème, mais nous allons trouver les solutions. Il suffit de trouver une solution médicamenteuse qui réduise le niveau d'excitation du chien, tout en le gardant fonctionnel ! » C'est toujours faisable, même si cela n'apporte pas une totale résolution du problème.

L'autre travail « climatique », de bonne ambiance, est de chercher les points positifs, c'est-à-dire quand le chien ne produit pas le symptôme. Et madame m'a signalé que le chien était plus contrôlable quand il portait une muselière.

Ce qui est aussi toujours conseillé, c'est de donner des choix, c'est-à-dire d'apprendre au chien à bien faire, plutôt que de se contenter de le contrôler ou de le contraindre, solution qui s'était révélée jusque-là inefficace. Voyant l'intérêt du chien pour les balles de tennis qui traînaient sur le sol de la pièce de consultation, j'ai proposé à un des enfants d'en donner une au chien qui l'a immédiatement mise en gueule et s'en occupait avec grande concentration. J'avais trouvé un stimulus disruptif et renforçant en même temps. Annonçant que le chien ferait encore beaucoup de bêtises, j'ai proposé de le mettre systématiquement sous muselière, et, s'il se comportait bien, d'enlever la muselière et de le récompenser avec une balle de tennis ou une friandise, au choix ou ensemble. La consultation s'est terminée sur ces conseils simples, la gamine qui déposait les tape-mouches sur la table a été autorisée à en emmener un et le garçon trisomique à emporter une balle de tennis pour le chien. En fin de compte, ce fut une consultation très agréable, avec un chien anxieux mais bien élevé, des enfants handicapés mais bien éduqués. Le *Stimmung* était favorable.

Spontanément, la propriétaire remplaça la balle de tennis par une récompense alimentaire. Le chien fit des progrès rapides, puisque, en un mois, la propriétaire avait réintroduit le compartiment, et le chien se léchait les babines à chaque arrêt, anticipant une récompense ; il ne sautait plus, n'aboyait plus, ne détruisait plus rien. Comme cela allait bien, j'ai annoncé... la récidive. Stratégiquement, je voulais encourager madame à redoubler d'efforts.

L'écoute tolérante et sans jugement

J'insiste sur l'écoute tolérante et sans *a priori*, sur le silence intérieur indispensable et sur l'attention bienveillante que le thérapeute doit avoir. Ce n'est pas en s'écoutant soi-même, en ayant des préconceptions sur les incompétences des personnes en face de soi, en les critiquant pour leurs insuffisances, voire pour leurs invalidités, qu'un vétérinaire comportementaliste pourra créer un lien thérapeutique ; au contraire, il va de cette façon mettre tout en œuvre pour détruire toute possibilité de relation. Le client a droit au respect de ses convictions, de ses opinions, de ses valeurs, de son éthique, même si le thérapeute ne les partage pas. Il vaut mieux refuser une consultation que d'être indélicat et non respectueux.

Quelqu'un qui consulte sait qu'il est écouté lorsqu'on répète certains éléments clés de ce qu'il a dit, parfois lorsqu'on reformule et qu'on demande de cette façon si on a bien compris la signification (cachée) derrière les mots utilisés. La façon de rephraser est importante.

Au cours d'un jeu de rôle, lors d'une formation clinique, le vétérinaire jouant le vétérinaire reformulait sans cesse ce que disait la vétérinaire jouant la cliente (cette dernière était étrangère et son français, quoique d'excellente qualité, manquait de certaines précisions de vocabulaire). Lors du débriefing, la « cliente » a dit à quel point ce procédé avait été dégradant pour elle ; c'était comme si la « thérapeute » lui disait qu'elle parlait très mal français. La plupart des clients parleront la même langue que les vétérinaires ; cependant, ils utilisent un vocabulaire différent. Rephraser permet de préciser le sens d'un mot afin d'utiliser le vocabulaire de son interlocuteur et de s'adapter à lui.

Les thérapeutes qui consultent dans une langue étrangère doivent davantage préciser le vocabulaire ; ils utilisent un langage plus simple et plus compréhensible. C'est un exemple à suivre pour tous : la simplification du vocabulaire permet au plus grand nombre d'accéder à la connaissance du vétérinaire psy. Et cela favorise la communication et le lien thérapeutique. Inutile de dire qu'il ne faut pas prendre les gens pour des enfants et les infantiliser par le vocabulaire utilisé ; les effets seraient néfastes. Pour cette raison, il est bon, lors de la première consultation, d'obtenir une présentation de ses interlocuteurs, de connaître leur profession, etc. Certains s'amusent à tester le vétérinaire comportementaliste et ne se présentent pas volontairement ; se rendre compte après une heure de consultation que la personne qui est venue consulter est psychiatre, psychologue, biologiste spécialisé en neurotransmission... est toujours un peu ridicule pour l'intervenant s'il s'est évertué à expliquer en termes enfantins un problème qu'il aurait suffit d'appeler par son nom scientifique.

Les encouragements

Il est toujours favorable d'utiliser le renforcement positif, c'est-à-dire de valoriser et d'encourager les actes qui sont favorables à la résolution des problèmes. Le premier acte favorable, c'est que le propriétaire de l'animal a pris un rendez-vous. S'il a dû affronter les résistances familiales, culturelles, éthiques, financières, et j'en passe – c'est un véritable parcours de combattant – de tout son entourage pour venir vous consulter, il a droit à des félicitations.

Ensuite, qu'est-ce que le propriétaire a déjà fait et qui a amélioré la situation ? Cela aussi doit être mis à profit et encouragé, voire amélioré dans sa technique afin d'être encore plus efficace.

Enfin, qu'est-ce qui rend ce chien sympathique et qu'est-ce qui fait que son maître s'acharne à vouloir résoudre les problèmes ? L'animal doit avoir bien des qualités et rendre bien des services pour être aimé à ce point. Dans certains cas, l'animal a vraiment peu de qualités, tout le monde en convient, mais sa présence dans le système familial est signifiante ; au thérapeute d'essayer de savoir et de comprendre quoi et pourquoi.

La position basse

On définit deux positions ou profils opposés : la position basse et la position haute.

La position haute est celle que prend une personne qui cherche à se grandir face à son interlocuteur, qui cherche à le persuader, le convaincre qu'elle sait mieux, qu'elle peut mieux, qu'elle comprend mieux (Malarewicz[1]). C'est une position de… faiblesse. Pourquoi ? Réfléchissons ensemble ! Quand quelqu'un me dit qu'il sait ce que je pense, qu'il sait même mieux que moi ce que je pense, je le trouve très prétentieux ! Le lien est rompu. La position basse, en revanche, est celle de celui qui ne sait pas, qui ne comprend pas. « En termes de communication, la position basse

1. Malarewicz J.-A., *op. cit.*

est la plus solide, la plus efficace et la plus puissante. Il s'agit là, paradoxalement, d'une position de pouvoir », écrit Malarewicz. Tout comme le silence, le « je ne sais pas » ou le « je ne comprends vraiment pas » se révèlent de puissants moteurs pour faire sortir autrui de sa coquille et prendre le risque de dire quelque chose, de s'engager.

Ainsi, le dialogue pourrait être le suivant : « Mais, docteur, c'est vous l'expert ! » dira le client. Ce à quoi je réponds souvent : « Mais si je suis expert en comportement pour l'ensemble des chiens, je ne connais pas votre chien ; vous êtes le seul expert de votre chien ; à vous de m'apprendre qui il est, ses qualités et ses défauts, et ensuite moi j'essaierai de comprendre comment je peux tenter de vous aider ! »

Dans les cas embrouillés, enfin... que je trouve embrouillés parce que je n'arrive pas à décoder la trame sous-jacente aux nombreux symptômes paradoxaux présentés par l'animal et son système, je dis facilement : « Je ne comprends rien aux symptômes de votre chien/chat ; il n'a pas les symptômes d'un tableau particulier, il semble contradictoire. Et pourtant, tout ce que vous me dites est très précis, très détaillé, bien observé. Il y a quelque chose qui m'échappe. Redites-moi ce qui, pour vous, est le plus important ! » On arrive de cette façon à dégager une hiérarchie de signes et symptômes qui facilite le développement d'une stratégie d'intervention. Parfois, cette stratégie est simple, voire simpliste, telle que de prescrire un placebo ou une médication qui permettra de faire évoluer le cas et de trier les symptômes pertinents des autres.

Une dernière remarque s'impose. Je ne dis pas que le vétérinaire psy doit toujours garder la position basse. Cette position est à prendre de façon stratégique lorsqu'elle est intéressante pour faciliter la communication. Je conseille au thérapeute de jouer de toutes les positions possibles au moment le plus opportun.

LES TECHNIQUES D'ENTRAÎNEMENT

Est-il possible d'apprendre à se lier, à entrer en relation avec quelqu'un ? C'est une matière qui n'est pas enseignée dans le cursus vétérinaire mais qui, pourtant, est essentielle à la profession de vétérinaire comportementaliste et, d'ailleurs, à toute profession de communication. Voici quelques informations qui peuvent être utiles.

Puis-je me permettre, par ailleurs, de recommander aux futurs spécialistes – et même à tous les vétérinaires – une formation en communication, en PNL, en thérapie systémique ? À défaut d'une vraie formation, je conseille de se faire superviser et de réaliser des ateliers de jeu de rôle avec des personnages imposés, des situations bien décrites, des critiques positives, des répétitions de jeux avec des variantes, etc. Comme dans tout art, et la communication est un art, il y a 5 % de talent et 95 % de travail.

Posture et distance

La complémentarité posturale peut améliorer le lien, alors que la symétrie le rompt. Imaginez, devant vous, quelqu'un qui imite chacun de vos mouvements, comme s'il était votre image dans un miroir. C'est amusant quelques secondes, ensuite cela devient insupportable. Même les chiots, qui voient pour la première fois leur image dans un miroir et tentent de jouer avec ce congénère imitateur, abandonnent rapidement le jeu ; la symétrie des postures et des mouvements conduit rapidement à une rupture de la communication.

La distance interindividuelle est un autre facteur important, mais versatile suivant l'émotion, la culture et le vécu de chacun. La présence d'une table entre le vétérinaire psy, le client et le patient instaure une grande distance qualitative, même si cette distance se chiffre à quelque 60 centimètres seulement. C'est parfois une excellente protection contre les chiens agressifs (et près d'un chien sur deux présenté au comportementaliste est un chien agressif). C'est aussi un excellent moyen pour dissimuler une agitation des pieds pour les psychothérapeutes débutants et anxieux. Mais plus le thérapeute a de l'expérience, plus cette table devient une gêne à la relation.

En l'absence de barrière physique, comme la table dont je parlais, et si la surface de la pièce et le nombre de chaises et de fauteuils le permettent, chacun va s'installer à une distance confortable l'un de l'autre. Le jeu des distances et des positionnements peut commencer. En présence d'une famille, le vétérinaire peut observer à loisir certaines alliances familiales. Malgré la virtualité du monde de la thérapie, ces alliances ont tendance à se répéter en présence du thérapeute et avec lui, l'englobant dans leur jeu de proximité et de distancement.

L'intervenant peut être observateur et joueur inconscient, mais il peut aussi être un joueur conscient, jouant lui-même avec les distances. Si le propriétaire de l'animal augmente la distance physique (recule le tronc) ou croise les bras, le thérapeute peut essayer de se pencher en avant ou de se rapprocher, sans pourtant l'envahir, pour recréer le lien. En cas de tristesse du client, il peut venir s'asseoir à côté de lui et lui poser une main sur l'épaule un moment. Ce geste de tendresse n'est pas autorisé dans toutes les cultures et il est préférable que le thérapeute connaisse quelque peu son interlocuteur avant de s'y risquer.

Si je propose à l'intervenant de changer de place, de s'asseoir près de son interlocuteur, en face de lui... cela suppose qu'il y a des sièges surnuméraires. C'est une excellente idée d'avoir toujours au moins un siège de plus que le nombre de personnes présentes. Cela donne plus de liberté pour jouer avec les distances.

Jeux de rôles

Le jeu de rôle est une mise en situation virtuelle, un théâtre spontané, un exercice d'improvisation. En médecine vétérinaire comportementale, le jeu imposé consiste généralement à avoir un vétérinaire et un ou deux clients, chaque rôle étant joué par un vétérinaire en formation ou en supervision.

Dans le jeu de rôle, le cadre est fixé ; c'est celui du groupe de formation ou de supervision. Suivant le type de jeu, son intensité et sa charge émotionnelle, la taille du groupe variera. Je déconseille les groupes de plus de 12 personnes. S'il y a un groupe, c'est aussi dire que le jeu se passe devant le groupe, ce qui ajoute à l'irréalité de la situation mais ce qui donne aussi l'envie de bien faire et la peur de mal faire. Il y a aussi la peur du superviseur et des critiques du groupe. C'est pourquoi la règle est de jouer, c'est-à-dire de s'amuser, d'apprendre en s'amusant, et le superviseur guidera l'ambiance avec des critiques positives, jamais négatives. Le but est d'apprendre à mieux faire et non de mettre le doigt sans arrêt sur ce que l'on fait moins bien. Le jeu peut être interrompu et recommencé avec d'autres techniques, l'utilisation d'autres mots, d'autres attitudes, jusqu'à ce qu'une situation soit débloquée, améliorée.

Tous les acteurs savent qu'il s'agit d'un jeu et pourtant ils se prennent quelque part au sérieux. Et c'est là que l'on observe que les comportements, les postures, les mimiques, induisent des émotions. Le joueur est ému, il est atteint dans son affectivité. Le joueur ne peut pas ne pas communiquer avec son affectif autant qu'avec son intellect. Il entre en résonance avec son histoire, son vécu. Le jeu peut rester très technique, contrôlé, très peu chargé d'émotion, le superviseur stoppant les interactions au moindre signe d'émotion. Ou bien le jeu peut être libre dans l'expression de l'affectivité, et des fous rires et des crises de larmes peuvent se produire ; c'est au superviseur de gérer la situation, la règle étant de ne jamais laisser quelqu'un dans une forte charge émotionnelle et de l'accompagner jusqu'à libération de ses affects. Il n'est pas cependant question de transformer le jeu de rôle en psychothérapie individuelle.

La richesse du jeu de rôle est de pouvoir, bien entendu, emprunter toutes les casquettes, de jouer chacun des rôles, celui du vétérinaire et celui du propriétaire de l'animal, celui d'un observateur ou même celui de l'animal. Jouer le rôle du propriétaire est très profitable ; dans ce personnage, on se rend compte à quel point le professionnel peut écouter peu ou mal. Le client est souvent frustré ; on ne l'écoute pas, on ne l'entend pas. Il a beau répéter plusieurs fois certains mots clés, c'est comme s'il n'avait rien dit. Ses demandes et ses attentes sont peu analysées. Son impression est que le professionnel semble avoir la tête pleine de questions et de réponses et qu'il écoute une partie de la réponse tout en étant déjà occupé à se demander quelle autre question il va pouvoir poser. Ou bien le thérapeute a une idée précise en tête et veut absolument faire « lâcher le morceau » au client, induisant des réponses et le conduisant dans une impasse. Il semble qu'une des plus grandes difficultés, dans la réalité de la consultation tout comme dans le jeu de rôle, c'est de dire « je ne sais pas » et de garder le silence. Je concède que plus on est expert, plus il est aisé de dire « je ne sais pas » ; cela prend une valeur stratégique : si même l'expert ne sait pas, c'est que le cas doit être extraordinaire !

Le rôle du superviseur est très important. Outre la gestion des émotions, il a en charge la stimulation des observations et des apprentissages. Son travail est très lourd parce qu'il doit en même temps être attentif au discours et aux comportements, analyser le langage des corps, induire une ambiance de groupe et maintenir les cadres et les règles de respect des acteurs par les observateurs.

La vie est un théâtre ; nous y jouons un rôle, le nôtre ; c'est du moins ce que nous croyons. La consultation de comportement est un théâtre ; nous y jouons un rôle, tant le vétérinaire psy que le propriétaire ou que son animal. Et nous y croyons aussi. Alors, pourquoi ne pas apprendre à jouer un rôle de théâtre, mais cette fois sans y croire ? C'est le rôle des « jeux de rôles » qui sont aussi des « jeux drôles ».

■ *Enregistrements vidéo*

Quand je passe à la télévision, ma compagne enregistre toujours l'émission. Je ne me regarde jamais. Et pourtant, je devrais examiner ces bandes vidéo avec un superviseur qui analyserait l'ambiance, les postures, les mimiques, les temps de parole, et tous les éléments de la communication et de la métacommunication.

Je vais conseiller aux futurs vétérinaires psy de ne pas faire ce que je fais, mais de faire ce que je dis, à savoir de se filmer et de regarder les vidéos en groupe avec des collègues ou, mieux, avec un superviseur expert dans les techniques de communication. Toute amélioration dans la communication permet d'augmenter les chances de succès d'une relation thérapeutique.

IL EST IMPOSSIBLE DE SE LIER À TOUT LE MONDE

Malgré tout ce qui précède, malgré les énormes capacités d'empathie et de tolérance d'un vétérinaire psy, malgré les apprentissages dans le perfectionnement de la création de l'alliance, il est cependant impossible de se lier à n'importe qui, de s'affilier n'importe quel système. Et ce n'est pas obligatoire. Les gens avec qui ce lien est créé reviendront, les autres s'en iront. On ne peut pas sauver le monde tout seul. Si la relation n'est pas adéquate pour travailler ensemble, chacun doit se sentir libre d'arrêter la relation.

Un confrère pourra peut-être réaliser un lien plus correct avec ce client et obtenir une meilleure observance aux propositions de traitements.

La famille de Shana la chienne

Un couple entre en consultation avec un berger de Tervueren, femelle de 2 ans. Ce sont des personnes âgées ; très âgées. Les clients prennent place dans le petit salon. Oui, ma consultation possède un petit salon très agréable pour se sentir à l'aise et converser.

« Pour quels problèmes venez-vous voir un vétérinaire psy ? » N'ayant pas capté le regard de madame ni de monsieur, et observant que madame ne réagit pas à ce que je dis, j'en conclus que je dois parler plus fort et au moment où madame ou monsieur me regarde. Je me répète donc à bon escient.

« Shana est très gentille, vous savez ! » dit madame. Je sais que Shana vient pour un problème d'agressivité ; c'est ce que m'a dit madame au téléphone lors de la prise de rendez-vous. Je m'attendais un peu à voir entrer un fauve, mais Shana semble calme et elle ne me regarde pas. Peut-être préfère-t-elle ne pas me regarder sinon elle se sentirait obligée de me mordre.

Comme je ne dis rien, madame continue : « Avec nous, c'est une chienne parfaite...

— Mais..., dis-je.

— Mais elle saute sur les visiteurs et elle les mord ! Dans la rue, tout le monde peut la toucher, la caresser. Elle nous accompagne au restaurant et elle se comporte parfaitement. Et avec nous, elle est vraiment idéale. »

J'essaie d'obtenir la séquence comportementale complète. Avant que les visiteurs n'entrent, ils doivent sonner ; et après la morsure, que fait-elle ? J'obtiens les informations petit à petit ; madame a tendance à s'égarer ; monsieur reste silencieux ou encourage sa femme à parler. Mais j'obtiens les renseignements suivants : quand la sonnette retentit, la chienne sursaute, se lève d'un bond, aboie très excitée, se précipite à la porte, ouvre la porte (si celle-ci n'est pas fermée à clé), fonce sur le visiteur, saute sur lui et mord en général au poignet ou au bras, elle serre (et fait des trous), ensuite madame (ou monsieur) crie, la chienne s'arrête et elle revient vers ses maîtres. La chienne est sûre d'elle, elle est en posture haute. Une autre version des attaques est le contrôle des mouvements des visiteurs une fois installés dans la maison, depuis plusieurs heures, voire plusieurs jours : brusquement, sans raison apparente, mais au moment où un invité fait un déplacement, la chienne l'attaque et mord à la main ou à la cuisse.

Les solutions envisagées par les propriétaires furent les suivantes : fermer les portes à clé, mais, comme le dit madame, monsieur oublie parfois de tourner la clé dans la serrure ; mettre une muselière à la chienne lors de visites, mais cela n'empêche pas la chienne de sauter sur les gens et de les boxer ; mettre la chienne dans une autre pièce. Les propriétaires ont peur d'inviter des gens ; et les gens ont peur de venir ; même le vétérinaire refuse de venir à domicile ; à sa clinique, Shana n'est pas agressive ; mais elle se débat comme une diablesse et il faut bien être trois pour la tenir et lui faire une injection.

La chienne obéit, surtout si madame crie, mais elle va trop vite pour eux ; c'est normal : le temps de réaction d'un chien est 5 fois plus rapide que celui d'un humain et, probablement, 10 fois plus rapide que celui d'une personne très âgée ; Shana a donc largement le temps de mordre avant que madame ne puisse crier !

On se retrouve donc avec une agression liée à un contrôle des entrées et des passages (ou circulations) dans la maison. Ce type d'agression ne se présente que dans le contexte de la maison.

Une autre forme d'agression existe chez la chienne. Elle a mordu son maître au bras. En voici l'explication : « Shana est jalouse des poules ; quand mon mari va au jardin et qu'il veut aller aux poules, il enferme Shana et elle n'aime pas ça », dit madame. Et monsieur de dire : « Alors elle m'a mordu au haut du bras » et il montre son biceps droit. Madame dit : « Qu'est-ce qu'elle est nerveuse par moments ! » Et un peu plus tard dans la conversation, madame dit toute fière : « Le père de Shana est champion de défense. » Et plus tard encore : « On a dû la mettre dans le coffre de la voiture ; elle nous a détruit trois fois la ceinture de sécurité, en quelques coups de dents. » N'est-ce pas métaphorique ? Shana a détruit la sécurité du système familial ! Du moins, elle l'a si bien secoué que celui-ci décide de consulter. Shana a déjà mordu une dizaine de fois, jusqu'au sang.

Le tableau n'est pas complet mais suffisant pour se faire une image, un modèle des comportements de la chienne. Fille d'un champion de travail, Shana a tout ce qu'il faut pour être une chienne de défense : elle en a la génétique et la personnalité ; elle a l'énergie, l'excitabilité, l'envie de mordre et le mordant puissant ; il ne lui manque que le travail. Elle n'a rien à faire. Mais elle a très envie de faire quelque chose. N'ayant pas été guidée dans ce travail, elle a choisi toute seule un travail à sa mesure et dans lequel elle excelle : la garde territoriale, le contrôle des déplacements dans le territoire.

La demande de madame est « qu'elle ne morde plus les gens ! ».

Est-ce possible ?

L'option de dangerosité zéro n'existe pas. J'explique en quelques mots : « Elle mordra encore, quoi qu'on fasse, mais moins souvent et moins fort. » Les clients semblent un peu consternés mais on continue la consultation. J'explique que la chienne est excitable, qu'elle monte dans des états de surexcitation dont elle sort en... mordant. Je raconte que j'ai travaillé avec des chiens de police de même personnalité et que l'un d'eux avait besoin de mordre le malfaiteur sinon il mordait son éducateur. J'avais donc conseillé que le chien morde quelque chose plutôt que quelqu'un, qu'il morde un objet de caoutchouc, une corde, un morceau de bois... Shana doit mordre quelque chose. Lui demander de s'arrêter, s'asseoir, se coucher au moment d'un état de surexcitation est tout simplement impossible. Elle ne peut pas stopper sauf en mordant quelque chose ; mordre est efficace pour la faire revenir à un état émotionnel stable et contrôlable. Peut-on réorienter sa morsure sur une corde, son jeu favori ? C'est à essayer.

« D'autre part, on peut bien entendu donner des médicaments qui, dis-je, vont réduire son état d'excitation de 30 à 50 %. Pouvez-vous envisager cette solution ? » Les propriétaires peuvent très bien envisager cette solution à condition que le médicament ne soit pas sédatif. Comme leur fils est venu traiter son chien et qu'il n'était pas endormi par le médicament, ils me font confiance ; je leur assure aussi que, si le médicament est sédatif, on en ajustera la dose ou on changera de médicament.

On peut aussi penser au désarmement, c'est-à-dire couper ou enlever les canines, les armes du chien. Cela ne change rien à son tempérament mais cela réduit la dangerosité. Cette solution est écartée par madame : « Non, on ne veut pas ça, dit-elle pour elle et monsieur (qui reste silencieux), on ne veut pas mutiler notre

Shana », j'entends on ne veut pas mutiler notre enfant, et je comprends cela parfaitement.

Dans le choix multiple des solutions possibles, il reste encore le contre-conditionnement. C'est un mot compliqué qui signifie quelque chose de simple : apprendre au chien un comportement incompatible avec ce qu'il fait actuellement ! Mais qu'est-ce qui serait plus motivant que de se faire plaisir en mordant, quand on est fille d'un chien mordeur, enfin... je veux dire d'un champion de défense ? Il faut déjà une motivation très puissante pour entrer en concurrence avec l'envie de mordre ; une motivation de survie : manger, pour autant que la chienne est à jeun !

Est-ce possible ? Les propriétaires sont-ils désireux, compétents et prêts à mettre cela en œuvre ? Il faut tenter l'expérience et ils sont d'accord. La chienne ne reçoit qu'un tout petit peu à manger le matin, elle reste presque à jeun pour la journée, reçoit à manger chaque fois que la sonnette sonne et, éventuellement, qu'un visiteur entre ; avec la répétition des essais, elle va de plus en plus se diriger vers ses propriétaires qui la nourrissent plutôt que d'aller ouvrir les portes et mordre les gens. Mon expérience me dit que c'est efficace. Et mon admiration va vers ces personnes très âgées qui sont prêtes à tenter l'expérience pour améliorer leur bien-être et celui de leur chienne.

Le système thérapeutique

Je l'ai dit, le système thérapeutique est constitué par le groupe – et l'ensemble des relations dans ce groupe – qui participe à la thérapie. La question qui agite les spécialistes est la suivante : le thérapeute fait-il, oui ou non, partie du système thérapeutique ? Peut-il échapper à la fusion dans le système ? Fusion ou... confusion ?

Fusion ou confusion ?

Ce jeu de mots permet de préciser mon idée. Il est impossible au vétérinaire d'échapper à l'incorporation dans le système thérapeutique. Toute la communication entre le vétérinaire et son client réveille des expériences personnelles à chacun d'eux et il est impossible de ne pas interagir avec autrui en fonction de son vécu individuel. Ce processus de transfert (mutuel) se fait en permanence. Le client (au singulier ou au pluriel) et le thérapeute forment un système en raison même de leurs interactions dans un processus thérapeutique. Et le vétérinaire psy ne peut s'empêcher d'interagir avec l'animal présent à la consultation et il intègre avec lui également le système thérapeutique. C'est ce que J.-A. Malarewicz appelle métonymie : « La métonymie, c'est-à-dire la partie prise pour le tout, intervient ici en ce que cette relation, malgré son caractère éminemment réducteur, représente à elle seule l'ensemble des relations que les deux interlocuteurs ont eu à connaître. En ce sens la relation thérapeutique est métonymique[1]. »

Mais ce n'est pas parce que l'on fait partie d'un système, qu'on est intégré à un système, que pour autant on est en fusion avec lui et qu'on ne peut s'en libérer !

> Qu'il le veuille ou non, le vétérinaire psy partage avec le système familial des résonances psychiques (émotionnelles et cognitives). Il ne peut échapper à un état de confusion. En aidant l'animal et ses propriétaires, n'est-ce pas aussi de certaines facettes psychiques de lui-même qu'il peut prendre conscience ?

1. Malarewicz J.-A., *op. cit.*

La position du vétérinaire psy

En discutant lors de supervisions, je me suis rendu compte à quel point des vétérinaires apprentis psy avaient des difficultés à se situer par rapport au système thérapeutique. Une fois entrés en empathie avec les clients, ils avaient du mal à se sortir du système une fois la consultation terminée et ils gardaient en tête les souffrances, les questions et réflexions du système.

Je leur expliquais que l'expert peut circuler dans et hors du système, qu'il doit parfois s'y incorporer (par son empathie) pour recevoir des informations et faciliter le changement et parfois rester en dehors, comme un expert externe.

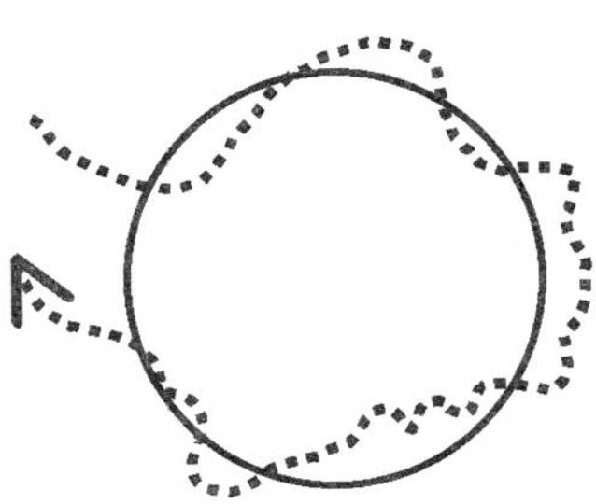

Déplacements de l'expert par rapport au système.

J'ai dessiné le système thérapeutique comme un cercle, tant pour symboliser l'ensemble des individus et des relations que pour symboliser la durée d'une thérapie. La trajectoire de l'intervenant est dessinée en pointillé. Il commence en dehors du système, il peut décider d'y entrer et de circuler dans et hors du système, à volonté et suivant les besoins du système, pour en ressortir à la fin de la thérapie.

Quand j'écris « circuler dans et hors du système », c'est très figuratif. C'est surtout pouvoir s'extraire du système pour jouer le rôle de l'expert (un étranger) plutôt que de s'introduire dans le système pour jouer le rôle d'un parent ou d'un camarade, voire d'un intime. Je parle bien de « jouer un rôle » ou de « jouer le rôle de... » et non pas « d'être » un parent, un relatif, un intime...

Pour ceux qui n'arrivent pas à juger intuitivement s'ils doivent être dans ou hors du système, la règle est de circuler, d'éviter d'être figé dans une position.

Tout ce jeu de l'étranger et de l'intimité est défini par la proximité et la distance.

Proximité et distance

Lors de mon instruction en thérapie systémique, mes formateurs m'ont montré ce dessin tout simple, qui représente le symbole mathématique de l'infini : ∞. Ce symbole est utilisé pour représenter la proximité et la distance entre deux individus.

Proximité  Distance

Idéalement, un individu circule de la proximité à la distance, équilibrant les deux tendances. C'est ce qui devrait se passer dans les couples humains, dans les relations homme-animal, dans les relations thérapeute-système des clients.

Lorsque les tendances ne sont plus équilibrées et que l'individu reste dans la proximité plus que dans la distance, on peut parler d'aspect fusionnel.

Proximité  Distance

Lorsque les tendances s'inversent en faveur de la distance, l'individu s'éloigne, devient un étranger par rapport à l'autre individu ou au système.

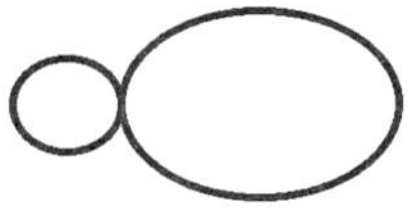

Une propriétaire emmenait son chien partout ; elle l'avait adopté à l'âge adulte, elle l'aimait, elle faisait tout pour qu'il soit heureux et ce damné chien... fuguait. Dans l'anamnèse – les commémoratifs de l'histoire de la maladie –, le vétérinaire (en supervision) se rendit compte que le mari de la dame était parti (vivre sa vie ailleurs), que son fils était parti (au service militaire)... Il était caricatural d'imaginer que le chien lui aussi voulait se tirer de cette affection fusionnelle. Et c'est pourquoi j'ai dit à cette dame qu'elle devait séduire son chien plutôt que de s'imposer à lui et que, pour séduire, il fallait laisser de la liberté, c'est-à-dire laisser le chien plus seul. Un mois après, à la visite de contrôle, elle avait laissé son chien seul tous les jours et... il n'avait plus fugué !

Mais parlons du vétérinaire psy ! Sa place est très variable suivant son style personnel et la forme de ses interventions. Certains restent en permanence des experts extérieurs, ne s'aventurant jamais dans les systèmes, gardant une posture haute dans les relations. Ils donnent une idée très compétente d'eux-mêmes, un peu orgueilleuse sans doute. Leurs clients les trouvent « excellents, mais un peu froids, humainement ! ».

Les vétérinaires à tendance fusionnelle sont appréciés pour leur bienveillance, leur disponibilité, leur compassion, leur sensibilité... Mais, parce qu'il y a un « mais », ils s'épuisent rapidement. La seule situation où ils se sentent bien, c'est quand ils reproduisent avec leurs clients le même système que... chez eux. Mais comme c'est impossible avec chaque système thérapeutique, ils finissent par y perdre des plumes et leur énergie. Ils sont « sucés jusqu'à la moelle ».

Chaque situation est intéressante avec certains systèmes et inconvenante avec d'autres. L'idéal serait de pouvoir passer de l'un à l'autre et d'intégrer les qualités de chacune de ces méthodes ou personnalités. Je n'utilise pas au hasard ces deux mots, méthode et personnalité ; c'est là toute la difficulté. Certains professionnels ont une personnalité distante ou intime et pourront difficilement en changer. D'autres ont une personnalité tolérante et adaptable et pourront jouer des rôles et utiliser des méthodes de proximité et de distancement. Dire « jouer des rôles » n'est pas du tout négatif et n'implique nullement un manque d'émotions et de sentiments ; il s'agit plutôt de percevoir quand il faut garder la distance et quand il faut se rapprocher dans une relation professionnellement intime tout en respectant les cadres qui ont été établis.

Le thérapeute doit se comporter comme la situation l'exige, et c'est plus avec son intuition et beaucoup d'expérience qu'il y arrivera. Cela nécessite une grande confiance en soi.

Les différents systèmes

Je n'ai pas l'intention d'entrer dans le détail des systèmes que nous observons comme vétérinaires comportementalistes, mais je ne peux pas non plus faire l'impasse sur le fait que l'on a tantôt affaire à une personne seule, tantôt à un couple, tantôt à une famille. Je ne parle pas de la personne que l'on a devant soi, mais du système qu'elle représente. Fréquemment, c'est la femme qui consulte puisque dans notre monde occidental elle a encore et toujours la charge de la famille et donc de l'animal qui fait partie intégrante de cette famille. Pour les chiens de fonction ou de sport – le chien policier, le chien de gardiennage, de chasse... –, c'est le gardien du chien, le plus souvent un homme, qui consultera.

La dynamique de la relation peut changer significativement dans les trois situations suivantes : le client seul, le couple et la famille.

Le client solitaire

La simplicité de la relation avec un client solitaire (célibataire, divorcé, veuf...), c'est qu'il n'y a pas à tenir compte d'autres interférences. Enfin, on peut toujours l'espérer, parce qu'il y a toujours ses parents, ses enfants, ses amis (enfin ceux qu'il croit être ses amis), ses voisins, l'éducateur du chien, etc. En épistémologie systémique, on sait qu'il y a toujours la relation ou l'ingérence d'un tiers. Mais imaginons que cela n'est pas le cas et que l'on a en face de soi un propriétaire seul et un animal. La situation est simple. Il faut créer un lien thérapeutique avec une personne. C'est en même temps plus simple et plus complexe. C'est plus simple en cas d'accord et plus complexe en situation de résistance.

Comme l'écrit Malarewicz[1], dans ses axiomes sur les changements, le deuxième axiome est que « plus le système est simple, plus il est difficile d'y provoquer un changement ».

Cependant, on peut être en empathie, écouter et motiver ce client solitaire et lui donner son attention indivise.

Le couple

Un couple est un système en équilibre instable (ou fluide) et en reconstruction permanente. Les hommes et les femmes ont des

1. Malarewicz J.-A., *Quatorze Leçons de thérapie stratégique*, ESF, Paris, 1998.

rôles distincts et des motivations divergentes et, bien entendu, des façons de percevoir et de penser dissemblables et parfois contradictoires. Il m'arrive souvent d'imaginer qu'ils sont originaires d'espèces différentes. Qu'en pensez-vous ?

Relations de pouvoir

Même quand homme et femme sont tous les deux à la consultation, ils ne sont pas toujours mentalement présents ou disponibles. Et si jamais, chose surprenante parce que rare, ils étaient tous les deux d'accord sur la nécessité de consulter, ils ne réagiraient pas de la même façon aux prescriptions. Suivant Antoine Malarewicz[1], en général, l'homme semble plus motivé par les défis (sauf ceux de père ou de conjoint) et cherche les résolutions rapides ; la femme est plus engagée par l'occupation de l'espace et du temps et les résolutions à long terme. Dans les relations de tout couple il y a « donner et recevoir » et cet échange est, selon Malarewicz, un exercice de pouvoir qui se fait au travers de trois médias : la sexualité, l'argent et les enfants – j'ajouterais « et les animaux ». Le thérapeute observera devant lui des confrontations de pouvoir.

Pour cette chienne doberman agressive et dangereuse de façon très occasionnelle, le couple a accepté l'idée d'une intervention chirurgicale d'ablation des canines (désarmement) – pour assurer la sécurité du public – et d'un traitement médical, les thérapies comportementales étant peu envisageables. Un mois plus tard, l'intervention n'était toujours pas réalisée et l'homme envisageait plutôt une solution d'euthanasie, pour des raisons d'argent (alors qu'il en était largement pourvu), disant à sa femme que, si elle voulait garder la chienne (avec laquelle elle avait une proximité affective), elle devrait le faire à ses frais (alors qu'elle n'avait pas

1. Malarewicz J.-A., *Repenser le couple*, Le Livre de Poche, Paris, 2001.

de revenus personnels). Ce chantage à l'argent est une des situations de coercition que l'on peut rencontrer dans un couple[1]. Comme l'épouse se sacrifie plus que l'homme pour le bien-être de la famille (enfants et animaux), le livre des dettes est ouvert et le livre des comptes ne s'équilibre pas. Quand, dans cette situation, l'homme fait un chantage à l'argent, la femme cède au sentiment d'injustice et explose ou s'écrase ; dans tous les cas, il y a une crise conjugale aiguë ou chronique.

J'ai cité Malarewicz plus haut parlant des trois munitions du couple : l'argent, le sexe et les enfants (animaux). Si la femme cède sur le plan de l'argent en corrélation avec l'enfant ou l'animal, il y a fort à parier qu'elle tente de l'emporter sur le dernier des trois plans. Quand je dis « sexualité », cela peut être autant dans la relation sexuelle que dans la relation sexuée.

Ainsi, cette dame, de 65 ans environ, me présentait son chien qui mordait son mari plus âgé qu'elle. Profitant d'un moment où son mari s'isolait dans les toilettes, elle me disait en connivence de ne pas trop changer le chien car elle aimait bien que son chien morde son mari, mais... pas trop fort tout de même. Il fallait le maintenir à distance mais sans trop l'abîmer...

Comme dans l'histoire ci-dessus, l'épouse peut tenter une alliance, voire une coalition, avec le chien (mâle) contre son mari (et avec le thérapeute contre le mari). Cela fait partie de la guéguerre sexuée dans un couple. Et l'agressivité du chien, dans ce contexte, ne changera pas avec les thérapies parce qu'elle est nécessaire à l'équilibre du système. Aucune thérapie ne sera mise en place de façon congruente. Et si le vétérinaire psy arrive à changer unilatéra-

1. Antoine Alaméda s'intéresse à cette question d'argent, réel ou métaphorique, et il écrit : « L'argent de la famille sert aussi à la comptabilité des liens conjugaux. » Alaméda A., *Les 7 Péchés familiaux*, Odile Jacob, Paris, 1998.

lement l'agressivité du chien avec des médications, la femme trouvera d'autres solutions pour maintenir son mari en échec sur ce plan de la guérilla. Je rappelle que l'homme n'est pas innocent puisqu'il joue la guerre sur le plan de l'argent et de l'animal.

Si le thérapeute veut donner des armes à la partie (soi-disant) offensée, le plus simple est de conseiller de communiquer en métaposition, c'est-à-dire en observateur de soi-même dans la situation. La femme pourrait dire : « Je suis dans une position faible et tu me manipules en refusant de prendre tes responsabilités ; je n'ai guère de choix que de subir tes manipulations mais sache que le livre des dettes s'alourdit sérieusement ! » Le vétérinaire peut ainsi être amené à dire au couple : « Vous réglez vos problèmes conjugaux sur le dos du chien ; c'est malhonnête ; l'euthanasie du chien ne résoudra pas vos problèmes ; trouvez donc un autre terrain de bataille ! »

Alliances et coalitions

Quittons l'argent, péché conjugal ou familial, et intéressons-nous aux alliances et aux coalitions. Lorsqu'un couple est en face d'un thérapeute, où sont les alliances ? À part les rares cas où tout le monde est d'accord, il est plus fréquent qu'un des membres du couple tente de manipuler le thérapeute afin de s'allier ses faveurs (et rejeter les fautes sur le partenaire). Il n'est pas interdit de faire une alliance avec un des membres du système familial si l'objectif reste de permettre au système de s'autonomiser dans une meilleure homéostasie. Si ce n'est pas le cas, le thérapeute doit se garder de faire alliance avec un des membres du couple, au risque de réaliser une mésalliance avec l'autre, ce qui entraînerait des résistances. C'est le risque de la coalition. L'alliance crée le lien, la coalition rassemble un groupe de personnes qui fait gang contre une tierce personne. Dans une des expressions de la théorie des jeux, l'alliance permet un jeu à somme positive (tout le monde gagne) tandis que la coalition ne permet qu'un jeu à somme nulle (un gagne et l'autre perd), ce qui est... préjudiciable dans le cadre d'une psychothérapie !

Dans les risques de coalition, les techniques d'interview telles que le questionnement triangulaire (discussion circulaire) sont intéressantes à utiliser. Le thérapeute doit se faire violence parce que, pour cause d'empathie, d'éthique et de transfert, il aura tendance à prendre parti pour l'un contre l'autre. En règle générale, il faut toujours se méfier des manipulateurs qui jouent à être la victime du monde et particulièrement de leur conjoint : en effet, un couple est coconstruit à deux et chaque partenaire partage, *a priori*, les responsabilités d'une situation.

Le thérapeute a tout intérêt à découvrir les modes d'identification – différents – de chacun des membres du couple, les valoriser et permettre au conjoint de les reconnaître.

Les rôles sexués

L'intervenant qui est en face d'un couple – je vais garder l'exemple habituel d'un homme et d'une femme sans m'attarder sur les couples homosexuels, qui jouent d'ailleurs exactement les mêmes jeux – peut avoir une préconception de la division des rôles.

La notion de « nouveau père » – c'est-à-dire ce père s'occupant à temps égal de sa profession et de ses enfants ainsi que du ménage, un père « maternant » si on désire rester dans les stéréotypes sexués – s'est éteinte aussi rapidement qu'elle était née. La réalité montre que rien n'a changé dans la répartition des tâches quotidiennes entre l'homme et la femme. Le temps parental est de plus de 25 heures par semaine pour la femme et de moins de 13 heures pour l'homme. Les charges ménagères les plus dures sont assurées à 80 % par la femme. Dans leur domicile, les hommes déclarent forfait (Malarewicz[1]).

Cela n'est pas sans importance ! Pour n'importe quel problème de souillure causée par un chien ou un chat, le vétérinaire psy doit se dire que c'est la femme qui souffre le plus de la situation ! De même pour tout problème nécessitant une rééducation de l'animal, il doit penser que la femme va y consacrer plus de temps que l'homme et que les techniques éducatives doivent être adaptées pour elle plus que pour lui ! Et pour perturbation de la hiérarchie – entraînant des marquages et des agressions chez le chien envers les membres de sa famille –, le thérapeute ne s'empêchera pas de penser que l'homme sera le plus souvent absent et que c'est à la femme qu'incombera la corvée de rehiérarchisation !

Pour finir sur une note d'humour, rappelez-vous cette sentence (impertinente) populaire qui dit qu'une femme a le dernier mot dans tout argument et que tout ce qu'un homme dit ensuite est… le début d'un nouvel argument !

■ *La famille avec enfants*

Comme les animaux sont désormais considérés comme des équivalents d'enfant, comme des membres de la famille à part entière, la situation du couple avec un animal est habituellement celle de parents avec un enfant, je dirais un animal-enfant. Mais parlons d'abord de l'enfant humain !

L'enfant apporte dans un système une fragilisation et une force. Dans les couples modernes où l'accomplissement professionnel est devenu prioritaire et l'emporte parfois sur la réalisation parentale, on adopte des animaux avant de faire des enfants.

1. Malarewicz J.-A., *Repenser le couple*, *op. cit*.

Quand l'enfant arrive, la vision du monde change, l'attachement biologique prenant normalement le pas sur l'attachement non biologique. Parfois c'est source de conflit de conscience : « J'aime mon enfant et j'aime mon chien, cependant j'aime mon enfant plus que mon chien, mais je ne peux pas rejeter affectivement mon chien parce que j'ai un enfant, et je ne peux délaisser mon enfant à cause de mon chien... Que faire ? »

Quand l'animal présente des comportements agressifs, une décision doit être prise : l'animal ou l'enfant, l'animal et l'enfant ? C'est un choix intolérable. Déjà que « le couple et la famille ont toujours été le lieu statistiquement le plus dangereux pour chacun de nous[1] », c'est encore plus le cas pour les agressions de chiens sur enfants puisqu'elles sont deux fois plus fréquentes avec le chien connu (familial) qu'avec un chien inconnu.

En présence d'enfants plus âgés, qui ont leur mot à dire dans les décisions pseudo-démocratiques de la famille, la situation peut se compliquer. L'animal devient un argument de pouvoir et de manipulation. Plus la famille est égalitaire, plus on a des problèmes de structuration hiérarchique avec le chien. Et cette situation est bien connue de tous les vétérinaires psy.

Ce dont je voudrais dire un mot ici, c'est la force de certains enfants, et sans doute plus encore celle de certains enfants handicapés. Dans plus d'un cas où le chien présentait des problèmes éducatifs sérieux, le seul être capable d'en faire façon était l'enfant handicapé, le seul moment où le chien présentait des exceptions dans la production de ses comportements-problèmes était en présence des enfants. Et il m'est arrivé plus d'une fois de demander à l'enfant d'enseigner à ses parents à interagir avec

1. Malarewicz J.-A., *Repenser le couple, op. cit.*

l'animal puisqu'il en avait la compétence. Généralement les parents utilisent des techniques autoritaires (punitives, parfois violentes) alors que l'enfant entre en relation de séduction avec l'animal et use des techniques de renforcement positif, avec patience, et sans contrainte.

Quand je donne à l'enfant le rôle d'éducateur de ses parents, je prends un léger risque de parentification de l'enfant. Je pense que ce risque est mineur dans les familles équilibrées. Il est majeur dans les familles pathologiques, mais alors, franchement, ce n'est plus du ressort du vétérinaire mais du psy systémicien.

Le génogramme

Le génogramme constitue une représentation analogique des relations familiales. Il permet au premier coup d'œil averti de se représenter la complexité des interactions dans une famille, de déterminer d'éventuelles ressources ou résistances. Dans le génogramme, on représente généralement la femme (et la fille) par un cercle, l'homme (et le garçon) par un carré. Les lignes montrent les relations, horizontales pour les relations conjugales, verticales pour les relations parentales et filiales. Le chien ou le chat peut être dessiné de différentes façons ; ci-dessous, j'ai mis un carré aux coins tronqués pour un chien mâle, pour la facilité du dessin, mais j'utilise couramment un carré ou un rond avec de petites oreilles pointées pour le chat et des oreilles tombantes pour le chien.

Le génogramme est lu de haut en bas et est donc structuré hiérarchiquement.

Il est malaisé de représenter des lignes de filiation entre le chien et le système. J'ai représenté celles-ci en pointillé.

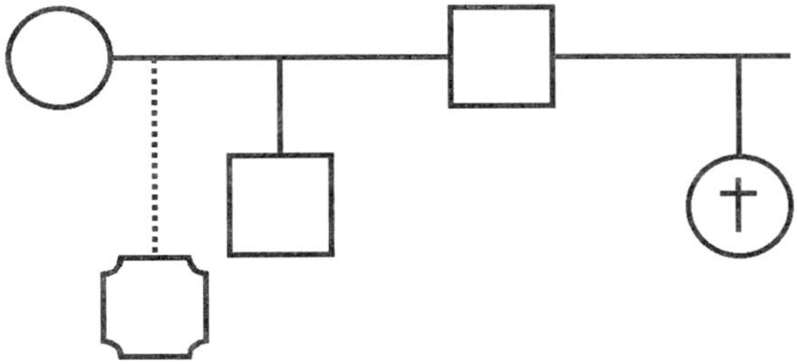

Génogramme d'un couple avec enfant et chien.

Le génogramme ci-dessus représente un couple avec un enfant et un chien ; le mari a déjà eu une fille dans un autre couple et cette fille est décédée. Si on écrit les âges dans les carrés et les ronds, on pourrait avoir une idée de l'évolution de cette famille dans le temps. Peut-être le chien a-t-il été acquis suite au décès de la fille ou bien le garçon est-il né parce que l'on prévoyait le décès de la fille ? Chaque famille a son histoire et, souvent, ses secrets. Ce n'est pas au vétérinaire comportementaliste d'aller fouiller dans les secrets de famille. Cependant, parfois, les familles nous révèlent des informations qui peuvent éclairer certaines relations particulières, je pense notamment à certains hyperattachements (réciproques).

En ce qui me concerne, je dessine un génogramme pour chaque client. Cela me permet de resituer d'un seul coup d'œil certaines structures familiales. Quand il y a plusieurs animaux dans le système, je les dessine également. Ensuite on peut dessiner des traits de couleur exprimant les relations affectives ou agressives dans chaque système, mais cela est une autre histoire et dépasse le cadre de ce livre.

CHAPITRE 5

Changer, mais comment ?

Telle est la question !

Bill le yorkshire agressif

Il fait magnifique dehors ; le soleil resplendit dans un ciel bleu. Mais je ne profite guère du soleil. Je suis en Suisse, à Berne, au Tierspital (l'hôpital vétérinaire), et je supervise un groupe de vétérinaires comportementalistes en formation clinique. C'est-à-dire qu'un vétérinaire fait une consultation de comportement devant cinq collègues et un superviseur ; le but est de guider le vétérinaire à travers les étapes essentielles de la consultation de comportement, ainsi que de l'accompagner dans la démarche de communication avec le client et l'animal. Le superviseur doit respecter les particularités du vétérinaire consultant tout en garantissant la qualité de la consultation ; en fin de compte, c'est lui qui prend les responsabilités des traitements. Ce type de formation est remarquable d'efficacité.

Une dame de 55 ans consulte pour son yorkshire de 4 ans d'environ 3 kilos.

« Quels sont les problèmes qui vous mènent à consulter aujourd'hui ?, dit le vétérinaire.

— Oh… ça va beaucoup mieux qu'avant », dit madame.

C'est une réponse déjà surprenante. Le vétérinaire reste silencieux.

« Bill est agressif avec mon mari et mon fils. »

Le fils est agressé par le chien lorsqu'il bouge dans la maison, lorsqu'il sort le soir, de façon irrégulière mais fréquente. Quant au mari, lui, il est agressé s'il sort de table une tasse à la main. Ces deux hommes ne sont agressés que si madame est dans la maison, même si elle est à deux étages de distance ; si elle est hors de la maison, le chien n'agresse pas.

« Bill attaque aussi les visiteurs qui entrent, et aussi quand ils veulent partir. »

Des deux types d'agression, celle que madame voudrait voir changer en priorité est l'agression de contrôle des visiteurs. Cette information est intéressante. Elle est même singulière ; la suite de la consultation nous apprendra pourquoi.

Dans les étapes de la consultation, après la précision des problèmes et de la demande, je propose d'analyser le problème principal en détail. Ce que j'aime, c'est pouvoir me faire un film de la séquence comportementale, image par image.

Et nous apprenons que, quand la sonnette sonne, Bill se lève, court vers la porte en aboyant, très excité, le poil du dos dressé, la queue haute ; là il se retourne pour faire face à ses propriétaires qui se dirigent – eux un peu moins vite que lui – vers la porte ; Bill leur fait face et agresse la personne qui veut ouvrir la porte ; comme la porte est dans une alcôve, ses menaces sont prises au sérieux ; il mord aux jambes ou aux mains, si on veut le repousser des mains. Madame le repousse avec son sac vers une autre pièce où elle l'enferme. Les visiteurs attendent derrière la porte. S'il a l'occasion de mordre, il mord jusqu'au sang. Une fois qu'il a mordu, il semble calmé, il prend une posture basse, qui est en langage de chien une posture d'apaisement, comme s'il s'attendait à une punition. S'il n'a pas mordu, il se calme dans une pièce voisine et peut rejoindre les gens après une dizaine de minutes. Au moment où un visiteur pense s'en aller, semble-t-il avant même qu'il le dise ou bouge – le chien serait-il télépathe ? –, Bill vient se planter devant lui en aboyant et en tentant de le mordre aux chevilles. Dans ce cas, madame peut l'empoigner par la peau du cou et le mettre dans une autre pièce.

« Tous les membres de la famille n'ont pas le même réflexe que moi, dit elle, et plus d'une personne s'est fait mordre.

— Combien de morsures... ?, demande le vétérinaire.

— Beaucoup, dit madame.

— Plus de cinq ?

— Oui, plus.

— Plus de dix ?

— Oui, dit madame avec un demi-sourire.

— Plus de vingt ?

— C'est bien possible », dit madame.

Après quelques échanges, la propriétaire nous donne ensuite spontanément une information intéressante sur l'agression au moment de l'entrée des visiteurs : « Si je prends la laisse, il s'éloigne de la porte et se calme ; je peux l'attacher ; il ne me mord pas. »

Comme le vétérinaire demande des informations sur l'agression contre des membres de la famille, j'interviens pour proposer de finaliser quelque chose pour l'agression au moment des entrées. L'information que nous donne madame est trop précieuse pour être oubliée. « Donc, dis-je, vous avez trouvé une solution tout à fait satisfaisante pour gérer Bill.

— Oui, dit-elle, mais on n'a pas toujours la laisse à disposition. Et tous les membres de la famille n'y pensent pas toujours ! »

Je propose de laisser une laisse en permanence à proximité de la porte. Madame nous dit que c'est tout à fait faisable. Je propose aussi de récompenser Bill d'une friandise quand il s'est calmé à la vue de la laisse. Comme Bill est malade avec de la viande, du saucisson, du fromage... mais pas avec ses croquettes spéciales et les biscuits sucrés, on convient de le récompenser avec des biscuits sucrés. « Bien évidemment, dis-je en souriant, ce n'est pas bon pour son foie et son pancréas, mais c'est temporaire. »

Madame ne s'en fait pas ; le chien est maigre et ne grossit pas quoi qu'il mange.

L'intention de la récompense est d'encourager le comportement de calme, de l'intensifier, de le fixer. « Après environ 500 répétitions, dis-je, quand la sonnette retentira, Bill va courir en aboyant vers la porte, ensuite il sortira spontanément de l'alcôve et se dirigera vers le côté où on pourra le mettre en laisse. Une fois arrivé à ce résultat, on pourra envisager de changer les aboiements si vous le désirez. Cette technique est-elle imaginable ? Est-elle faisable ? »

J'aime susciter l'imagination des propriétaires, les faire évoquer une situation gérable, les laisser créer leurs propres images qui deviennent ainsi une réalité possible. La faisabilité de la technique est importante ; les propriétaires doivent se sentir à l'aise avec la technique de rééducation.

Madame semble satisfaite. On passe dès lors au point suivant, celui de l'agression sur les visiteurs qui veulent s'en aller. Après quelques discussions qui n'apportent pas de solution, une des vétérinaires observatrices propose de laisser au chien une laisse en permanence lors des visites, afin de pouvoir de manipuler plus aisément. En effet, si le chien est attaché à une légère laisse de 2 mètres, il devient aisé de le contrôler à distance sans se faire mordre. Une fois mis à l'écart et calmé, il peut être récompensé.

Parfois, pour la facilité, lorsque des visiteurs sont annoncés, madame envoie le chien à la cave ; il obéit et y va la tête basse. Manifestement, il n'apprécie pas ; il aboie tout le temps qu'il est enfermé.

« Comment pourrait-on rendre la cave intéressante ? », dis-je.

Madame n'a pas de réponse. Mais elle comprend bien qu'il serait séduisant que le chien trouve la cave plus intéressante que de mordre les visiteurs. Après réflexion, on aboutit à la même solution de lui donner une activité alimentaire, telle que des biscuits coincés dans un jouet en caoutchouc creux. Bill passerait peut-être quelques minutes à quelques dizaines de minutes à tenter d'extraire le biscuit. C'est une expérience à tenter.

Je pose à ce moment une question qui surprend autant madame que les vétérinaires : « Quel job a Bill ? »

Devant le regard étonné et le silence de la propriétaire, je continue : « Bill est un yorkshire ; c'est un chien de chasse dont les ancêtres allaient dans les terriers à la poursuite des lapins dans les falaises du Yorkshire. Ses ancêtres travaillaient plusieurs heures par jour. Mais Bill n'a pas de travail. J'ai l'impression que Bill s'est trouvé un travail à la maison : il contrôle les entrées et les sorties, et aussi les déplacements de certaines personnes dans la maison. »

Cette affirmation est-elle correcte ? Je le pense. Ce n'est cependant pas une affirmation scientifique. Mais mon expérience me conduit à penser que le pire qui puisse arriver aux chiens est de ne rien avoir à faire ; j'aimerais que tout chien travaille. J'explique cela à la propriétaire et dis : « Combien de temps en moyenne passez-vous à travailler avant de manger, à faire des courses, à préparer le repas... ?

— Quelques heures..., dit-elle.

— Oui, et le chien ?

— Le chien ? Il reçoit sa gamelle... Vous voulez dire qu'il devrait travailler pour manger ?, dit-elle.

— Ses ancêtres travaillaient pour manger ; nous travaillons pour manger ; seul le chien domestique n'a même plus ce travail pour occuper ses journées... », dis-je.

On discute de cette alternative, de mettre le repas à différents endroits, de le cacher, de demander à Bill de le trouver, de faire une séance d'obéissance avant le repas. Il y a de nombreuses possibilités de faire travailler un chien en peu de temps et de lui faire gagner ses repas. Pour la propriétaire, c'est tout à fait imaginable.

Il nous reste finalement à parler de l'agression envers le mari et le fils.

« Vous nous avez dit que cela allait mieux, n'est-ce pas ? » Je construis avec madame une lecture de la dynamique familiale. Madame a toujours pris la responsabilité du chien ; son mari et son fils le lui rendaient bien et lui disaient que, si le chien les attaquait, c'était sa faute à elle, madame. Elle a accepté cette culpabilité longtemps. Récemment elle a commencé à se détacher de cette responsabilité.

« En fait, dis-je, vous ne voulez pas vraiment que l'on s'occupe de cette agression envers votre mari et votre fils. S'ils se font mordre, c'est leur affaire. S'ils désirent de l'aide, c'est à eux de la demander. Nous serons disponibles pour les aider. Mais, bien entendu, ils vont vous reprocher ce changement d'attitude ; êtes-vous prête à cela ? »

Madame acquiesce. Elle est en effet prête et sent que ces reproches ne l'affectent plus. Elle n'a plus besoin de tout contrôler pour le confort de tout son petit monde familial. Ses enfants sont grands, ils peuvent prendre leurs responsabilités sans qu'elle soit derrière eux comme une maman poule. Son mari, aussi, peut prendre ses responsabilités.

« D'ailleurs, dis-je, ces personnes jouent les victimes, non seulement du chien et de vous, mais aussi en général dans leur vie, affective ou professionnelle. Peut-être est-il temps qu'ils prennent la responsabilité de leur vie ? »

Madame reconnaît que c'est bien la situation que vivent ces deux hommes. Elle dit en souriant : « Devrais-je divorcer ?

— Oui, bien entendu !, dis-je en riant. Si vous parlez de divorce, même avec le sourire, c'est que cette idée vous est venue à l'esprit. » C'est le cas en effet.

La consultation se termine dans la bonne humeur. Madame est invitée à rester pour la discussion qui s'ensuit. Les vétérinaires en formation voudraient déterminer le diagnostic ; ils aiment pouvoir se référer à des diagnostics, à des maladies ; ils sont insécurisés par une approche symptomatique ; le chien souffre-t-il d'une mauvaise adaptation à la structure sociale – la hiérarchie – du système ? Fait-il un contrôle des allées et venues et une alliance avec la femelle dominante contre deux mâles, comme le ferait un chien prétendu dominant ? C'est évidemment un modèle que l'on peut utiliser. Dans ce modèle, l'agression vis-à-vis du mari et du fils pourrait se traiter par un changement d'alliance : en cas d'agression du chien sur un de ces hommes, madame viendrait se mettre bras dessus bras dessous avec cet homme et tous deux feraient face au chien, isolé. Le chien comprendrait qu'il est seul contre deux et perdrait du statut social et de la verve agressive. « Mais, dis-je à madame à voix basse, vous n'avez pas envie de faire ça… » Et elle rit de bon cœur disant qu'en effet elle n'a pas envie de faire une alliance avec son mari ou son fils.

On parle aussi de l'utilité de médicaments. Et ensuite on discute sur le sujet de la télépathie. On converse de la philosophie de la vie. Il y a trois modèles que l'on peut utiliser. Dans le premier modèle, il y a un responsable (coupable) et une victime ; l'un est cause de la souffrance de l'autre. Dans le deuxième modèle, dit systémique, les deux acteurs collaborent à la construction de leurs (mauvaises) communications ; ils sont coauteurs ; l'un n'est pas plus responsable que l'autre. Dans le troisième modèle, les acteurs font une expérience de vie avec des personnes qui sont leur miroir, qui reflètent une facette de leur psychologie ; ils se choisissent un conjoint, un chien... avec qui ils sont en résonance ou en dissonance ; une fois conscientisée l'information donnée par leurs miroirs, ils évoluent dans leur développement personnel.

La discussion se termine faute de temps. Madame, que je remercie d'être venue partager son expérience avec nous, nous dit : « Je suis venue pour m'amuser ; en fait je me suis trompée ; je me suis régalée ! »

La conduite de la consultation

Il y a différentes façons de conduire une consultation en psychologie et psychiatrie vétérinaires. En psychologie humaine, il est fréquent que les objectifs de la première rencontre soient d'identifier les partenaires, les demandes, les attentes, les motivations, d'établir le lien et de décider si l'on va travailler ensemble. Le travail sémiologique et thérapeutique commence alors véritablement au cours de la deuxième rencontre ou même plus tard. La consultation peut être un contrat d'une dizaine de rencontres ou plus ou moins. En thérapie brève, le processus thérapeutique commence immédiatement, le poids étant mis sur ce qui permet de changer vers un mieux-être plutôt que sur le pourquoi des problèmes.

Le vétérinaire psy, entre science et conscience

En psychologie vétérinaire, il est fréquent de réaliser tout le travail de relation, de liaison, de sémiotique et d'engager le processus explicatif et thérapeutique au cours de la première rencontre, chaque rencontre étant considérée comme une consultation à part entière.

La psychothérapie vétérinaire se trouve dans un double lien. D'une part, il faut donner des lettres de noblesse à notre art afin que cette discipline soit reconnue comme spécialisation à part entière. En médecine vétérinaire classique, on utilise la démarche médicale et on cherche assidûment à établir un diagnostic nosographique et étiologique ; en effet, l'hypothèse dit que, si on connaît la cause du problème, il suffira sans doute de l'enlever, de la gommer, pour résoudre ledit problème. Eh bien non, cela ne marche pas comme ça en psychologie. Même si on connaît la cause, on ne peut habituellement plus rien y faire. Autant alors s'attacher à trouver des solutions ici et maintenant ! Mais cette démarche-là semble symptomatique et peu digne d'un docteur, elle semble s'apparenter à des techniques de dressage behavioriste. D'autre part, le vétérinaire a pour obligation morale le bien-être de ses patients. La résolution du problème entraîne-t-elle un plus grand bien-être pour le patient, l'animal, ou – seulement – pour le propriétaire de l'animal ? Si on n'améliore pas le bien-être du client, on ne répond pas à ses attentes, il ne reviendra plus consulter et on perdra l'occasion d'améliorer le bien-être des animaux. Quel dilemme !

Toutes ces questions se bousculent dans la tête du vétérinaire psy qui conduit une consultation. Et il ne peut pas y échapper.

À chacun de définir le type de consultation qu'il va proposer aux clients ; et cette définition va dépendre de ce que chaque intervenant va proposer comme modèle. J'entends par modèle la vision du monde des problèmes et des solutions, la caricature du fonctionnement d'un animal dans un système humain, la conviction, croyance ou crédulité qu'il a dans ses techniques d'aide et de changement, appelées brillamment stratégies thérapeutiques.

Le vétérinaire psy, entre éducateur et psychothérapeute

Je ne suis pas un éducateur-dresseur et je n'ai plus envie de passer mon temps à apprendre à un client à enseigner à son chien à s'asseoir, se coucher à l'ordre, marcher en laisse, etc. J'ai écrit des livres à ce sujet et cela devrait suffire. Eh bien non, cela ne suffit pas ! Sans arrêt sur le métier remettre son ouvrage est une maxime qui se prête bien à notre travail. Comment envisager d'élaborer un très joli contre-conditionnement si les étapes d'éducation de base ne sont pas maîtrisées ? Nombre de vétérinaires comportementalistes s'engagent à créer et à développer des classes pour chiots, des cours d'éducation de base ou élaborée et des groupes de rééducation. Puisqu'il est impossible de ne pas se mêler d'éducation, pour ajouter un peu d'amusement et d'efficacité, je propose parfois de faire du *clicker training*. À chacun ses amusements !

Mon *job* s'apparente tout de même plus à de la thérapie brève. Comment faire pour que les propriétaires des animaux s'autonomisent rapidement, à moindre frais et avec le plus de satisfaction ? Je ne suis certainement pas dans le modèle psychanalytique, ne cherchant pas sans cesse après un pourquoi indicible et indescriptible. Je peux émettre des hypothèses sur les « pourquoi » et elles m'intéressent d'autant plus qu'elles permettent d'agir en fonction d'un changement qui donne plus de choix et d'adaptation au système. Je suis un fervent adepte de la multiplicité des causes et des facteurs d'entretien des problèmes, de nombreux facteurs étant constitués par la répétition de techniques inefficaces utilisées à des intensités croissantes.

Je suis vétérinaire, je peux prescrire des médicaments allopathiques et homéopathiques. Je connais nombre de thérapies comportementales. J'ai une formation en intervention familiale et systémique, en kinésiologie. On a dit de moi que j'étais de tendance constructiviste. Je pense ne pas avoir encore compris totalement ce qui se cache sous le mystère de ce nom complexe, mais je suis d'accord avec l'approche qui propose une coconstruction de solutions opératoires (c'est-à-dire efficaces) plutôt que la recherche d'une vérité essentielle et inatteignable. La construction de la solution ne se trouve pas, préconçue, dans la tête du thérapeute mais dans l'interaction avec le système.

La consultation se conduit et se construit en fonction de la thérapeutique. Les propositions que je vais faire dans les chapitres suivants reflètent le modèle que je propose ; elles doivent évidemment être adaptées par chaque vétérinaire psy en fonction de ses stratégies thérapeutiques personnelles. Un thérapeute behavioriste à l'ancienne, c'est-à-dire qui refuse d'envisager ce qu'il y a dans la boîte noire, a besoin de connaître les déclencheurs et les conséquences des comportements de l'animal, le reste étant de moindre importance. Un thérapeute systémicien aura besoin de connaître la circularité des relations. Un cognitiviste désirera connaître les réflexions logiques pour proposer de les influencer, et, donc, pour lui, la boîte noire doit être démontée, du moins partiellement.

Il faut aider la chienne Wendy !

Mme F. m'avait envoyé un e-mail un dimanche : sa chienne croisée Westy, adoptée à la Société de protection des animaux deux semaines plus tôt, a détruit la cuisine alors qu'elle était seule pour une courte période. Qu'importe le jour ou l'heure, elle se débrouillera pour être à la consultation. Rendez-vous fut pris pour le lendemain, lundi.

Le lundi, je vois arriver avec cinq minutes de retard un jeune couple anglais et une chienne mince, voire maigre, d'apparence bizarre, une oreille dressée, l'autre pliée, le poil hirsute sur la tête, et ras sur le reste du corps. Du westy je ne reconnaissais pas grand-chose, mais qu'importe. La chienne a 6 mois, a dit la SPA ; un coup d'œil rapide sur les dents me fait penser qu'elle a plutôt un an, voire plus !

« La chienne a détruit la porte. » En fait, la conversation se déroule en anglais. Je vous la traduis en français. « Il y a un conduit d'aération dans la porte, c'est pourquoi, je pense, elle s'est attaquée à cette porte, pour sortir.

— Est-elle enfermée quelque part ?

— Elle est enfermée dans la cuisine. Vous savez, tout notre mobilier est neuf, on vient de tout acheter, et on a peur qu'elle n'abîme le mobilier.

— L'avez-vous déjà laissée seule dans l'appartement entier ?

— Oui, et cette fois-là, elle a uriné dans un coin du salon.

— Mais a-t-elle détruit ?

— Non, mais j'ai peur qu'elle ne s'attaque au sofa », dit madame.

Pour accélérer la procédure du diagnostic différentiel, je signale que la chienne qui détruit quand elle est isolée peut souffrir de plusieurs problèmes tels que des attaques de panique, une anxiété de séparation (avec hyperattachement, ce qui signifie qu'elle colle aux propriétaires et ne s'éloigne guère d'eux) et d'hyperactivité (avec nervosité, impulsivité et distractibilité).

Madame me dit que la chienne est collante, gratte à la porte des toilettes quand un des propriétaires s'y isole, reste à proximité si elle est promenée hors laisse et regarde sans arrêt où se trouve le propriétaire. D'autre part, même si elle paraît endormie, elle sait à tout moment où se trouvent les propriétaires et elle les suit sans arrêt. Elle rêve abondamment ; madame pense qu'elle a des cauchemars parce qu'elle aboie et agite les pattes, mais je lui dis qu'on ne sait pas si ce sont des cauchemars ou des rêves plaisants et excitants. La chienne se réveille tous les matins à 7 heures 15 et réveille ses propriétaires juste avant le réveille-matin. Enfin, elle est calme et dort toute la journée, dit monsieur qui, étudiant, est à la maison avec elle, sauf à quelques rares moments qui déclenchent l'isolement et les crises de destruction.

La chienne souffre bien d'hyperattachement. Elle souffre aussi, pour moi, de crises de panique. Si on pouvait la filmer, on en saurait plus ; mais à défaut de film, je me rabats sur des hypothèses. L'aspect frénétique des tentatives d'échappement me fait penser à un état de panique. La chienne pèse environ 6 kilos et a déjà détruit 4 portes, me dit monsieur.

Les choses sont simples, le traitement pourrait l'être aussi ! Un médicament, des phéromones apaisantes, un apprentissage de l'isolement, une rupture de l'hyperattachement pourraient être au programme. Mais… tout n'a pas été dit, loin de là !

La chienne vient de changer d'environnement, elle a perdu ses routines et rituels, ce qui, bien certainement, stresse. Ce stress favorise l'hyperattachement. Et cette déritualisation peut persister 6 semaines avant que la chienne ne retrouve un certain équilibre et qu'elle montre sa vraie personnalité. On ne connaît pas sa personnalité et on ne peut la deviner : la chienne a été trouvée dans la rue avant d'être amenée à la SPA ; on ne connaît rien de son passé.

« Se peut-il qu'elle ait été abandonnée à cause de ces destructions liées à l'isolement ? » demande madame.

Je réponds que ce peut être le cas : de nombreux chiens de SPA sont abandonnés parce qu'ils souffrent de troubles de comportement.

« Avant de parler traitement, êtes-vous certains que vous désirez garder la chienne ? » dis-je.

Monsieur m'explique que pour lui les nuisances du chien sont largement supérieures aux bénéfices et qu'il est d'avis de la ramener à la SPA. Il est très rationnel. Et typiquement masculin. Évidemment, je peux m'attendre à ce que madame réagisse de façon typiquement féminine, dans l'affectif. Et je ne me suis pas trompé !

Et je demande à madame qui avait déjà mentionné auparavant que, si on ne s'occupait pas de la chienne, si on la ramenait à la SPA, elle risquait de ne plus être adoptable : « Quelle est la part de l'amour et la part de la culpabilité dans votre désir de traiter la chienne ? »

Cette question entraîne un silence, un rougissement léger chez madame et un sourire moqueur chez monsieur. Madame dit qu'elle a déjà des liens d'attachement avec la chienne, qui, à part les destructions, est parfaite.

En regardant monsieur, je lui demande : « Désiriez-vous ce chien ? » En les regardant tous les deux : « Qu'est-ce qui vous a poussé à adopter un chien ?

— C'est une excellente question », dit monsieur. Et je comprends que ce n'était pas son désir. « Mon amie a vécu avec un chien et douze chats et elle désirait un animal de compagnie ; moi je n'en ai jamais eu...

— Mais vous étiez d'accord, vous en avez parlé ensemble, vous avez été choisir Wendy ensemble..., dis-je.

— Oui ! » En effet, oui, oui et oui aux trois questions, et monsieur ne prend toujours pas la responsabilité de ses décisions ! Mais puis-je le lui dire ? Dois-je le lui dire ? Je n'ai pas envie de le lui dire ! À quoi cela servirait-il ?

J'introduis l'idée d'apprendre au chien à rester à distance des maîtres. Monsieur enchaîne tout de suite et dit qu'il apprend à la chienne à rester sur le sofa quand ils sont à table. Mais si elle vient à table, ce qu'elle fait systématiquement, il se fâche, crie et la remet sur le sofa. La chienne va chez madame. Et monsieur d'ajouter : « Nous avons quelques conflits sur ce sujet. » C'est le moins qu'on puisse dire !

« Il se fâche sur Wendy, ce qui ne fait que rajouter à son stress ! » reproche madame à monsieur.

Les propriétaires envoient à la chienne des messages contradictoires. Elle trouve son intérêt dans cette histoire.

J'explique que, idéalement, (1) le couple devrait se mettre d'accord sur les choses permises et interdites, que (2) pour la chienne, les choses devraient être noires ou blanches, mais non les deux en même temps, que (3) pour la chienne des règles claires et cohérentes sont apaisantes et réduisent le stress, que (4) la punition est une technique éducative et doit se faire sans colère, parce que la colère des maîtres (du maître ?) engendre de la peur chez la chienne, ce qui augmente son stress.

« Pouvez-vous vous mettre d'accord sur des règles et une procédure pour faire respecter ces règles ? »

Les propriétaires se regardent. Oui, ils peuvent se mettre d'accord.

Et madame de dire : « Je vous ai écrit cet e-mail sans que mon ami le sache et je lui ai dit ce matin que j'avais rendez-vous chez vous. »

Monsieur enchaîne : « Quand j'ai appris qu'elle avait pris rendez-vous chez un "psychologue pour chien", je lui ai dit que c'était... trop, que c'est elle qui devait certainement voir un psychologue ! » Et ils sont capables d'en sourire. Malgré cet avis péjoratif sur ma profession, monsieur est tout de même venu à la consultation, ce qui est tout à son honneur.

À ce moment, la consultation est interrompue par quelques appels téléphoniques. Les clients ont l'opportunité de discuter ensemble. Après les interruptions, je leur demande de prendre une décision pour le traitement. On rend la chienne à la SPA ? On fait le traitement ? Si oui, quel est l'objectif dans le temps pour obtenir une amélioration signifiante, sachant que la chienne détruira encore.

« Je veux avoir tout essayé », dit madame. C'est son sentiment de culpabilité qui parle. Mais elle accepte ce sentiment, ne le cache pas ; il fait partie de sa dynamique de vie, de sa prise de responsabilités dans la vie.

Comme monsieur part pour l'Angleterre dans un mois, que la chienne sera seule neuf heures par jour, il faut que l'amélioration soit importante en un mois !

« Est-ce possible ? » demandent-ils.

J'acquiesce. « Oui, c'est possible ; cela dépend de la personnalité de la chienne, de l'effet du médicament et de la volonté et du temps que vous investissez dans les thérapies. Quoi qu'il en soit, voyez cela comme une expérience. Pour le couple, c'est un test pour savoir si on peut franchir ensemble une épreuve et un désaccord. Pour la chienne, cela lui fera de toute façon du bien pour sa santé mentale. » Je ne dis pas que, pour madame, c'est aussi une chance d'observer son sentiment de culpabilité et que pour monsieur, c'est une opportunité pour prendre ses responsabilités sans culpabiliser sa compagne.

La consultation se termine sur la prescription du médicament, les protocoles de rupture de l'hyperattachement et de l'apprentissage de l'isolement (qui se fait en habituant la chienne à rester seule quelques secondes d'abord et ensuite progressivement plus longtemps), technique qui s'est montrée souvent efficace pour apprendre à un chien à rester seul jusqu'à deux heures et cela seulement en un week-end d'apprentissage. Si la chienne ne s'améliore pas, il est convenu qu'elle sera rapportée à la SPA en expliquant la problématique. Peut-être sera-t-elle replacée ailleurs, avec connaissance des problèmes par les nouveaux adoptants, peut-être sera-t-elle euthanasiée ? On ne sait pas. Madame pense pouvoir vivre avec cette idée ; elle ne pourra pas se reprocher de ne pas avoir essayé de faire le maximum pour le bien-être de la chienne.

Les clients repartent, souriants. Je suis content. Dans tous les cas, quel que soit le résultat de l'expérience, celle-ci ne peut qu'être bénéfique pour le couple.

La motivation au changement

Au-delà de la connaissance en éthologie, en psychologie et en psychiatrie vétérinaires, c'est la compétence empathique et motivationnelle qui fait la différence entre échec et succès thérapeutique, c'est-à-dire dans l'apparition du changement homéostatique.

La motivation au changement et l'empathie du thérapeute

Qu'est-ce qui pousse les gens à changer ? Quand les gens changent-ils ? Je dis « les gens » parce que, bien entendu, ce sont les gens, les propriétaires, qui nous amènent les animaux pour un problème qu'ils ont, eux, avec les animaux. C'est donc bien les gens qui décident qu'un changement est nécessaire pour leur bien-être et, accessoirement, pour le bien-être des animaux.

Nous avons vu que des trois procédés, le thérapeute empathique, le bon document d'aide au changement personnel et l'expert non empathique, c'est le premier qui a le plus d'effets sur le changement demandé et le troisième qui a le moins d'effets. Il est donc justifié d'aider les gens en écrivant de bons livres et, si l'on décide d'entrer en interaction – d'aider les gens et leurs animaux dans une relation professionnelle –, de développer son empathie.

Être empathique ne nécessite pas d'avoir vécu la même situation que le client afin de pouvoir la revivre pour comprendre le client. L'empathie, écrit Carl Rogers[1], « nécessite une écoute attentive et compétente qui clarifie et amplifie les expériences et signifiances de la personne, sans imposer le matériel de l'intervenant ». Carl Rogers va au-delà de la simple définition de l'empathie passive quotidienne, il parle d'empathie thérapeutique active, celle qui motive[2] et facilite le changement du client.

> Le changement chez l'animal et ses propriétaires a plus à voir avec l'empathie du vétérinaire psy qu'avec son expertise !

1. Rogers C.R., 1959, *in* Miller W.R. et Rollnick S., *op. cit.*, p. 7.
2. Il parle de cette empathie qui est formalisée par William Miller et Stephen Rollnick dans l'entretien motivationnel. J'emprunte à leur livre *Motivational Interviewing* de nombreux éléments (de structure et de contenu) pertinents pour notre sujet. Miller W.R. et Rollnick S., *op. cit.*

LA MOTIVATION, DÉFINITION

L'empathie thérapeutique facilite la motivation chez le propriétaire et son animal. Faisons un petit détour par la définition de la motivation.

La motivation est l'état interne qui incite à agir, à se mettre en mouvement, à émettre un comportement. On retrouve la même racine latine *motus* de *movere* dans motivation, émotion, mouvoir et émouvoir (mouvoir en dehors, s'agiter). Les motivations sont liées aux systèmes de valeur (biologiques et cognitifs).

On observe essentiellement trois formes de motivations[1] :

— le besoin physiologique,

— le désir,

— le plaisir (et l'évitement du déplaisir).

Les besoins biologiques l'emportent sur les autres motivations. Ils visent à assurer l'homéostasie de l'organisme. Cependant, la motivation-besoin physiologique est assouvie par le déroulement du comportement et non par le rétablissement de l'homéostasie. Si le besoin vient équilibrer un *moins* (un manque), le désir est la recherche d'un *plus*. Les désirs peuvent s'exprimer quand les besoins sont couverts. Bien entendu, on retrouvera des désirs analogues aux besoins, comme le désir de manger, le désir de dormir, le désir de jouer, le désir de chasser… Le plaisir, enfin, n'est pas une motivation en soi, c'est une récompense attendue ou inattendue. Le désir du plaisir est la motivation. Le plaisir devient un facteur de motivation d'appétence et le déplaisir devient un facteur de motivation d'aversion, l'évitement du déplaisir étant un facteur de motivation lui aussi.

1. Caston J., « Psychophysiologie II », *Ellipses*, 1993, p. 40.

Si le besoin physiologique est toujours à court terme (puisque l'homéostasie est rompue et nécessite un rééquilibrage), le désir et le plaisir sont des éléments psychologiques qui peuvent varier dans le temps entre le court et le long terme.

La pyramide des motivations

Pour aller au-delà des motivations animales, et entrer dans le monde complexe des motivations humaines, nous pouvons utiliser la pyramide des besoins, ici synonymes de motivations, d'Abraham Maslow[1]. Je vous donne ici une adaptation personnelle en cinq niveaux :

1. Besoins biologiques, physiologiques : faim, soif, sommeil…
2. Besoins de sécurité : protection contre la douleur et le danger.
3. Besoins sociaux : appartenance à un groupe, recherche d'attention et d'appréciation, amour, sexualité.
4. Besoins psychologiques : estime de soi, réussite, connaissance, compréhension.
5. Besoins d'autoréalisation : beauté, création, transcendance des barrières d'identité.

Que faire avec cette pyramide ? Il faut juste prendre conscience que les besoins d'un niveau (dit) inférieur sont prioritaires à ceux d'un niveau supérieur. Pour prendre un exemple quotidien, faut-il parler de l'amour du propriétaire pour son chien quand celui-ci, hyperactif, aboie la nuit et empêche son maître de dormir ? Ne vaut-il pas mieux réduire l'hyperactivité du chien d'abord, faire dormir le chien et permettre au maître de dormir et, ensuite, lui parler d'amour ? Est-ce opportun de lui parler de la théorie que le chien puisse être un miroir des états affectifs de son

1. Maslow A., *Motivation and Personality*, Harper and Collins, New York, 1970. *In* Miller W.R. et Rollnick S., *op. cit.*, p. 285.

maître quand il y a urgence à éviter un accident par morsure sur un enfant en bas âge ?

La motivation humaine et ses trois composantes

Après le détour par les définitions, revenons à la façon de motiver le propriétaire d'un animal. La motivation peut être décomposée en trois qualificatifs : désireux, capable et prêt.

■ *Désireux de changer*

Le désir, la volonté ou même la résolution de changer dépend du degré d'inconfort du système en présence d'un problème et surtout de la différence entre l'état actuel (désagréable) et le but (agréable) tel que le propriétaire de l'animal peut l'imaginer. Le vétérinaire comportementaliste a tout intérêt à clarifier et à amplifier cette différence pour activer la motivation du client.

■ *Capable de changer*

Même si le client a un grand désir de changement, il doit encore pouvoir imaginer comment réaliser ce changement et il doit croire que c'est accessible et possible. C'est là que le professionnel peut coconstruire des méthodes simples et efficaces de changement, de telle manière que le propriétaire soit certain qu'il obtiendra des résultats, en fonction de ses propres capacités. Inutile de lui donner les solutions efficaces pour le thérapeute ; il faut absolument que les solutions soient personnalisées, façonnées, pour le système auquel elles s'adressent.

■ *Prêt à changer*

Avoir un grand besoin de changer et avoir tous les éléments de solution efficaces et un plan d'action n'est pas encore suffisant. Il faut encore que ce changement soit en haut de la liste des priorités du client. Un exemple simple vous le fera comprendre : si la propriétaire demande un traitement pour son chien hyperactif qui l'épuise, cette demande restera secondaire à l'annonce d'un cancer chez son mari ; elle va rétrograder la priorité du traitement de l'hyperactivité du chien et élever la priorité des préoccupations pour l'état de son conjoint.

WAR

En anglais, désireux se dit *willing*, capable se traduit par *able* et prêt se dit *ready*. L'acronyme de *Willing, Able, Ready* reste WAR qui signifie « guerre ».

Ces jeux de mots polyglottes sont signifiants : motiver, c'est bien faire la guerre aux croyances qui bloquent le changement pour un meilleur bien-être. Faire la guerre, c'est être prêt, à tout moment, à remettre en cause ses certitudes emprisonnantes, c'est prendre les armes contre ses préjugés, contre ses propres peurs et décrets qui empêchent le changement et la créativité.

> Motiver, c'est faire la guerre à ses peurs, détruire ses préjugés afin de libérer le pouvoir créateur qui mène au changement !

Pas de demande de changement sans ambivalence

S'il n'y avait pas d'ambivalence, il n'y aurait pas de demande de changement. En effet, l'ambivalence est autant l'accélération que le frein au changement ; sans elle, le changement aurait déjà eu lieu ! Et comme il y a ambivalence, dès que le vétérinaire favorise une solution, le client répond : « oui, mais... », et engendre une résistance. Si le thérapeute pousse sur l'accélérateur, le client pousse sur le frein !

Les propriétaires d'animaux à problèmes imaginent bien ce que pourrait être leur vie avec un chien moins hyperactif, moins anxieux ou moins agressif, avec un chat moins malpropre… mais en même temps ils ont peur que le changement exige du travail, de l'argent, du temps… que le traitement change l'animal ou change leur vie… C'est typique d'une ambivalence d'approche-évitement. Attrait pour un changement qui rend la vie plus agréable et évitement (regimbement) pour l'effort et les difficultés pour obtenir le résultat. En somme, un calcul coût-bénéfice.

Le vétérinaire psy peut travailler avec le client sur l'évaluation du coût et du bénéfice de la situation actuelle et de la situation changée.

Évaluation coût-bénéfice pour un problème d'hyperactivité chez un chien

Hyperactivité actuelle		Moins d'hyperactivité	
Coût	**Bénéfice**	**Coût**	**Bénéfice**
Épuisant.	Caractère sportif.	Prix des médicaments.	Facilité du traitement sous médicament.
Impossible à tenir en laisse.	Chien amusant.	Difficulté de la thérapie de contrôle de soi.	Promener serait de nouveau un plaisir.
Mordille et fait mal, bouscule et fait tomber les enfants.		Durée pour obtenir un résultat acceptable.	Risque de dangerosité réduit.
Il nous réveille la nuit.			Meilleur sommeil pour tous.

Il semble logique que, si les bénéfices l'emportent sur les coûts, le client sera plus motivé à s'engager dans le changement. Le travail du thérapeute est de permettre au client de verbaliser les avantages et les inconvénients des situations de changement et de non-changement, de les détailler, de les amplifier si nécessaire, afin que le client puisse faire un choix conscient dans un sens ou dans l'autre. L'intervenant est directif dans la recherche des particularités tant des bénéfices que des coûts. Le désir de guérir de l'intervenant ne doit pas supplanter la motivation du client (voir « Le réflexe d'alignement ») par une manipulation des bénéfices au détriment des coûts. L'intention est d'objectiver les éléments, non de les manipuler.

L'être humain, raisonnable ou rationnel ?

La résistance irrationnelle au changement bénéfique

Malgré une évaluation coût-bénéfice largement en faveur des bénéfices, certains propriétaires d'animaux « résistent », c'est-à-dire refusent de s'engager dans un changement que l'intervenant considère bénéfique. Et ce dernier de traiter le client de résistant, d'irrationnel ou de masochiste, perdant par ce fait même son empathie. L'être humain, malgré son nom d'*Homo sapiens*, est, dit Abraham Moles[1], « rarement rationnel, il possède une cohérence interne, des tables de valeurs, des ressources qu'il doit, vaguement, optimiser à chaque instant ». Il est par contre le plus souvent raisonnable, soumis à « ce sentiment de n'être pas aux prises avec le hasard de la déraison, d'agir avec une certaine consistance mentale... ».

1. Moles A., *op. cit.*, p. 294-295.

L'être humain n'agit pas avec logique mais avec infralogique[1], c'est-à-dire avec présomptions et inférences hypothétiques – et souvent de bon sens – mais rarement précises et correctes (et donc logiquement erronées). Le client apparaît surréaliste ou paradoxal au thérapeute, sûr, lui, d'être rationnel, mais pourtant soumis lui aussi à ses modèles du monde et à sa propre consistance mentale (à sa raison plus ou moins raisonnante). Face à ce surréalisme, il n'y a rien à faire sinon accepter que le client fonctionne avec d'autres infralogiques que les siennes. Je reviens à cette image de la consultation comme une collision de modèles du monde ; l'empathie du thérapeute fait abstraction du jugement du modèle du monde d'autrui ; même si le thérapeute n'utilise pas ce modèle pour construire sa propre vie, il accueille le modèle de la vie d'autrui et s'y plonge (avec acceptation) pour aider l'autre.

> L'être humain est plein de bon sens, c'est-à-dire qu'il est illogique ; le surréalisme dirige sa vie. La consultation de comportement sera un miroir de la vie : illogique et surréaliste, mais pleine d'empathie et de respect.

▪ *Empathie et éthique*

Clients et thérapeutes ont des agendas et des éthiques différents. L'empathie, c'est accepter et respecter l'éthique d'autrui (sans pour autant être d'accord). Cependant il n'y a aucune raison de se mettre dans des situations inconfortables, et le spécialiste consulté a le droit de refuser de travailler dans des situations qu'il considère immorales. C'est à lui de définir les cadres de ce qu'il peut accepter.

---

1. L'infralogique est inductive, la logique est déductive. L'infralogique est « un ensemble de régularités énonçables de l'esprit dans son fonctionnement et dans son appréhension des phénomènes extérieurs à lui », Moles A., *op. cit.*, p. 119.

Si le professionnel veut imposer son éthique au client, il risque de déclencher un blocage et une réactance[1], c'est-à-dire une résistance à l'influence du thérapeute pour marquer un refus d'une restriction de sa liberté de choix !

COMMENT ÉVITER LA DÉMOTIVATION ?

Le vétérinaire n'est-il pas l'expert, c'est-à-dire celui qui a étudié quelques centaines d'heures et a acquis un diplôme démontrant ses connaissances ? N'a-t-il pas raison ? N'a-t-il pas les solutions ? Si le client appliquait simplement les conseils qui lui sont donnés et administrait le médicament prescrit, l'animal n'irait-il pas mieux et le confort de son propriétaire ne serait-il pas accru ? Et si le client vient nous voir, n'est-ce pas pour qu'un spécialiste lui donne les solutions ? Tout cela est très logique et pourtant dysfonctionnel en thérapie. Voici, dans le même ordre d'idées, cinq pièges à éviter en médecine vétérinaire comportementale[2].

Ne pas argumenter

Plus on cherche à persuader, moins on résout l'ambivalence existentielle du client, plus on provoque de résistance et de réactance. Un vétérinaire comportementaliste ne travaille pas rationnellement mais raisonnablement et avec empathie. Toute argumentation facilitant la démonstration que le bénéfice du changement est tellement évident (qu'on ne comprend pas pourquoi le propriétaire de l'animal ne s'y est pas engagé plus tôt) par rapport aux coûts n'entraînerait qu'une réaction de « oui, mais... » accompagnée de la contre-argumentation.

---

1. *Grand Dictionnaire de la psychologie*, Larousse, Paris, 1999, p. 773.
2. Miller W.R. et Rollnick S., *op. cit.*, p. 50

La théorie d'autoperception[1] selon laquelle s'entendre parler, c'est apprendre ce que l'on croit, permet de comprendre que le client croit ce qu'il (se) raconte et non ce que le thérapeute lui dit.

Si vous faites un exercice d'introspection, vous vous rendrez rapidement compte que, si quelqu'un argumente contre vous, vous vous sentez dévalorisé et soumis à son autorité et à son expertise supérieure, ce qui n'est jamais agréable. Il en est de même pour les propriétaires d'animaux qui viennent consulter le vétérinaire psy.

■ *Ne pas jouer à l'expert*

Jouer à l'expert, c'est faire croire que nous savons, que nous avons les réponses... C'est expliquer avec force détails à quel point nous connaissons notre affaire, à quel point nous sommes bons et compétents, c'est tartiner nos aptitudes et, dès lors, prendre une position haute et abaisser le client, même inconsciemment. C'est aussi bien souvent réagir avec rationalité là où le client parle d'émotions et de sentiments, c'est-à-dire parler avec soi-même et non avec le client. Manifestement, trop d'expertise nuit à la thérapie !

■ *Ne pas critiquer, reprocher, rendre honteux...*

Critiquer démontre le savoir et le jugement du vétérinaire psy qui, en fait, menace son client, l'agresse, l'accule dans la honte et la culpabilité de ne pas savoir ou de ne pas vouloir changer, de prendre éventuellement des risques indus pour ses proches et la société. Imaginez combien cela vous ferait plaisir d'être à la place

---

1. « Comme je m'entends parler, j'apprends ce que je crois », Bem D.J., « Self-perception : an alternative interpretation of cognitive dissonance phenomena », *Psychological Review*, 74, 183-200, *in* Miller W.R. et Rollnick S., *op. cit.*, p. 21.

du client maltraité de la sorte ? « Bien entendu, votre chien a mordu le visiteur ; vous n'aviez pas pris les mesures de sécurité qui s'imposent. Combien de temps allez-vous encore attendre pour enfin prendre les mesures de sécurité minimales, pour... faire quelque chose ? » Si le vétérinaire ne l'a pas dit, ne l'a-t-il pas pensé ?

Ne pas être pressé

Être pressé est très relatif ; on peut faire des consultations de moins d'une heure et prendre tout son temps ou faire des consultations de deux heures et être pressé (ou pressant mais pas empressé) !

Si le vétérinaire comportementaliste veut absolument que toutes les questions de son questionnaire soient traitées, il sera pressé et pressant, et il y a peu de chances qu'il écoute son client et regarde le chien ou le chat. Mais il peut écouter avec compétence et attention sans demander toute la sémiotique (l'ensemble des signes et des symptômes). Il vaut mieux prendre son temps à écouter le client, comprendre ses demandes et établir son niveau de motivation que de savoir si son chien mange avant ou après lui. Somme toute, cela ne sera peut-être d'aucun intérêt ni sémiotique ni thérapeutique (si ce n'est de faire plaisir au thérapeute en mal de questions essentielles).

Ne pas affirmer que l'on sait mieux que l'autre

Le pire qui puisse arriver lors de la consultation, c'est que le client sente que le thérapeute est paternaliste et qu'il reçoive de sa part le message : « Je sais mieux que vous ce qui est bon pour vous ! » Le client qui consulte sait très bien que le spécialiste a plus de connaissances que lui ; il ne sait pas très bien pourquoi il vient sauf qu'il a un problème et qu'il cherche des solutions ; cependant il n'a nullement envie de se faire répéter ce truisme ni même de se faire imposer des solutions (des jugements) comme un gamin pris en flagrant délit de sottise.

Comment activer la motivation ?

Il y a, suivant Miller et Rollnick, quatre étapes :
— exprimer de l'empathie,
— amplifier l'écart entre coûts et bénéfices (aux profits des bénéfices du changement),
— voguer avec la résistance,
— soutenir l'efficacité personnelle (et l'autonomisation).

■ *Exprimer de l'empathie*

Répétons une fois de plus qu'exprimer de l'empathie, c'est comprendre les états affectifs (émotions, sentiments et humeurs) et cognitifs (ses perspectives, son éthique, ses règles, sa vision du monde…) d'autrui sans jugement ni critique, ni approbation ou désapprobation. C'est l'acceptation des gens comme ils sont, sans pour autant être d'accord ou adopter son point de vue pour soi-même. L'acceptation, donc l'empathie, est un acte d'amour (universel).

■ *Amplifier l'écart entre coûts et bénéfices (aux profits des bénéfices du changement)*

L'entretien va révéler la situation actuelle, et l'intervieweur peut faire prendre conscience des aspects (affectifs, cognitifs, systémiques…) de cette situation ainsi que de ceux de la situation désirée. Idéalement, c'est le client qui va exprimer lui-même les éléments des coûts et des bénéfices, évaluant lui-même l'écart entre les deux situations, la situation actuelle et la situation qu'il imagine possible après changement. Personne d'autre que lui ne peut concevoir cette situation imaginaire (idéalisée) qui sera atteinte après changement.

Voguer avec la résistance

La résistance est révélée lorsque le propriétaire exprime des « oui, mais... ! », lorsqu'il argumente une expression, lorsqu'il interrompt le vétérinaire ou l'ignore et change de sujet, lorsqu'il joue la victime de la situation, lorsqu'il montre un pessimisme face aux stratégies évoquées, lorsqu'il fait un déni de problème (de risque)...

C'est au thérapeute de voguer avec la résistance sans s'y opposer, en l'acceptant, en la rephrasant, en proposant d'autres alternatives... mais sans argumenter. En fin de compte, le spécialiste n'a pas à inventer toutes les solutions et c'est au client que revient la décision finale de faire un pas dans la direction du changement ou de ne rien faire et rester avec sa situation à problèmes. Au pire, l'entretien lui aura permis de prendre conscience qu'il choisit délibérément sa situation de vie.

Soutenir l'efficacité personnelle (et l'autonomisation)

Nous avons deux approches possibles dans le changement avec les animaux de compagnie. La première est la prise en charge de l'animal et de ses changements sans l'investissement de son propriétaire, à l'aide de différents professionnels, comme des éducateurs canins spécialisés, par exemple. Pour le chat, nous n'avons pas encore d'éducateurs félins spécialisés. L'autre approche est de rendre le propriétaire de l'animal autonome et compétent, ce qui nécessite son investissement personnel dans le changement. Dans ce cas, les changements doivent être individualisés, taillés sur mesure pour les compétences du client, et lui permettre à tout moment d'avoir confiance dans ses capacités de réaliser les changements. C'est ici que l'on imagine des thérapies par objectifs progressifs, chaque étape étant acceptable et acceptée – et maîtrisée – par le client.

LES ÉTAPES DU CHANGEMENT

Le vétérinaire psy imagine souvent qu'un propriétaire qui vient le voir est prêt au changement et que tout ce qu'il demande, c'est un coup de pouce dans l'élaboration de techniques de traitement. Cependant, comme nous l'avons vu en début de chapitre, tous les maîtres d'animaux ne sont pas prêts à changer. Les animaux, eux, on ne leur demande même pas leur avis ; le changement leur est imposé. Cela n'empêche pas qu'il faille les motiver si on désire les voir changer.

Les clients ne sont pas tous au même niveau de disposition au changement.

Il y a plusieurs étapes de disposition au changement[1] dont voici le cycle :

— précontemplation,
— contemplation,
— préparation,
— action,
— maintenance et récidives,
— reprise du cycle.

1. Prochaska et DiClemente ont publié plusieurs articles sur ce sujet – et sur leur modèle transthéorique – et je leur emprunte ces éléments sur les étapes du changement. Voir Prochaska J.O., DiClemente C.C., « Transtheoretical therapy : toward a more integrative model of change », *Psychotherapy : Theory, Research and Practice*, 19, 276-288. DiClemente C.C., Velasquez M.M., « Motivational interviewing and the stages of change », *in* Miller W.R. et Rollnick S., *op. cit.*, p. 201-216.

La précontemplation

Le propriétaire de l'animal :
— n'a pas conscience du problème,
— n'est pas désireux de changer,
— n'a pas le courage de changer ou est résigné,
— estime que les coûts du changement excèdent les bénéfices.

À ce stade, il n'est pas utile de lui proposer des solutions. Par contre, il est intéressant de lui faire évaluer les coûts et les bénéfices et d'amplifier leur écart.

La contemplation

Le propriétaire de l'animal :
— reconnaît qu'il y a un problème,
— envisage qu'il faudrait trouver des solutions à ce problème,
— cherche à comprendre le problème, à déterminer les causes et déclencheurs,
— accumule des informations sur les solutions à envisager,
— est très ambivalent au sujet de ce problème.

À ce stade, le propriétaire est intéressé mais n'est pas encore prêt. Pour faire basculer l'ambivalence, il convient qu'il voie mieux les bénéfices du changement et, surtout, qu'il estime la faisabilité du changement et ses propres compétences à assurer un changement sans récidive.

La préparation

Le propriétaire de l'animal :
— est presque prêt au changement,
— a besoin d'un plan de changement, de pouvoir établir des stratégies à court et à long terme, de savoir à quoi il va s'engager,

— a tout ce qu'il faut, y compris un plan, mais hésite à faire le premier pas.

À ce stade, le propriétaire a besoin d'un plan d'action taillé sur mesure et qu'il estime efficace et sans faille ; il doit pouvoir en dessiner toutes les étapes et se sentir soutenu à la moindre hésitation.

- *L'action*

Le propriétaire de l'animal :
— agit, met le plan en action, fait les premiers pas,
— ne voit pas encore les effets du changement.

À ce stade, le propriétaire a besoin de renforcement positif, d'encouragements, d'évaluation objective des changements et de sécurité dans l'autonomisation du processus de changement. Il ne veut pas se sentir dépendant d'un système d'aide, mais désire affirmer son indépendance et prendre les crédits du changement.

- *La maintenance et les récidives*

Le propriétaire de l'animal :
— peut s'essouffler de maintenir un effort constant pour obtenir une stabilisation et pas plus de changement,
— peut constater des récidives dans les problèmes (cela lui a été annoncé),
— peut subir des vicissitudes de la vie qui influencent les effets des efforts réalisés,
— peut perdre de vue les efforts réalisés et l'évaluation du coût et des bénéfices,
— peut s'être habitué aux bénéfices du changement et ne plus percevoir ce changement.

À ce stade, le propriétaire nécessite un support occasionnel pour lui objectiver les changements réalisés et l'encourager à stabiliser ces effets tout en s'acceptant totalement dans toute phase de récidive partielle.

La reprise du cycle

Après la réalisation d'un cycle, le propriétaire de l'animal peut recommencer un nouveau cycle avec un nouvel objectif.

Pour résumer, voici un tableau qui met en corrélation le cycle de changement et les qualificatifs de motivation au changement « désireux, capable, prêt », vus en début de chapitre.

Motivation en fonction du stade de changement

Stade de changement	Motivation au changement		
	Désireux	**Capable**	**Prêt**
Précontemplation	Non	Non	Non
Contemplation	Oui	Non	Non
Préparation	Oui	Non	Oui
Action	Oui	Oui	Oui

Le flux et l'adéquation des stratégies d'action

L'avantage de l'entretien motivationnel, c'est que les stratégies d'action vers le changement sont coconstruites et, donc, adaptées directement aux compétences de la personne qui consulte. Lors d'une stratégie proposée ou imposée, on se trouve souvent en inadéquation avec les compétences du client et on peut induire des réactions inattendues de stress, d'ennui ou d'inhibition.

C'est ce qui a été bien démontré par la théorie du flux[1], le flux étant synonyme de motivation. Le schéma suivant figure en abscisse la maîtrise (compétence) de l'individu et en ordonnée les exigences (la complexité) de la situation environnementale.

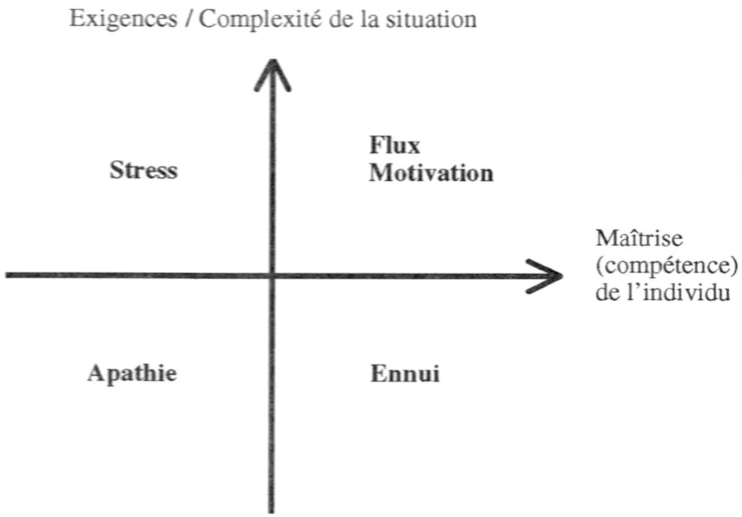

On observe que les axes divisent le graphique en quatre sections :

— la motivation (ou le flux) se retrouve seulement lorsqu'on met en résonance la complexité d'une situation avec les compétences de la personne,

— les autres situations entraînent du stress, de l'apathie ou de l'ennui, c'est-à-dire une inhibition de l'action.

1. Csikszentmihaly M., *Living Well*, Phoenix, Londres, 1997, *in* André C., *Vivre heureux*, Odile Jacob, Paris, 2003, p. 124-125.

Ce graphique peut être utilisé autant pour le vétérinaire, pour le propriétaire et pour l'animal. Le professionnel a besoin de cas cliniques à la hauteur de ses compétences, et plus il maîtrise les connaissances et l'empathie, plus il peut – et désire – progresser vers des cas complexes.

Le propriétaire de l'animal a besoin de stratégies d'action en résonance avec ses compétences et c'est à l'intervenant de lui donner progressivement un accroissement de compétences afin qu'à tout moment le client soit convaincu de son autonomie d'action dans le changement. Inutile de prescrire de réaliser un contre-conditionnement à un propriétaire qui ne peut faire asseoir son chien à la demande, c'est stressant ! Inutile de demander de faire un assis à la demande à un chien champion d'agility, c'est ennuyeux tant pour le maître que pour le chien !

L'animal a lui aussi besoin d'un milieu et d'activités à la hauteur de ses aptitudes. Un environnement hypostimulant active les problèmes d'agression – et d'autoagression – du chat haret forcé d'habiter en appartement (en réaction à l'ennui) ; un environnement hyperstimulant facilite le stress du chien ayant vécu son enfance dans un milieu trop calme.

Adapter les exigences aux compétences, c'est être dans le flux ou la motivation. La consultation de comportement apporte des stratégies de changement efficaces quand elles se situent dans le flux.

Se motiver et motiver à bon escient !

Pour conclure ce chapitre sur la motivation, que faut-il retenir ? Prioritairement qu'il faut, quand on est vétérinaire psy, développer son amour-acceptation d'autrui, c'est-à-dire son empathie, son écoute attentive... et qu'on peut ajouter à cette base indispensable quelques manières d'être et de faire dans l'évaluation de la motivation du maître et de son animal et quelques techniques dans l'entretien au cours de la consultation. En fait il s'agit surtout :

— d'être, essentiellement, empathique...,
— de faire, particulièrement, découvrir au client ses motivations, ses ressources, ses compétences, son autonomie...,
— d'avoir, réellement, l'esprit ouvert et l'écoute attentive... en plus d'une connaissance minimale de la psychiatrie vétérinaire.

Et puis, je vous dirai ceci : « Évitez de vouloir guérir à tout prix ! » Laissez les gens vivre ce qu'ils ont à vivre et aidez-les en fonction de leurs demandes. Bien entendu, c'est à moi que j'écris cette recommandation.

CHAPITRE 6

Les enjeux de la première consultation comportementale

Un golden retriever sur la défensive

À 15 heures exactement, la sonnette retentit. Entrent une jeune femme, sa mère et une chienne golden retriever de 8 ans. La mère reste le temps de dire bonjour et ressort : « Je laisse ma fille vous expliquer la situation ; je vais attendre dans la voiture. » Avant de s'asseoir, la jeune femme me dit : « Je dois vous dire que Zig ne supporte pas d'être touchée ou caressée ; elle mord. » Ce à quoi je réponds : « Alors, je ne la toucherai pas et nous nous entendrons bien ! »

La demoiselle prend place sur le sofa et sort de son sac une série de feuillets couverts de notes. La chienne se couche à ses pieds et sort d'une corbeille une balle de caoutchouc qu'elle se met à ronger. Je m'assieds en face de la demoiselle, la chienne nous séparant, et je prends une fiche et un stylo. Tout le monde semble prêt pour ce qui va suivre. Pourtant, la consultation a déjà commencé, j'ai déjà une idée du diagnostic, je connais déjà certaines tendances du système familial. Le tableau est déjà dressé. Et pourtant seulement deux minutes se sont écoulées.

Pourquoi la mère est-elle sortie ? En général, les mères qui conduisent leur fille restent à la consultation. N'est-elle pas curieuse ? La jeune femme revendique-t-elle son autonomie ? Elle prévient que la chienne peut mordre. A-t-elle vécu un incident la poussant à informer de la dangerosité de la chienne ? Et elle semble avoir cerné le contexte du problème : la chienne mord si elle est touchée ; c'est une agression réactive, défensive ; la jeune femme sait que la chienne ne mordra pas si on ne la touche pas. Elle a donc déjà les solutions. Qu'attend-elle de moi alors ? Je ne me doute pas encore de la direction que va prendre la consultation.

« J'ai vu une communicatrice intuitive... » Cela m'intéresse ; j'ai travaillé avec des communicateurs intuitifs qui reçoivent des informations sur l'animal – qui pensent en fait que l'animal leur parle – et certains reçoivent des informations très pertinentes. J'ai moi-même participé à des séminaires de formation dans le domaine ! Je suis en terrain connu. « Elle a dit que Zig "était attachée à une lignée où il y avait des problèmes de manipulation génétique, qu'il y avait une faille, et qu'une aide d'un très haut niveau de conscience était là pour l'aider, et que c'était au-dessus de son niveau à elle". Elle a donné des soins à Zig et m'a dit que je devais travailler sur moi-même.

— Ce que vous faites ?

— Oui, j'ai vu un kinésiologue, qui était intéressé de travailler avec Zig, puis il m'a proposé de travailler avec moi. Et je vais voir un psychothérapeute dans quelques jours.

— Au téléphone, au moment de la prise du rendez-vous, vous m'aviez dit que la chienne était sous médication. Donc vous avez vu un vétérinaire. Vous êtes suivie par un vétérinaire, une communicatrice et un kinésiologue. Que puis-je faire de plus ? Qu'attendez-vous de moi ?

— Je voudrais avoir votre avis consultatif. »

En d'autres mots, elle voudrait un autre avis, plutôt un diagnostic, mais pas spécialement un traitement. En précisant, la question est de savoir si la chienne souffre d'un problème d'origine génétique ou d'origine environnementale. La réponse est évidemment une combinaison des deux. Cependant, l'agression de défense, par irritation ou par peur, c'est-à-dire quand un intrus pénètre dans la distance proche de l'animal qui se sent en insécurité, est bien connue chez le golden retriever et est bien liée à des facteurs génétiques. J'en parle à la propriétaire.

Elle me décrit quelques incidents avec morsure. La chienne mord avec contrôle 5 fois sur 8, c'est dire qu'en 3 mois après l'adoption en SPA elle a mordu 8 fois dont 3 fois en faisant des trous, toujours dans la main, toujours dans les mêmes contextes de caresses. Le problème, c'est qu'il n'y a aucune prévisibilité aux morsures, pas un grognement, pas un retroussement des babines, rien. Par contre, la propriétaire ne sait pas s'il y a un raidissement du corps ; elle va observer. Et, d'autre part, chaque fois qu'elle a été mordue, c'est quand elle a caressé la chienne tout en pensant à autre chose.

Je peux travailler sur cette idée et sur les miroirs entre la chienne et sa maîtresse en kinésiologie. Comme elle est déjà encadrée par plusieurs intervenants, une séance de kinésiologie peut être réalisée plus tard à sa demande.

Une consultation de comportement est consommatrice de temps et d'énergie. Je préfère, pour cette raison, aller directement dans le vif du sujet et ne pas laisser mes clients cadrer la consultation et parler de sujets divers ; même si je mets en place le lien thérapeutique, je reste gentiment directif ! Voici quelques points importants qui méritent d'être accentués.

Le début de la consultation

Le début de la consultation sert à établir le contact, le lien et le mandat. Une fois les informations administratives consignées, je propose de donner aux clients quelques minutes pour exprimer librement les problèmes, leurs plaintes et leurs demandes, préciser celles-ci et définir le mandat. Sans mandat, il n'y a pas de contrat concevable et, donc, pas de collaboration possible.

La première question

Le propriétaire qui vient vous trouver, qui prend un rendez-vous, qui s'est informé au préalable que vous vous occupiez de comportement, ce propriétaire a « une idée derrière la tête » ou plutôt dans la tête ; il a des questions ou des problèmes et il recherche des réponses et/ou des solutions. Il faut lui donner la parole afin qu'il puisse exprimer ce qu'il a à dire.

Comment lui donner la parole ? J'ai différentes formules, suivant les gens, les circonstances et l'intuition du moment. Je peux dire : « Je vous écoute ! », ou « Que se passe-t-il ? », ou « Quels sont les problèmes ? ». Cette tournure implique l'hypothèse qu'il y a des problèmes, ce qui est assez logique, sinon pourquoi viendrait-on consulter ?

La question : « En quoi puis-je vous être utile ? », « Qu'attendez-vous de moi ? » ou « Pourquoi venez-vous voir un vétérinaire comportementaliste ? » met l'intervenant en situation d'expert ;

elle implique qu'il pourra apporter une aide et permet généralement l'énoncé des problèmes. De plus, cette question pose la relation comme une transaction, propice à la rédaction d'un contrat.

L'expression « Qu'allons-nous essayer de résoudre ensemble ? » place l'intervenant et le client sur la même position et souligne l'obligation de coopération.

Je ne dis jamais : « Quels sont *vos* problèmes ? » ou « Quels sont les problèmes *de l'animal* ? » ; ce serait incriminer que les problèmes appartiennent au client ou à l'animal, que l'un est responsable et l'autre la victime. Étant systémicien, je sais que les problèmes appartiennent au système, et pas exclusivement à un de ses composants.

La plainte indispensable

Quand le propriétaire d'un animal consulte un vétérinaire psy, c'est rarement pour vanter les qualités comportementales de son animal mais bien pour se plaindre des comportements de l'animal, des nuisances de vivre avec l'animal, des difficultés à se faire entendre et comprendre par – ou de comprendre – l'animal, malgré tout l'amour qu'ils se portent mutuellement.

En moyenne, le client va se plaindre pendant 90 secondes ; cela varie, bien entendu, de quelques secondes à quelques minutes, mais cela déborde rarement les 5 minutes. Sur le temps global de la consultation comportementale, c'est insignifiant. Sur le plan du bien-être du propriétaire, c'est fondamental. Sur le plan des informations sur l'état psychologique et émotionnel du propriétaire, c'est abondant. Pourquoi s'interdirait-on de concéder au maître de l'animal un bien-être nécessaire et se priverait-on de recevoir des informations pertinentes sur l'état émotionnel du système familial ? Laissons donc le client exprimer ses plaintes ! Cela lui fait du bien et ne consomme que peu de temps de consultation. D'autre part, si le client n'a pas l'occasion de se plaindre, de vider ce qu'il a sur le cœur, il sera frustré, ennuyé, désappointé, voire dans l'antagonisme, pour le reste de la consultation. Tout le monde a tout à gagner à exprimer ses sentiments.

L'EXPOSÉ DES PROBLÈMES

Il est rare qu'une personne qui consulte dise : « Mon chat présente les problèmes suivants, dans l'ordre d'importance : 1– il urine sur le divan, 2– il court en tous sens à 20 heures, 3– il attaque les chevilles de ma femme, je crois que c'est pour jouer. » Si le client posait ses demandes en ce sens, on gagnerait du temps.

Certains propriétaires d'animaux commencent en disant qu'ils ont acquis le chat chez un voisin à l'âge de 12 semaines, qu'il vivait dehors, qu'ensuite ils ont décidé de garder le chat à l'intérieur exclusivement, dans un appartement de 80 mètres carrés… Impossible de savoir à ce stade si ces informations ont un quelconque intérêt avec les problèmes du système et surtout si elles donnent des solutions pour proposer des changements. Dès lors, j'arrête toujours les gens en leur demandant : « Oui, nous allons revenir là-dessus, mais pour savoir si c'est important ou non, je voudrais connaître la liste des problèmes qui se posent aujourd'hui ! »

Si mes clients ne comprennent pas pourquoi je désire que l'exposé des problèmes précède celui de l'historique, je rephrase. S'ils ne comprennent toujours pas (c'est que je me suis mal exprimé), je les laisse faire à leur guise pour conserver la relation thérapeutique.

Une fois que les différents problèmes rencontrés ont été exposés, je demande : « Et quoi encore ? » Généralement le propriétaire de l'animal me regarde avec un air étonné qui semble dire « Vous trouvez que ce n'est pas suffisant ? ». Le « Et quoi encore ? » apporte d'autres problèmes qui constituent parfois... la vraie demande et, de toute façon, enrichit la sémiotique, le tableau clinique.

Ensuite, j'aime bien hiérarchiser l'importance des problèmes en demandant lequel est le plus important et lequel est le plus négligeable. Si le propriétaire a du mal à répondre, je lui dis : « Si nous ne pouvions résoudre qu'un seul de ces problèmes, lequel serait-ce ? »

L'intervenant peut aussi demander de situer chacun des problèmes dans une *échelle* de 0 à 10, de 0 à 7 ou l'échelle de son choix. L'échelle de 0 à 10 est simple, les gens sont généralement habitués à une évaluation décimale. L'échelle de 0 à 7 est plus étonnante, surprend, s'adresse alors au cerveau droit, limite la réflexion et permet des réponses plus spontanées ; elle évite d'avoir un milieu, le propriétaire ne répondant jamais « trois et demi » mais bien 3 ou 4, situant le problème au-dessus ou en dessous de la moyenne.

Une fois les problèmes hiérarchisés, j'aime répéter ce qui m'a été dit pour montrer que j'ai bien entendu, bien écouté et bien compris. Si le propriétaire rajoute un problème, je classifie à nouveau. La répétition doit utiliser autant que possible les mots du client, son langage : « Vous dites que votre chien est dominant, qu'il détruit votre fauteuil lorsque vous vous absentez l'après-midi... » On peut aussi d'emblée reformuler : « Le chien détruit, c'est un fait ; dire qu'il est dominant, c'est poser un diagnostic et à ce stade de la consultation c'est trop tôt pour l'affirmer. Nous allons y revenir ! »

Lors de la répétition, il vaut toujours mieux insister sur les faits, non sur les interprétations, et utiliser les mots du client, j'insiste.

Reformuler avec d'autres mots peut être une technique volontaire afin de recadrer un problème, de susciter de nouvelles réflexions. À ce stade, il est préférable de n'en rien dire. Il est tout à fait probable que celui-ci fait de même avec vous et qu'il teste vos compétences en utilisant des mots choisis. C'est pourquoi il est plus aisé de se comprendre sur des faits concrets que sur des interprétations. Pour reprendre l'exemple cité quelques lignes plus haut, on peut s'accorder sur le fait concret : « Le chien a détruit le fauteuil », et on analysera les destructions en détail et, si possible, on observera cela sur des photographies ou des vidéos. Mais que le chien soit dominant, cela reste à diagnostiquer.

Écrire les questions et les problèmes de façon hiérarchisée est intéressant pour le suivi et l'évaluation des modifications de comportement. On reviendra sur chacun de ces points à chaque visite de suivi. Les problèmes eux-mêmes seront les éléments de base du questionnement détaillé dans la partie de la consultation orientée sur la sémiotique.

Les demandes et les objectifs

Les attentes des propriétaires face au vétérinaire psy

En même temps que je répète les problèmes suivant l'ordre établi par le propriétaire de l'animal, je demande : « Qu'attendez-vous de moi et dans quel délai ? »

La plupart des propriétaires donnent une réponse congruente avec la hiérarchisation des problèmes, ajoutant une dimension importante au mandat thérapeutique : le temps. Qu'importe si l'animal et le système sont en souffrance depuis longtemps, le temps pour résoudre les difficultés doit être fixé. Si le propriétaire dit : « Le plus rapidement possible », le vétérinaire psy doit faire des propositions chiffrées. On ne peut pas rester dans le doute. Que signifie pour cette personne « le plus rapidement possible » : trois jours, trois mois ?

Une fois le délai déterminé, j'aime aussi établir au plus vite quel serait le pourcentage d'amélioration obligatoire. Faut-il 100 %, ou 60 % suffiraient-ils dans le délai imparti ? Par exemple, le thérapeute peut poser la question : « Faut-il 100 % d'amélioration en 3 jours, ou 60 % en 3 mois seraient-ils suffisant ? », et préciser pour quel type de problème. Ce genre de question apporte quasiment toujours une réponse.

Les demandes exprimées en termes de comportements

Il n'y aura pas de réponse traitable si la demande est floue. Des demandes du type : « Mon chien est anxieux » ou « Mon chat est malheureux... », sont trop vagues pour que le vétérinaire puisse y faire quoi que ce soit.

« Mon chien est anxieux », dit pourtant ce maître. Une des réponses possibles est alors : « Anxieux ? Que fait-il qui vous fait penser qu'il est anxieux ? » Le but est d'obtenir des descriptions de comportements spécifiques. Améliorer un chien anxieux ou malheureux est toujours possible dans la tête d'un vétérinaire psy, mais c'est impossible à évaluer par la suite, son propriétaire pouvant revenir sans cesse avec des comportements préoccupants. Il faut que les problèmes soient décrits en termes de comportements.

S'il n'est pas possible de décrire les problèmes ou les objectifs en termes de comportement, que faire ? Ce couple de personnes âgées me consultait parce que son chien s'isolait et se pelotonnait dans un coin du grenier pendant deux heures par jour (depuis 6 mois) et qu'il était plus menaçant avec les autres chiens (depuis un an). Son objectif était : « Nous désirons que notre chien soit plus serein ! » Je n'ai pas pu lui faire formuler un avis plus pratique et j'ai prescrit de la sertraline pour réduire le niveau anxieux du chien. Quand l'objectif est général et du niveau de l'humeur ou des émotions, le plus facile est de prescrire un médicament stimulant de l'humeur, de laisser agir 4 à 6 semaines et de voir ensuite ce qui reste comme symptômes pour travailler sur les comportements résiduels.

À partir du moment où les objectifs sont décrits en termes de comportements, il faut qu'ils soient réalisables. Résoudre un problème d'agression de prédation d'un chien de grande taille à l'égard de chiens de petites tailles et/ou de chats n'est pas réellement un objectif réalisable. Si c'est la seule demande et le seul objectif, je signale que le processus risque d'être (très) long et sans garantie de succès. Si le propriétaire d'un tel chien marque un doute, je refuse le mandat directement ; s'il accepte les conditions, je consens à m'engager.

Si les objectifs doivent être réalisables – et donc réalistes – il faut aussi qu'ils puissent être mis en pratique par le maître et son animal. Pour prendre un exemple simple, faire marcher en laisse un chien hyperactif n'est pas difficile pour moi ou pour un éducateur, mais bien pour une dame qui souffre d'un handicap moteur du fait d'une hanche artificielle, de vertiges ou d'autres difficultés, y compris simplement en raison du fait que le chien et sa maîtresse ont la même masse et que dès lors leurs poids respectifs sont à l'avantage du chien. Je rappelle ici que le poids est une force égale au produit de la masse par l'accélération et que la capacité d'accélération d'un chien dépasse toujours celle d'un humain…

Les objectifs réalistes et réalisables par le système

Dans l'évaluation des objectifs, tant en début qu'en cours de consultation, le thérapeute vétérinaire doit évaluer toutes les motivations et les ressources du système. Si la thérapie comportementale ne peut être appliquée par la femme, peut-être peut-elle être réalisée par son mari, par un enfant, par un ami de la famille, par un éducateur expert ? Il faut que ce type de thérapie puisse être cessible, bien entendu. Cela dit, on ne peut jamais déléguer à quelqu'un d'externe au système la responsabilité de régler un problème de hiérarchie inhérent au système. Malgré cette logique, de nombreux troubles de l'adaptation d'un chien à l'organisation d'une famille sont cédés pour résolution à un tiers, le chien étant placé quelques jours en pension de rééducation chez un expert ; au retour, bien entendu, le chien reprend rapidement ses habitudes, le système n'ayant pas été changé...

Si l'objectif est réalisable, réaliste dans le système concerné, il faut encore qu'il soit respectueux de l'entourage. Améliorer un chien anxieux et inhibé est possible, mais pas au risque de développer de l'agression et donc de faire courir des risques au système familial dans lequel évolue ce chien ni au système social au sens large, c'est-à-dire de mettre en danger la sécurité publique.

Et ce n'est pas encore fini ! Outre toutes les qualités décrites, l'objectif doit être interactionnel, ce qui signifie qu'il doit dépendre de l'interaction entre le maître et son animal. Si l'objectif dépend du changement de comportement de l'animal exclusivement, d'un conjoint ou d'un voisin, il devient irréalisable.

« Si mon mari se comportait en chef de meute, nous n'aurions pas tous ces problèmes... ! »

« Si mon chien arrêtait d'agresser les autres chiens, je pourrais l'emmener au club faire avec lui de l'agility ! »

« Si ma femme arrêtait de le couver, ce chien serait moins agressif ! »

« Je sais bien que mon chat doit prendre les médicaments prescrits, mais mon mari refuse – et m'interdit – de les lui donner ! »

Dans ces quelques exemples, l'objectif – c'est-à-dire le changement – dépend de la bonne volonté d'un tiers. C'est irréalisable. Le travail d'expert cesse automatiquement. Il peut être remplacé par l'écoute empathique, suivant le désir de chacun, mais il ne s'agit plus du mandat de la consultation.

Les demandes exprimées sous forme de solutions

Finalement, comme le précisent Cabié et Isebaert[1], « les objectifs décrivent la présence d'une solution plutôt que l'absence d'un problème ». Les demandes du style : « Je veux que mon chien ne soit plus agressif », ou « Je veux que mon chat ne soit plus malpropre », ou « Je veux que mon perroquet arrête de s'arracher les plumes », ou « Je veux que mon cheval ne morde plus », sont des demandes légitimes mais impossibles. Il est dans la nature du chien d'agresser, du chat d'uriner, du perroquet de s'arracher quelques plumes et du cheval de mordre. Le vétérinaire psy ne peut pas garantir qu'un comportement spécifique ne se produise plus. Il peut faciliter l'apprentissage d'un comportement alternatif. Mais cela fait déjà partie des stratégies thérapeutiques dépendant du modèle thérapeutique de l'intervenant. Mon avis est que, si quelqu'un, humain ou animal, produit un comportement, c'est qu'il a de bonnes raisons pour le faire et qu'il n'a probablement pas d'alternatives. Tenter de lui supprimer ce comportement est voué à l'échec si on ne lui propose pas une ou plusieurs alternatives.

Je préfère dès lors que l'objectif soit défini en termes d'alternatives (solutions) plutôt qu'en termes d'arrêt ou de suppression d'un comportement (absence d'un problème).

---

1. Cabié M.-C. et Isebaert L., *Pour une thérapie brève (Le libre choix du patient comme éthique en psychothérapie)*, Érès, Ramonville Saint-Agne, 1997.

Le cerveau ne peut visualiser le négatif. L'exemple classique est le suivant : « N'imaginez pas un éléphant rose ! » Vous est-il possible de ne pas voir l'éléphant rose ? Il en est de même pour « mon chien ne doit pas être agressif » ou « mon chat ne doit pas uriner sur le fauteuil », c'est impossible à ne pas visualiser.

Et, d'autre part, la perfection est inaccessible en biologie. « Sur une échelle de 0 à 10, sachant que 0 est la situation au pire, et que 10 est la situation parfaite, c'est-à-dire impossible et inaccessible, quel est l'objectif que l'on se fixe dans un mois, dans deux et trois mois ? » C'est une façon assez élégante et complexe de parler. Le vétérinaire psy peut être plus direct tout en étant manipulateur : « Une situation sans problème tient du miracle ; le seul animal qui ne pose plus de problème est l'animal mort ; nous ne désirons pas cela, ni vous ni moi ; alors quel est l'objectif raisonnable que nous essaierons d'atteindre ? »

Le mandat

Le mandat est défini par les objectifs et les moyens pour acquitter et respecter le contrat.

Si les objectifs peuvent être définis partiellement en début de consultation, la plupart des mandats ne pourront être acceptés qu'en fin de consultation, après l'étape de sémiotique et d'évaluation des ressources du système.

Pour prendre un exemple, voici un chien qui se met à agresser certains passants depuis l'âge de 13 mois, sans raison objectivable. Quelle est la part de ce problème qui peut trouver une solution (premier mandat) et quelle en est la part qui est inchangeable et constitue une limitation, et avec laquelle le propriétaire et son chien devront apprendre à vivre (second mandat) ? Lorsqu'on apprend que les ascendants (parents, grands-parents) du chien et ses collatéraux (frères et sœurs) présentent le même comportement, avec à peu près le même âge d'apparition tout en vivant dans des milieux très différents, on peut se poser la question de l'hérédité, donc d'une limitation, d'un obstacle, à la vie sociable exigée de ce chien dans la société occidentale dans laquelle nous vivons. Dans d'autres sociétés, ce type de comportement corrélé à la défense territoriale peut être hautement recherché et sélectionné intentionnellement.

Trouver ensemble des solutions aux problèmes et apprendre à accepter (et vivre avec) ses limitations est une étape. Mais j'écris bien « ensemble », et non le thérapeute seul. De nombreux propriétaires présentent les problèmes, ils les donnent au vétérinaire psy, ils s'en libèrent, ils abandonnent toute responsabilité. Ils semblent dire, et parfois disent : « C'est vous l'expert, c'est à vous de résoudre le problème, pas à moi. Et si les solutions sont sans efficacité, ce sera votre faute et votre responsabilité. Puisque vous prétendez être expert, vous devez résoudre ce problème ! » C'est évidemment très manipulateur. Et nombre d'intervenants se font piéger, au lieu de redéfinir leur rôle d'expert : « Oui, je suis expert en comportement animal et mon rôle consiste entre autres à trouver avec le propriétaire des solutions que lui pourra mettre en pratique ! » L'aspect collaboratif du travail est fondamental, et il peut être préférable de refuser la prise en charge complète du cas, sous peine d'aller directement à l'échec.

Malarewicz[1] pose la question suivante : « Quel sera pour vous le premier changement pertinent ? » Cette question implique qu'il y aura plusieurs changements, que les changements doivent être pertinents, c'est-à-dire concernant le client essentiellement et opératoires pour son mieux-être.

1. Malarewicz J.-A., *Comment la thérapie vient au thérapeute*, *op. cit.*

Qui est le client ?

Pour établir le lien thérapeutique, et si on s'en donne le temps, il est intéressant que les personnes qui consultent puissent se présenter. De cette façon, l'intervenant peut déterminer qui se trouve en face de lui avec quelles attentes. J'ai déjà parlé du client psy qui s'amuse à contrôler le niveau des connaissances et des compétences du spécialiste, mais il y a aussi le client intellectuellement modeste à qui il faut parler dans sa langue, sans utiliser de jargon professionnel. Il y a une multitude de profils différents que le thérapeute va découvrir au cours des consultations. Et connaître un peu son interlocuteur permet de découvrir son agenda secret, ses demandes consciemment ou inconsciemment cachées et qui se révéleront au cours des entretiens.

Ce que le client vous révèle à mi-mot n'empêche pas qu'on ait sur lui des préconceptions. Ainsi, cette femme, âgée d'une trentaine d'années et bien féminine, me révèle qu'elle fait du théâtre. J'imagine aussitôt qu'elle est actrice. J'en profite pour utiliser le théâtre comme métaphore. Son chien agresse les autres chiens et certaines personnes quand il est en laisse. Les dresseurs lui ont conseillé de punir et de corriger le chien. Je lui propose aussitôt le jeu du metteur en scène et de l'acteur ; si le metteur en scène dit à l'acteur : « Non, pas ça ! Non, ce n'est pas bien ! » sans cesse, l'acteur finira par dire : « Mais dis-moi ce que je dois faire ! » Pour le chien, c'est la même chose ; il faut lui dire ce qu'il peut faire, lui donner des alternatives à ce qu'il fait déjà (agresser les autres chiens) et qui est sa seule modalité réactionnelle. Le message est passé immédiatement. J'ai rajouté, toujours dans la prolongation de la métaphore théâtrale, la dimension ludique dans le contre-conditionnement en proposant du *clicker training*[1] et en commençant immédiatement, en consultation, à cliquer le chien et à le récompenser. Ainsi, connaître le client m'a permis d'utiliser des outils de communication adaptés et d'être le plus pertinent possible dans la communication.

Certains propriétaires d'animaux vous feront des confidences qui vous permettront de comprendre leur engagement ou leur désengagement face à l'animal. « Mon chat est le seul souvenir vivant de mon père décédé ! », « Mon chien ressemble à un chien que mes parents ont abandonné quand j'étais jeune, et ils m'avaient menti en disant qu'il était mort d'un accident ! », « J'ai reçu ce chien quand j'ai perdu le meilleur ami (un bichon) que j'avais au monde et il ne le remplacera jamais dans mon cœur ! »

D'autres vous feront des confidences révélatrices sur leur représentation du monde et ce que cela entraîne dans la gestion de leur vie et des problèmes avec les animaux. Ainsi, ce commissaire de la police judiciaire, passionné – je dirais même mordu – des bergers allemands, ne pouvait envisager la souffrance d'un animal, alors que les cadavres humains le laissaient sans émotion. Il ne pouvait envisager de laisser son chien seul sans une présence apaisante ; il ne pouvait considérer de partir en vacance sans être certain qu'une autre personne connue du chien et affectivement attachée au chien n'était présente ; il était par ailleurs convaincu que son chien mourrait s'il était mis au chenil en pension pendant une semaine. Cet attachement, je dirais même hyperattachement, affectif me permettait de penser que l'on pourrait aller loin dans la thérapie de ce chien anxieux.

1. Technique d'éducation qui associe la récompense (du renforcement positif) avec un son de courte durée émis par un cliquet ; le « clic » permet de signaler le moment où l'animal exécute la commande demandée, la récompense venant après et pouvant même être dissociée du « clic » de plusieurs secondes.

Quelqu'un qui fait des confidences sur soi s'engage plus profondément dans une relation interpersonnelle, ce qui peut être bénéfique pour le lien thérapeutique, mais peut aussi dévier vers des attentes personnelles. D'où l'importance des cadres pour que la relation reste professionnelle !

Le deuxième tiers de la consultation : la sémiotique

Après l'analyse de la demande et l'accord sur un mandat, le deuxième tiers de la consultation est consacré à la sémiotique, c'est-à-dire la recherche et la signification des signes et symptômes de l'animal, du milieu (écosystème et système social), et des communications entre tous les éléments du système.

DÉTAILLER LES DEMANDES : LE QUESTIONNEMENT EN ÉTOILE

Pour rester dans ce qui est signifiant – et important –, et maintenir la relation, il est nécessaire de commencer par analyser et détailler les demandes, de diversifier l'examen comportemental à partir de là et de ne s'en éloigner qu'ensuite.

Lors d'une supervision, j'ai entendu un échange qui m'a laissé bouche bée. Un homme venait consulter pour son chien qui avait attaqué un enfant. Et le vétérinaire d'entamer sa sémiotique directement en demandant : « Que mange le chien ? » Dans ma tête, je me suis entendu dire : « Il mange des enfants ! » Tout simplement, le questionnaire standard de ce vétérinaire commençait par le comportement alimentaire de l'animal, et la première question était : « Que mange le chien ? » Il était logique pour lui de poser cette question après l'énoncé du problème. Pour moi, en empathie avec le propriétaire du chien, c'était déplacé ! En tant que client, je me serais levé et je serais parti ! Cet homme était en train de dire implicitement : « Mon chien a attaqué un enfant, et c'est insupportable ! Pourquoi un animal, que j'ai éduqué, que j'aime, peut-il faire cela ? Suis-je en faute ? Et que peut-on faire pour que cela n'arrive plus jamais ? » Le vétérinaire psy doit signaler qu'il a entendu et compris cette demande ; comment mieux faire que de l'analyser en détail ? La seule relation que je puisse voir entre ce que mange le chien et l'agression d'enfants est l'agression de prédation chez un chien affamé. C'est une déduction infralogique et non un raisonnement logique, je le sais bien.

Il est préférable de demander ce qui s'est passé précisément d'en parler, d'analyser afin d'avoir une image – une vidéo – virtuelle le plus claire de l'événement. Et si d'aventure le chien avait agressé un enfant au moment du repas, il serait toujours opportun de demander ce que mangeait le chien à ce moment-là et s'il s'agissait d'un repas ordinaire ou spécial.

Pour ma part, je propose un « questionnement en étoile ». Le centre de l'étoile est la demande, et les branches sont les différents systèmes comportementaux à analyser : la prise d'aliment, la prise de boisson, le comportement social, les activités de confort (et somesthésiques), les manifestations sexuelles, les comportements d'agression..., en fait, l'éventail de l'éthogramme de l'animal et de ses relations sociales.

Il est aisé à partir du symptôme « mon chien a attaqué un enfant » d'analyser ce symptôme en relation avec l'ensemble de l'éthogramme. Après l'analyse détaillée et contextualisée du symptôme, le vétérinaire psy peut demander : « Le chien est-il agressif dans d'autres circonstances ? En présence d'autres personnes, avec les membres de la famille, avec d'autres chiens, quand il est touché, quand il mange, etc. Décrivez-moi ces circonstances ! » Ensuite, à partir de chaque réponse positive ou négative, le thérapeute peut demander d'autres questions corrélées à ce signe : si le chien n'est pas agressif au moment des repas, on peut demander le comportement du chien avec d'autres aliments, quand il reçoit quelque chose de la main des propriétaires, par exemple à table, ensuite la composition des repas, etc. En cas d'agression ou d'absence d'agression lors de contact, le spécialiste peut demander comment le chien supporte le contact, la caresse, l'approche, des familiers, des inconnus, des enfants connus, des autres enfants, etc. Pour le comportement d'agression sur les lieux de repos, il est aisé de demander où le chien se repose, où il dort, quelles postures il présente lorsqu'il dort, s'il rêve, combien de temps il dort, si qui que ce soit peut le déranger au moment du repos ou du sommeil, s'il se réveille aisément, s'il est hypervigilant même durant le sommeil, etc.

Analyser l'éthogramme à partir du symptôme « le chien détruit quand il est seul » est un jeu d'enfant. Voici quelques processus logiques possibles : le chien détruit quand il est seul, donc en compagnie il ne détruit pas. Pourquoi ? En compagnie de qui ? En compagnie de n'importe qui ou de quelqu'un de particulier ? Quelles sont ses relations sociales et sociables, et quels sont ses liens d'attachement avec cette (ou ces) personne(s) ? Une fois les comportements sociaux analysés, on peut revenir au symptôme. Que fait le chien quand il est seul ? Et quelles sont les exceptions aux comportements de destruction ? Détruit-il s'il a un os ou de quoi manger ? Que mange-t-il ? Boit-il s'il est seul ? Et que boit-il et combien boit-il d'habitude ? Souille-t-il s'il est seul ? Quand et dans quels contextes manifeste-t-il de la malpropreté ? Quand a-t-il été propre au cours de son développement ? Etc.

Ce questionnement en étoile est très agréable et assez convivial pour le client qui se sent écouté à tout moment de l'entretien. Il facilite le lien thérapeutique. Il présente quelques difficultés pour le vétérinaire comportementaliste débutant, qui n'arrive pas à classer les informations pour les retrouver aisément par après. Il a plusieurs choix : enregistrer la consultation ou la faire noter par un assistant, revoir les notes ou la vidéo par la suite et remplir une fiche de consultation où toute l'information est classée et aisée à retrouver. S'il connaît bien sa fiche de consultation et si elle permet un classement des informations, il peut remplir aisément les zones blanches tout en écoutant ce qui lui est dit ; à la fin de la consultation, toute l'information est organisée et accessible au simple coup d'œil. Cela nécessite de bien connaître sa fiche et, quasiment, de l'avoir créée soi-même. Je ne peux qu'encourager chacun de le faire.

Plus le professionnel est compétent et sûr de lui, plus il lui est aisé d'utiliser un questionnement en étoile. Plus il est débutant, et plus il aura besoin de se raccrocher à ses notes et de suivre un questionnaire standard et stéréotypé, moins favorable à l'écoute.

Si le questionnement en étoile n'a pas permis de recueillir toutes les informations pertinentes, l'intervenant doit s'enquêter des pièces manquantes pour compléter le puzzle. Mais plutôt que de passer du coq à l'âne de façon impromptue au risque de surprendre le client, il a tout intérêt à l'avertir : « J'ai besoin d'autres informations qui pourraient vous sembler n'avoir aucune relation avec les symptômes, mais sans elles je ne peux élaborer de diagnostic ! Je vais vous poser quelques questions sur le comportement alimentaire, social, sexuel... de votre animal ! » Avertir permet de préserver la relation !

Séquence, contexte et posture

Pour chaque élément important, il faut connaître le contexte, les réactions comportementales, émotionnelles, cognitives, et neurovégétatives, des personnes et des animaux présents – incluant un descriptif complet de la séquence, des postures et mimiques –, et les conséquences des comportements. J'appelle cela la validation du symptôme.

Dire que le chien dort sur le lit de ses maîtres, qu'il mange avant eux, qu'il reçoit des caresses à sa demande – et élaborer à partir de comportements un diagnostic de chien dominant et un problème de hiérarchie – n'a absolument aucune valeur. Aucun des symptômes n'est validé par un contexte, des postures, mimiques et autres conséquences. Il est possible que le chien prenne une posture basse, descende du lit quand on le lui demande, n'ait pas d'autre choix que de manger avant ses maîtres, etc. Il est stupide de faire un diagnostic de chien dominant avec un chien dominé ! Cet exemple paraît banal et simpliste, mais je le constate en supervision très fréquemment.

Le symptôme doit être validé pour établir un diagnostic nosographique. Les conséquences sont importantes entre autres pour élaborer des thérapies comportementales (par exemple : renforcement, punition, contre-conditionnement) et estimer les effets (voire les dangers) sur l'environnement. Les contextes permettent d'élaborer d'autres thérapies comportementales (par exemple : habituation et désensibilisation). La séquence elle-même permet de faire un diagnostic de normalité ou de pathologie sur la séquence et d'adaptation ou d'inadaptation au contexte. Chaque élément de la validation d'un symptôme permet au vétérinaire psy d'envisager des stratégies thérapeutiques.

La validation des symptômes doit prendre en compte une évaluation, si possible chiffrée, de la *fréquence*, de la *durée* et de l'*intensité* des comportements-problèmes. Il est primordial d'apprendre, par exemple, si un chien est agressif quotidiennement ou seulement une fois par an, s'il grogne une fois par jour ou s'il défigure quelqu'un une fois par an ! Il est intéressant de savoir si une crise psychomotrice (agitation, course et sauts chaotiques, tremblements...) présentée par un chat dure 10 minutes ou seulement 30 secondes ! Non seulement ces informations sont conséquentes pour l'évaluation d'un diagnostic et d'un pronostic, mais elles seront également utilisées pour l'évaluation au cours des visites ultérieures.

L'anamnèse

L'anamnèse, de *anamnêsis*, « souvenir », c'est l'histoire de la maladie. Nous verrons au point suivant qu'un de ses éléments, la cinétique, est très important à étudier. Il y a dans l'anamnèse différentes questions : le « quand » et le « comment ».

Quand le symptôme est-il apparu ? Depuis la naissance, depuis l'adolescence, depuis l'âge adulte, depuis un traumatisme... ? Le « quand » donne parfois une explication sur le « pourquoi ». Par exemple, un symptôme d'agression de distancement – qui permet de maintenir un intrus à distance de sécurité – apparu entre l'adolescence et l'âge adulte et sans traumatisme particulier est probablement d'origine génétique ; il faudrait alors analyser le comportement des ascendants et des collatéraux pour déterminer si ce symptôme se retrouve avec une fréquence anormale ; à ce moment, l'hypothèse génétique peut être confirmée ; et dès lors le symptôme est moins un problème (auquel trouver une solution) qu'une limitation (qu'il faut accepter et avec laquelle il faut vivre).

La réponse au « quand » aide au diagnostic et au pronostic, mais ne donne pas de solution. Si le vétérinaire comportementaliste apprend qu'un chien ou un chat a été élevé dans des circonstances de privation avant la fin de la période de socialisation primaire, en quoi cela l'aide-t-il à induire une guérison ? Ce n'est pas tant cet élément d'anamnèse qui l'aide mais le fait que l'animal soit phobique ou anxieux ! Je conviens que le pronostic sur la durée du traitement sera néanmoins assez différent.

Le gros problème de l'anamnèse, c'est la... mémoire du client. Il est rare que les propriétaires d'animaux rédigent un journal quotidien qui permettrait de déterminer la séquence des événements. Dès lors, la mémoire étant fragile et approximative – et reconstruite au jour le jour –, obtenir des informations historiques précises relève de la gageure, à moins que l'animal ne vienne d'être adopté. De plus, de nombreux animaux sont adoptés à la SPA, ce qui rend utopique, dans ce cas précis, une véritable anamnèse.

Outre sa fragilité et son approximation, la mémoire semble être reconstruite au jour le jour suivant les préoccupations du moment. L'infralogique humaine est à l'œuvre et construit des scénarios vraisemblables et probablement faux ! C'est ainsi que de nombreux chiens sont devenus agressifs le jour où ils ont été mordus par un berger allemand ou, plus fréquemment aujourd'hui, par un rottweiler. Que cet événement se soit passé à la puberté, que le chien prétendument agressé ait montré les crocs à son congénère, qu'il ait fait un marquage urinaire à l'endroit même où l'autre chien venait de passer, que le propriétaire ait été incapable de laisser le combat se terminer par des postures claires de soumission et de dominance... tout cela passe inaperçu ! Le chien pour lequel on consulte est la victime désignée de l'agression d'un monde méchant et pervers, représenté par d'autres chiens détestables et sans éducation, et de leurs propriétaires sans autorité ni contrôle sur leur animal. Cependant, comment savoir un an plus tard ce qui s'est réellement passé ? Et même si l'événement s'était passé hier, la description aurait-elle été différente ? Et puis, dites-moi avec sincérité, qu'est-ce que cela change pour le traitement ?

L'infralogique humaine réalise de terribles simplifications. Face à la complexité du monde, elle schématise, caricature, modélise et se ment quelque peu à elle-même sur son histoire. Un propriétaire, qui n'a pas vécu ce qu'a vécu son animal, mais a été un observateur extérieur des événements (bien moins sensible qu'une caméra vidéo), reconstruit l'histoire avec ses mots, ses croyances, ses représentations et ses interprétations, et tente tant bien que mal de l'inclure dans ses modèles, la stocke dans ses mémoires, en perd des bribes, et ressert les fragments d'histoire au vétérinaire psy. Si celui-ci prend cette information comme une tranche de vérité, il se trompe. Ce n'est tout au plus que la réalité du propriétaire, non celle de l'animal.

> La mémoire est une reconstruction actuelle, infidèle, fragmentaire et caricaturale des expériences et, surtout, des croyances passées. La mémoire est devenue une croyance qui influence le présent de ses illusions et empêche de vivre le moment présent avec innocence et objectivité.

De toute façon, en tant que vétérinaires comportementalistes, nous ne cherchons pas la vérité. La vérité est inconnaissable. Nous cherchons à créer des modèles fonctionnels, à rentrer dans les modèles et représentations du système thérapeutique, à donner la chiquenaude suffisante pour faire tomber en série l'enfilade des dominos du problème et rétablir un équilibre temporaire mais suffisant. C'est une approche constructiviste. Nous ne travaillons pas dans la vérité mais dans des modélisations de la vérité, c'est-à-dire dans les réalités de chaque personne. Parfois même, nous divaguons dans des modélisations de modèles, c'est-à-dire dans la caricature. C'est d'ailleurs une autre collision entre le professionnel et le système thérapeutique, une collision de modèles, de représentations de la vie. On ne sera pas non plus étonné d'observer que l'histoire modélisée chez un thérapeute est différente de celle modélisée chez un autre.

Même l'histoire de la psychologie n'échappe pas à la reconstruction et à la modélisation. Il est intéressant de lire ce qu'a écrit Jay Haley[1], un des fondateurs de la thérapie familiale, au sujet des « faux souvenirs » et les relations entre la mémoire et le paradigme utilisé par le psychothérapeute. Dans l'histoire des sciences psychologiques, une grande importance a été attachée à la croyance que « les événements du passé causent ce qui arrive dans le présent. [...] Dans les années 1950, l'idée surgit qu'un symptôme était un comportement adaptatif et non pas inadaptatif. Avec l'argument qu'un symptôme est l'expression de la situation ordinaire d'une personne, c'est-à-dire appropriée au contexte social dans lequel il apparaît, il devient évident qu'on doit changer la situation sociale pour changer le symptôme ». Il suffit de remplacer « personne » par « animal » ou « système » pour comprendre ce qui est en jeu dans la consultation vétérinaire comportementale.

En somme, même si la cause est dans le passé, la fonction est dans le présent. J'insiste donc pour que la séquence du comportement soit décrite dans sa totalité, y compris les déclencheurs et les conséquences et les réactions de l'environnement social au moment même où le comportement s'exprime. J'obtiens de cette

1. Haley J., *Learning & Teaching Therapy*, The Guilford Press, New York, 1996.

façon-là beaucoup plus d'informations pour pouvoir améliorer le comportement-problème ici et maintenant !

La cinétique des symptômes

La cinétique – du grec *kinêtikos*, « mobile » –, c'est le mouvement du symptôme, sa trajectoire, sa vitesse de transformation, ses modifications, ses modulations, ses développements. Rien n'est fixe, figé ou stable, pas même un problème de comportement ! La vie est ondulatoire ; le problème n'échappe pas au changement dans le temps.

Une cliente présenta sa chienne lors d'une formation clinique de vétérinaires comportementalistes ; la chienne avait montré plusieurs fois dans sa vie de l'agressivité envers les gens, uniquement pendant les périodes de pseudocyèse (lactation de pseudogestation). Le vétérinaire était prêt à prescrire des psychotropes pour un trouble de l'humeur de type « hyper » et il aurait bien entendu guéri la chienne puisque cette phase de pseudocyèse se terminait spontanément et que, de plus, la propriétaire avait décidé à faire stériliser sa chienne. Dans ce cas, si les symptômes ont une forte probabilité de disparition spontanée, faut-il encore s'en préoccuper ? Cet exemple est caricatural, mais il donne le ton de cette variable.

Les questions élémentaires qu'il faut poser et se poser sont les suivantes : « Comment le symptôme a-t-il évolué depuis son apparition ? Est-il stable dans le temps, s'est-il aggravé, s'est-il atténué avec le temps et certaines tentatives de solutions ? »

Actuellement, le symptôme est-il en phase d'aggravation, en phase d'amélioration ou est-il stable ? Cette question est importante pour le suivi, pour l'évaluation de l'évolution ! Je reprendrai ce graphique et le compléterai lorsque je parlerai de l'interprétation de l'évolution de la cinétique.

Je propose de faire un dessin de l'évolution du symptôme : Quand a-t-il débuté et avec quelle intensité ? Comment a-t-il évolué par la suite ? Y a-t-il eu des paliers, ou l'évolution est-elle continue ? Y a-t-il eu des accélérations dans l'aggravation ? Y a-t-il eu des améliorations passagères, en palier, continues, progressives… ?

J'insiste énormément sur la question de la cinétique car elle est indispensable pour évaluer les interventions thérapeutiques ?

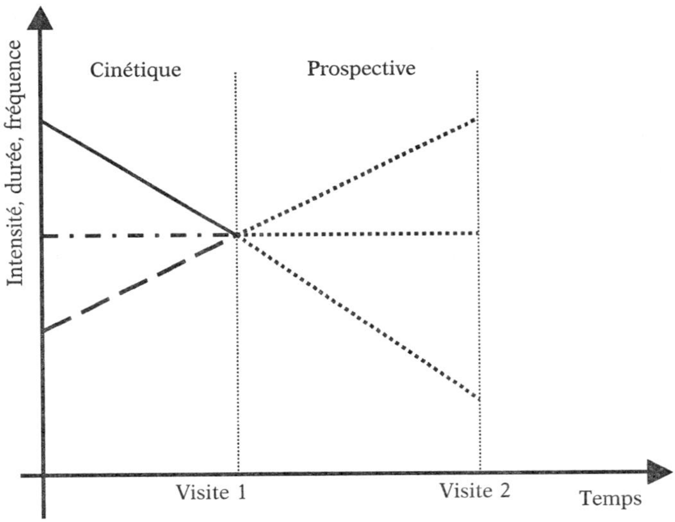

Évolution du symptôme en fonction du temps.

Les tentatives de solution

Combien de fois ai-je remarqué un vétérinaire débutant en médecine comportementale prescrire en fin de consultation les solutions que le propriétaire de l'animal avait déjà mises en place antérieurement et qui n'avaient malheureusement eu aucun effet ! Rien que pour éviter de perdre toute considération d'expert, de voir se casser brusquement le lien thérapeutique, mieux vaut penser à demander ce qui a déjà été fait pour résoudre le problème.

Les tentatives de solution mises en place par le propriétaire avec ou sans aide extérieure ont plusieurs effets (pour une évaluation complète de ces effets, voir *infra* le chapitre 7 qui traite de la deuxième consultation). En effet, si quelque chose a été mis en place avec une aide extérieure, ce n'est plus une première consultation pour le client, mais une deuxième, une troisième, une énième, même si pour l'intervenant c'est la première. Toute solution qui s'est révélée partiellement intéressante doit être analysée. Peut-être sera-t-elle plus efficace avec quelques modifications ? Une solution qui s'est révélée catastrophique doit aussi être consignée afin de... ne pas la prescrire à nouveau.

Si des médicaments avaient déjà été utilisés, il faut se renseigner sur les doses prescrites et administrées réellement. Il n'est pas rare que leur inefficacité soit liée à un sous-dosage, à un surdosage, à une administration insuffisamment fréquente ou trop fréquente, de trop courte durée, à un mauvais sevrage ou tout simplement au fait que l'animal n'a jamais avalé ses comprimés parce qu'il les a recrachés ou que le propriétaire ne les a pas administrés de peur des effets secondaires ou pour tout autre raison ! C'est toujours très informatif.

Pour continuer ce sujet très important, il faut savoir que certaines solutions sont sans doute à l'origine du problème. « Quand la solution devient le problème ! », écrit Paul Watzlawick[1], est une phrase que l'on inculque aux étudiants dans toute bonne formation en thérapie systémique ! Comme l'écrit le même auteur[2] :

1. Watzlawick P., Weakland J., Fisch R., *Change*, Norton, New York, 1974.
2. Watzlawick P., *The Situation is Hopeless but not Serious*, Norton, New York 1983.

« Cette formule simple, *plus de la même chose*, est une des recettes les plus efficaces pour apporter le désastre... [Elle] consiste dans le maintien entêté et acharné des adaptations et des solutions qui ont pu être à un moment les plus efficaces ou même les seules possibles. Cela ne peut que devenir un problème, parce que toutes les situations ont tendance à changer au cours du temps. D'un côté il est évident qu'aucun organisme ne réagit à son environnement d'une façon aléatoire, c'est-à-dire d'une certaine façon un jour et de façon différente le lendemain. La nécessité vitale d'une adaptation adéquate conduit à l'émergence de patterns de comportements spécifiques dont le but est idéalement une survie efficace et sans douleur. Pour des raisons encore insuffisamment comprises, les gens comme les animaux ont tendance à considérer ces adaptations [un jour] optimales comme étant définitives et donc valables pour toujours. Cette affirmation naïve nous aveugle sur le fait que ces patterns sont condamnés à devenir de plus en plus anachroniques. Cela nous empêche aussi de voir qu'il existe un nombre d'autres solutions possibles, faisables et peut-être mêmes meilleures – et qu'elles ont probablement toujours existé. Cette double cécité a un double effet : premièrement, cela rend la solution choisie de plus en plus inutile et la situation de plus en plus désespérée ; deuxièmement, l'inconfort accru couplé avec la croyance tenace qu'il n'y a qu'une seule solution conduit à une seule conclusion – que l'on doit faire plus de la même chose. Et en faisant plus de la même chose, on obtient plus de la même misère. »

Ce problème est très souvent observé lorsque le propriétaire de l'animal recourt à des techniques punitives. Il est utile de rappeler ici que les punitions ne suppriment pas le comportement, mais le réduisent en fréquence et en intensité tout le temps que dure l'utilisation de la technique punitive et que le comportement réapparaît, récidive ou rechute dès l'arrêt de celle-ci. Ce problème est rarement observé lorsque le propriétaire apprend à l'animal des comportements alternatifs, ce que l'on fait dans un contre-conditionnement bien pensé et bien réalisé.

Comme les techniques éducatives généralisées à travers le monde sont les techniques répressives (punitives), il n'est pas rare que les solutions proposées spontanément par le maître et son entourage soient devenues des causes ou des facteurs aggravants des problèmes présentés actuellement.

> La punition, la contrainte et la répression n'ont jamais appris à mieux se comporter ; au mieux elles entraînent de la crainte, de la confusion et de la frustration ; au pire elles mènent à la détresse. Apprendre de nouveaux comportements, de nouveaux savoir-faire, est toujours une stratégie de choix pour le changement.

Tout ce qui précède concerne les solutions proposées par le client ou par son environnement. Mais qu'en est-il des solutions proposées par l'animal ? En cas d'orage, de feux d'artifice ou de pétards, ce berger allemand de 6 ans s'enfuyait au trot à 100 mètres de son propriétaire, causant une grande tristesse chez ce dernier qui se croyait responsable de la fuite de son chien. Pourquoi le chien partait-il loin de la personne d'attachement ? Que se passe-t-il dans sa tête lorsque retentit un bruit d'explosion ? Qui pourra le dire ? C'est sans importance thérapeutique. C'est la solution que le chien a découverte un jour, et cela l'a apaisé, et donc il a recommencé jusqu'à créer une routine apaisante. Le vétérinaire psy peut recadrer les pensées du propriétaire (et atténuer ses émotions négatives) et mettre en place une solution apaisante alternative pour le chien, le rapprochant de son propriétaire. Une médication antiphobique peut réduire rapidement l'intensité de la phobie, une mise en longe empêcher le chien de reproduire la solution stéréotypée et un propriétaire motivant, refocaliser l'attention du chien vers lui pour l'apaiser en cas de peur.

La souffrance

Souffrir est subjectif. Cependant, il existe des indices objectifs de la souffrance de l'animal, des personnes qui vivent dans le système social et du professionnel lui-même. Un thérapeute ne doit pas s'oublier dans cette analyse.

Le berger allemand de 6 ans, dont je parlais un peu plus haut, était présenté en consultation pour phobies de l'orage se généralisant à tous les stimuli bruyants ; mais personne ne pouvait négliger sa fatigue récente, sa prise de poids, ses halètements, ses tentatives de se cacher. Et personne ne pouvait rater les dires du propriétaire qui signalait que, quand il avait peur, le chien le fuyait et son inquiétude à ne pas rassurer son chien. En pleine période d'orage, proposer exclusivement une thérapie de contre-conditionnement au cours de laquelle le propriétaire est responsabilisé pour l'amélioration de son chien est une technique qui manque sérieusement d'empathie : non seulement elle peut induire une culpabilisation du maître (et donc plus de souffrance), mais elle n'aide pas l'animal dans une situation, sinon de crise, au moins de débordement phobique. Une médication antiphobique, comme la sertraline, ferait beaucoup plus d'effet en un temps bien plus rapide.

Et quelle thérapie proposer au système de ce sheltie qui ne revenait pas au rappel, présenté par un jeune homme fatigué, qui avait perdu son emploi, dont l'amie était alitée par une maladie manifestement sérieuse et qui n'avait pas l'énergie de s'engager dans une thérapie complexe ? Le propriétaire annonçait de façon paradoxale que son chien joyeux était... mélancolique ; j'émets l'hypothèse qu'il exprimait de cette façon métaphorique sa propre mélancolie. Toutes les personnes présentes à cette consultation d'examen avaient ressenti l'énorme souffrance du système thérapeutique. La vétérinaire responsable de la consultation s'en est sortie brillamment en proposant des solutions simples, des objectifs concrets et limités, facilitant la vie au propriétaire et répondant à ses attentes.

Ces consultations lourdes d'émotion et de souffrance pudiquement dissimulée peuvent aussi entraîner une souffrance chez l'intervenant, du moins celui qui a une personnalité empathique (et qui peut mal gérer son empathie).

Les croyances

J'ai écrit que la consultation était une collision. C'est en effet un télescopage d'individualités, de personnalités, de croyances, de représentations différentes du monde, de langages... Je me limiterai ici à dire un mot des croyances, celles du vétérinaire en tant que personne et en tant que thérapeute, et puis celles du client ou, encore mieux si on a la chance d'avoir devant soi plus d'un client, celles des clients.

Une des croyances élémentaires partagées par certains propriétaires est que l'on peut élever les animaux sans contrainte et, particulièrement, sans punition physique. Dans un monde de chiens et de chats, les contacts physiques sont fréquents et parfois violents. Pourquoi faudrait-il dès lors éduquer les animaux sans les toucher, sans leur donner une claque de temps en temps (avec contrôle de soi et absence de colère) ? Le chien ou le chat n'hésitera pas à utiliser ses griffes et ses crocs. Mais, bien entendu, on a le choix de ne pas contraindre ou punir si on a d'autres techniques efficaces.

Une autre croyance est le sentiment de culpabilité de l'animal. Si le chien prend une posture basse, c'est qu'« il sait qu'il a mal fait » ! Et cela entraîne une répétition de tentatives de solutions de la part des propriétaires, solutions qui aggravent les problèmes ou en créent d'autres en modifiant les comportements du chien dans un sens de plus de soumission et/ou de peur, par exemple avec l'apparition de mictions émotionnelles.

Il y a de multiples croyances divergentes entre vétérinaire psy et client, et elles se reflètent dans les mots utilisés, dans le langage. Il est d'autres croyances sur la profession de vétérinaire comportementaliste et c'est pourquoi il faut expliquer, avant la première consultation, l'essence de son travail afin que le client puisse s'engager dans le contrat thérapeutique.

On pourrait écrire un livre entier rien que sur ce sujet. L'univers des représentations de chacun est influencé par l'éducation personnelle, la culture, l'éthique personnelle, les croyances de chacun. C'est un monde vaste et passionnant. On pourrait avoir la tentation d'y plonger au cours de la consultation. Faut-il se retenir parce que ce n'est pas le mandat du vétérinaire ? Un vétérinaire psy a besoin des informations pertinentes pour faire son travail. Il doit tenir compte de ces univers.

Quand ce couple est venu en consultation avec ses deux enfants et que monsieur et son fils se sont mis d'un côté de la pièce, madame et sa fille de l'autre côté et le chien au milieu, je me suis demandé comment ce pauvre chien (nu du Mexique) survivait à cette vie de... sandwich, coincé entre le clan des hommes et celui des femmes. Le problème était que le chien ne voulait pas jouer avec le fils. La demande de la famille – en fait, la demande du fils mais exprimée par sa mère – était que le chien se rapproche du fils. Bien entendu, comme le chien ne venait pas à lui, le fils avait quelque peu forcé le chien à se rapprocher de lui, quitte à lui donner un coup de pied de frustration, ce qui n'avait pas amélioré l'amour que le chien lui portait. Mais au-delà de ce problème mineur, la salle de consultation fut le lieu d'un règlement de comptes verbal entre les parents. Lui était de culture patriarcale et elle de culture matriarcale, et leur mésentente au sujet de la parité ou de la hiérarchie de leurs relations personnelles avait créé deux clans dans la famille : les hommes et les femmes. Le chien avait choisi le clan des femmes. Ayant choisi, il était en fait adapté et ne nécessitait pas de traitement. J'ai proposé à cette famille de continuer ses affrontements sur un terrain plus approprié, à savoir dans le cadre d'une thérapie familiale. Elle a accepté.

La relation thérapeutique est-elle possible lorsqu'il y a un télescopage des éthiques ? Comme me le racontait une amie vétérinaire en supervision, que faire en face de cet homme qui offrait à son braque un lapin vivant à son anniversaire ? Le but avoué était que le chien chasse et tue le lapin. À chacun de répondre, et la réponse n'est pas trop malaisée à trouver.

Mais que dire quand le chien a mordu un enfant ? Ce braque de Weimar avait joué avec l'enfant de la famille pendant une heure dans le jardin, puis s'était réfugié sous la table du salon ; le gamin de 5 ans y avait poursuivi le chien et s'était fait mordre à la figure. Le père reprochait le problème à l'enfant : « On lui avait maintes fois expliqué le danger et il avait subi les conséquences de sa désobéissance. » La mère voulait faire partir le chien ; le père s'y refusait. Le père accusait l'enfant ; la mère défendait l'enfant. Et l'enfant était… hyperactif et soigné pour cette pathologie. Dans quels systèmes mettons-nous le doigt ? Entre la vision du monde d'un père qui refuse de voir son fils comme un enfant souffrant d'une pathologie et qui préfère son chien à son enfant (soit le lien affectif acquis au lien biologique), la vision du monde d'une mère qui protège son enfant avec des moyens modestes contre un danger réel et la vision du monde d'un enfant hyperexcitable et hyperactif qui se contrôle mal et ne répond pas aux techniques éducatives habituelles, la vision du monde d'un chien qui prend de l'âge et exprime son besoin de souffler par les seuls moyens qu'il connaît, en grognant et mordant, et, finalement, la vision du monde du vétérinaire comportementaliste qui se trouve confronté à un problème humain et de sauvegarde de l'intégrité psychique et mentale d'un enfant..., il y a un carambolage de cinq représentations, de cinq univers différents. La situation est trop complexe pour obtenir une résolution simple sans faire appel à l'aide. Et que pouvons-nous faire sinon avertir les autorités d'un danger considérable pour l'enfant dans un tel milieu ?

Enfin, pour être complet, je dois encore ajouter la vision du monde du vétérinaire référant. Entre le vétérinaire adepte de l'euthanasie des chiens à problème, et celui qui reconnaît l'utilité de la spécialisation en médecine vétérinaire comportementale malgré le flou et l'imprécision de cette science, il y a un énorme champ de représentations différentes.

Une sérieuse erreur est d'évaluer les visions du monde des gens et des systèmes sociaux en fonction de ses critères personnels. Il vaut mieux vérifier si ces visions sont adaptatives ou non, si elles sont opératoires ou non, dans des circonstances et des contextes précis. Un exemple entre tous : un couple de clients peut se disputer devant moi qui suis plutôt un adepte de l'expression immédiate des émotions et des doléances, et de la résolution pacifique des conflits. Pour autant, j'évite de juger trop vite des dysfonctionnements de ce système ; il est peut-être tout à fait adaptatif ! Certains systèmes humains ont, en effet, besoin de disputes pour être bien, alors que d'autres évitent les conflits comme la peste.

Les ressources du système

Les ressources sont les moyens et les aides qui permettent d'obtenir le changement pour un meilleur bien-être et pour la réduction ou la suppression des problèmes. Tout élément qui a montré un effet positif, même minime et ténu, doit être enregistré. Il peut s'agir de comportements qui ont réduit le problème, de techniques (ou technologies) ou de contextes qui ont permis au problème de ne pas s'exprimer. Quand je parle de problème, ce peut être un des problèmes présentés ou un autre problème qui a été résolu auparavant. Ainsi, cette femme savait qu'en promenant sa chienne longtemps elle évitait la malpropreté à la maison ; cependant, étant blessée au genou, elle ne pouvait plus proposer à sa chienne que de courtes promenades. Dans cette situation, on avait en même temps une des solutions au problème et l'incapacité du système de mettre cette solution en œuvre.

Il est utile de connaître quelles compétences les propriétaires ont pu enseigner à leur animal, de la simple éducation de base à des choses sophistiquées. Le simple apprentissage d'un assis, d'un couché, d'une marche en laisse, d'un assis automatique avant de traverser la rue... sont autant de sujets qui permettent de découvrir un potentiel éducatif chez les propriétaires.

Les ressources peuvent exister chez le propriétaire, présent à la consultation, mais aussi dans son environnement, son système familial, chez ses amis, chez ses parents, ses relations en général. Quelqu'un peut-il apporter une aide quelconque ? Personne n'est obligé de réussir tout, tout seul ; on a le droit d'appeler à l'aide !

Chaque ressource doit être valorisée. C'est le principe du renforcement positif. En insistant sur les aspects positifs, le thérapeute donne au client une vision positive de lui-même et lui donne plus de confiance dans ses capacités à mettre en place d'autres changements. Le thérapeute insiste sur le fait que c'est le client qui a réussi à produire le changement ou qu'il a pu profiter de circonstances favorables.

Même ce qui paraît négatif à première vue peut être recadré de façon positive. Si un client a souffert depuis deux ans d'un problème, pourquoi ne pas valoriser sa patience et son endurance, signes qu'une thérapie longue pourrait être efficace malgré l'inconvénient de sa longueur ?

Les résistances

On appelle résistance la force mise à s'opposer au changement (estimé salutaire par le thérapeute). On pourrait se dire tout de suite que c'est stupide de refuser d'aller mieux, d'améliorer son quotidien et son confort, mais c'est ainsi. Essayons de voir pourquoi et, surtout, qu'y faire ! J'ai parlé de cela dans le cadre de la motivation (chapitre 5) mais il est utile de donner d'autres explications ici.

Résistance, ambivalence et responsabilité

Pour des raisons opératoires, j'aurais tendance à me considérer responsable de la résistance d'un client. S'il résiste, c'est que je n'ai pas su parler son langage et/ou c'est que je n'ai pas pu induire ou catalyser chez lui une étincelle de volonté (motivation) de changement. Bien entendu, le processus de communication et de thérapie est coconstruit, mais si je ne prends pas ma part de responsabilité, je ne peux rien y changer. J'assume donc ! *Mea culpa* !

Pour Malarewicz[1], « il n'est point de demande de changement sans manœuvre visant au non-changement ». Si le propriétaire

1. Malarewicz J.-A., *Comment la thérapie vient au thérapeute*, *op. cit.*

d'un animal fait une démarche de changement (il prend rendez-vous), il ne peut se désavouer officiellement et dès lors sa démarche de non-changement est cachée. « Aidez-moi à changer mais ne touchez à rien ! » Est-ce dire que l'on se trouve toujours face à quelque résistance cachée ? Changer, c'est aller vers l'inconnu. Et l'inconnu est angoissant. Alors peut-être vaut-il mieux ne pas changer ? C'est l'ambivalence.

Certains propriétaires demandent le médicament miracle qui guérit tous les maux définitivement sans avoir à changer quoi que ce soit dans leur vie, leur style de vie, leur organisation de vie. Or le changement est un processus et un apprentissage. Pour obtenir un nouvel équilibre, certains éléments interactionnels doivent changer… définitivement.

■ *Les nombreuses raisons de résister*

Il y a de nombreuses raisons pour résister. Si j'étais face à un thérapeute qui ne m'écoute pas, qui n'a guère d'empathie pour mes problèmes et qui me propose les solutions que j'ai déjà expérimentées sans succès, je le trouverais stupide et ne ferais pas ce qu'il me prescrirait. Pour suivre une prescription, il faut d'abord que je me sente écouté, compris et respecté. Je crois que je suis comme la majorité des personnes qui consultent et qu'une des premières causes de résistance est la dyscommunication, c'est-à-dire la désynchronisation, le brouillage et la désunion dans le processus de communication, autrement dit la distance, donc aussi le manque d'empathie.

D'autres raisons de résistance peuvent être découvertes. Les vétérinaires psy ne sont pas formés en psychologie ni en marketing, différentes sciences qui apprennent théoriquement des techniques de communication. L'état psychopathologique de quelqu'un peut nous échapper. Si le propriétaire d'un animal souffre de dépression ou de trouble unipolaire, s'il est psychotique, etc., nous ne sommes pas armés pour communiquer adéquatement avec lui. Dès lors il risque de résister. Et nous ne pourrons pas y faire grand-chose, sinon appeler à l'aide le psy (l'autre psy, celui qui s'occupe des humains à problèmes).

Si on exclut les cas rares de propriétaires psychotiques ou névrotiques graves, force est de constater que les plus grands problèmes de résistances sont liés à la cognition du client et du thérapeute. La collision des cognitions entraîne parfois, tout comme le télescopage de voitures, des griffes ou des bris à la carrosserie ou à l'esprit, considéré ici comme la vision du monde ! Et si l'intervenant sort d'une consultation en se disant : « Qu'est-ce qu'il est tordu ce client ! », on peut parier que le client se fait les mêmes remarques à propos du thérapeute : il faudra alors un miracle pour qu'il mette en pratique les prescriptions.

Certains propriétaires d'animaux résistent parce qu'ils sont choqués ! Le vétérinaire psy a fracassé leur vision du monde de l'animal ! Et ce qu'il a dit n'a pas plu. Ce n'est pas qu'ils refusent d'admettre que le thérapeute a raison, ils refusent tout simplement d'admettre qu'ils ont eu tort et, surtout, qu'ils ont pu se tromper pendant des années sur ce qu'était un chien, un chat, un perroquet, un cheval… « Mais, docteur, me disait cette charmante dame, j'ai toujours eu des dogues allemands ! » Et je lui ai répondu un peu crûment : « C'est vrai, madame, mais vous n'avez pas toujours eu 70 ans ! » Elle avait acquis son cinquième dogue allemand en 40 ans et il était un peu remuant, ce qui, pour elle et son mari, était envahissant et pesant.

La résistance redirigée

Un individu est en résistance avec sa conscience (ou son inconscient) qui lui répète jour après jour qu'il devrait faire ci, qu'il devrait faire ça, et il résiste très bien avec des arguments très illogiques mais qui lui parlent, qui parlent le langage de son affectif. Et ce thérapeute ose entrer en résonance avec sa conscience ? Mais c'est insupportable ! Le voilà acculé dans une impasse et il résiste d'autant plus. Mais cette fois ce n'est plus sa conscience à laquelle il résiste, c'est à un tiers, à un élément externe, et c'est une aubaine ; car, enfin, la frustration et l'irritation ont une cause externe ; enfin, il peut donner libre cours à son courroux en résistant aux conseils du thérapeute.

J'ai dit que ce choc cognitif est lié à la représentation du monde de chaque personne en communication, et que cette représentation dépend de sa culture, de son éthique, de ses croyances et de ses modèles de fonctionnement. La solution est, bien entendu, dans la tolérance, dans l'empathie et dans l'art, celui de manier les différentes notes de la gamme de la communication. Si on peut apprendre les techniques, on ne peut guère changer sa personnalité. Chacun a ses qualités qui sont aussi, parfois, des limitations.

■ *Déclarer paradoxalement forfait ?*

Alors si le propriétaire d'un animal résiste, que faire ? Le vétérinaire psy peut déclarer forfait : « Ce problème est bien trop compliqué même pour un expert. Il faudrait d'abord que la situation s'améliore spontanément avant que je puisse intervenir. Je vous propose de ne revenir que si cela va mieux ! »

Haussez-vous les sourcils d'étonnement ? Ai-je dit une grosse bêtise ? Si vous êtes surpris, c'est tout à fait normal. Passer pour un fou est une excellente façon de terminer, même temporairement, un contrat thérapeutique. Cette prescription paradoxale signifie tout simplement que le thérapeute veut bien aider pour autant que le système s'est déjà engagé dans un processus de changement, c'est-à-dire qu'il est sur la voie de la guérison spontanée. Spontanée, c'est beaucoup dire ! Comme ce genre d'argument est rarement infligé à la première consultation mais bien après plusieurs visites improductives, le propriétaire d'un animal a déjà reçu un certain nombre de prescriptions et peut donc tenter (enfin) de les appliquer. Le thérapeute lui dit donc : « Arrêtez de résister, sinon c'est moi qui résisterai ; et je résisterai tellement fort que je refuserai de vous voir tant que vous n'arrêtez pas votre petit jeu ! On n'est pas ici pour faire un bras de fer ; je suis là pour vous aider à vous aider vous-même, mais il me faut votre coopération ! Si vous ne coopérez pas, moi j'arrête de perdre mon temps avec vous ! » Bien entendu, faire une prescription paradoxale est beaucoup plus élégant que de dire un truisme !

L'alternative à la déclaration de forfait, c'est de jouer. Et le thérapeute peut jouer avec des jouets paradoxaux. Les prescriptions paradoxales sont utiles pour cela, mais il s'agit d'un sport de haute voltige, et les thérapeutes acrobates pirouettent et virevoltent sans filet. C'est un travail d'artiste !

Les questions élémentaires à se poser

Une fois les problèmes énoncés, analysés, détaillés, il n'est pas inutile de se poser quelques questions, juste pour savoir si on n'est pas passé complètement à côté du sujet. Je vais énumérer ici certaines questions (voir aussi en annexe).

Voici quelques questions : Y a-t-il une demande ? La demande est-elle exprimée ou cachée ? Quelles sont ces demandes ? Quelles sont les attentes exprimées ? Quelles sont les attentes cachées (non exprimées) ? Le mandat a-t-il été défini et accepté ? Pourquoi ce propriétaire consulte-t-il maintenant ? Quels sont les problèmes ? Quelles sont les exceptions, c'est-à-dire les moments où les problèmes ne s'expriment pas ? Qu'est-ce qui est important pour ce propriétaire ? Qu'est-ce qui est secondaire ? Quelles sont les mesures qu'il a déjà prises pour améliorer la situation ? Qu'est-ce qui a réussi, qu'est-ce qui a échoué ? Les problèmes ont-ils une solution ou sont-ce des limitations ?

Quelles sont les ressources du système ? Qui dans le système va pouvoir apporter son aide ? Qu'est-ce que ce propriétaire est prêt à faire ? Est-il prêt à s'engager dans un processus de changement ? Préfère-t-il déléguer la totalité des solutions au vétérinaire psy ? Est-il prêt à administrer des médicaments ou y est-il opposé ? A-t-il accepté les recadrages ? A-t-il souri ou ri, montré de l'émotion, éventuellement écrasé une larme ? Quel a été son langage corporel ? A-t-il montré une ouverture ou une fermeture dans son langage corporel ?

Que pense le vétérinaire de sa propre écoute, de son empathie ? Que pense-t-il de l'ambiance (*Stimmung*) ? Que pense-t-il que le propriétaire de l'animal a compris de ce qu'il lui a dit ? Le message est-il passé ? Le thérapeute a-t-il parlé le langage du client ?

Pourquoi le vétérinaire référant a-t-il référé le cas, et pourquoi maintenant ? A-t-il déjà proposé un traitement ? Quelle est sa vision du problème ? Est-ce que les visions sont congruentes ? Les objectifs sont-ils convergents ? Si les visions et les objectifs sont divergents, comment faire pour ne pas critiquer le référent en face du propriétaire de l'animal ?

L'animal est-il physiquement sain ? Ne souffre-t-il pas d'un trouble neurologique ou endocrinien qui pourrait activer les troubles psychologiques (comme l'hypothyroïdie, une tumeur cérébrale...) ? Qu'a-t-il vécu dans sa vie qui puisse expliquer éventuellement qu'il a été conduit à choisir des comportements qui sont devenus des problèmes pour son entourage ? A-t-on une idée même vague de sa génétique, du comportement de ses parents, frères et sœurs ?

Quelles stratégies le vétérinaire psy peut-il envisager ? Seront-elles acceptables pour le propriétaire ? Maintiennent-elles le bien-être de l'animal et du système dans lequel il vit ? Le thérapeute va-t-il prescrire des tâches ? Lesquelles ? Seront-elles mises en pratique par le client, par un des membres du système ?

C'est beaucoup de questions, c'est vrai. Faut-il les garder en mémoire tout au long de la consultation ? Je réponds : « Oui ! » Y a-t-il un moment privilégié pour revoir ces questions ? Oui, aussi, pendant une courte pause que le thérapeute peut s'offrir après la sémiotique.

Mais comme il est impossible de prendre une pause d'une demi-heure pour répondre à chacune de ces questions, je conseille de réécrire certaines d'entre elles sur une feuille de papier et de la consulter en fin de sémiotique, juste pour contrôler que l'essentiel n'a pas été oublié.

L'examen physique

Chaque animal doit être examiné physiquement correctement par un vétérinaire, le référent ou le spécialiste. Le moment de cet examen dépend de chaque situation de consultation.

Je déconseille de réaliser l'examen avant l'énoncé des problèmes et le début de la sémiotique. Comme les propriétaires d'animaux de compagnie nous présentent plus d'une fois sur deux des animaux agressifs, le vétérinaire psy a tout intérêt à connaître d'avance la dangerosité de l'animal qu'il va devoir manipuler afin d'assurer la sécurité de tous. Il en est de même avant de laisser l'animal circuler librement dans la pièce de consultation.

La fin de la phase de sémiotique est un bon moment pour faire cet examen physique : l'animal est connu (autant que possible), le danger est estimé, l'examen peut se faire et confirmer ou infirmer les hypothèses déjà formulées par le thérapeute. Mais il y a un point important que l'examen physique en fin de sémiotique peut fournir au professionnel, c'est une *pause* dans l'entretien (voir paragraphe suivant). L'examen étant habituel, il est souvent automatisé et permet de réfléchir en silence.

Si le thérapeute ne réalise pas l'examen physique, il doit demander s'il a été effectué et quelles ont été les conclusions de l'examinateur. S'il recommande un examen détaillé et spécifique (médecine interne, neurologie...) ou s'il conseille des analyses complémentaires (analyse de sang, analyse d'urine, scanner...), il doit dire pourquoi et annoncer une idée des tarifs. C'est contraire à toute éthique professionnelle de manipuler un client – de le laisser dans l'obscurité au sujet de certains termes du contrat –, et l'argent est un de ces éléments !

La pause

La pause est un moment privilégié tant pour le vétérinaire psy que pour le propriétaire de l'animal. Le thérapeute peut réfléchir à ses hypothèses et préparer ses diagnostics, stratégies thérapeutiques et conclusions. Le propriétaire peut penser aux informations qu'il a données, à celles qui pourraient être importantes et qu'il n'a pas encore proposées, et surtout il peut méditer sur la qualité d'écoute du thérapeute consulté. Si la pause est trop longue, il risque de sortir de l'ambiance, de la *Stimmung*, penser à autre chose, et le lien thérapeutique peut être rompu.

La pause est peu souvent organisée en consultation de comportement. Le spécialiste peut profiter de l'examen physique pour cogiter et prétexter de l'auscultation pour demander un temps de silence. C'est une opportunité pour stopper le débit verbal incontrôlable d'un client trop loquace.

Un vétérinaire comportementaliste débutant peut aussi mettre la pause à profit pour contacter un collègue ou un superviseur et demander un avis éclairé ou simplement une autre vue sur les symptômes...

Histoire de Fripon, le chiot hyperactif

En raison d'une mauvaise compréhension sur la date, la propriétaire de Fripon, un border colley de 3 mois et demi, se présente en même temps qu'une autre cliente ; elle préfère patienter dans la salle d'attente plutôt que de revenir le lendemain comme convenu. Après cette attente imprévue, Fripon entre tout joyeux dans le salon de consultation et me saute littéralement dans les bras. Ensuite, il court comme un dératé à travers la pièce, se saisit d'une balle de tennis, puis d'une autre, d'un jouet en caoutchouc et se met à ronger quelques secondes avant de repartir dans une course folle, de sauter sur le sofa, d'en redescendre, de chercher l'interaction en venant mordiller dans les mains. Fripon fera cela pendant une heure. Tout le monde aura compris que le chiot est hyperactif.

À la demande de madame, 75 ans, de savoir quoi faire quand il déchire les vêtements, quand il mord dans les mains – ses mains sont parsemées de coups de griffes et de dents –, je réponds qu'on devrait lui apprendre à contrôler sa morsure en stoppant tout jeu dès que le chiot mord. Mais il ne faut pas oublier qu'on ne peut pas stopper l'activité d'un chiot hyperactif, qu'il faut comprendre que le chiot doit mordre et qu'on peut réorienter les morsures sur des jouets rendus intéressants par de la nourriture, tels que des objets en caoutchouc creux fourrés de saucisson ou de croquettes.

Et à la question de la malpropreté du chien, la réponse est que le chien hyperactif est distrait et a besoin d'un endroit calme et d'être calme pour éliminer, ce qu'il trouve… dans la maison.

Chaque question de madame est ensuite répondue par : « Qu'est-ce que vous en pensez ? » et elle répond : « Il est hyperactif, il a besoin de bouger, il faut réorienter les mordillements, il faut le laisser mâcher un objet intéressant, il faut le motiver à faire des activités structurées… » Madame est très douée, elle trouve toutes les solutions.

La demande de la propriétaire était d'avoir une guidance afin de résoudre des problèmes actuels et de prévenir des problèmes futurs, et, surtout, d'imaginer ce que pourrait être la vie avec ce chiot, très différent du border colley calme qu'elle avait eu auparavant pendant dix ans.

Les diagnostics

Faire le diagnostic entame une nouvelle phase de la consultation. Il y a plusieurs types de diagnostics :
— diagnostic nosographique,
— diagnostic des dysfonctions,
— diagnostic systémique,
— diagnostic annoncé,
— diagnostic de dangerosité.

Avant de reprendre ces divers diagnostics, gardons en mémoire « la biodégradabilité des certitudes du thérapeute », comme le dit Malarewicz[1], ainsi que celle du diagnostic. Une fois reconnu l'aspect labile, fragile, instable, fluctuant et temporel des diagnostics, attachons-nous à les décrire pour mieux les utiliser ou mieux les éviter.

> Les diagnostics, comme les certitudes, sont biodégradables et ne résistent pas à l'épreuve du temps. Pour développer une stratégie de changement, se baser sur les comportements symptômes est plus efficace que de se baser sur les diagnostics.

Le diagnostic nosographique

Établir un diagnostic nosographique, c'est donner un nom à une maladie, à un trouble, à un état. Ce diagnostic est intéressant pour comprendre en quelques mots ce qu'est le problème et pour pouvoir l'expliquer (à un collègue de la même école de pensée). Ce diagnostic aide rarement à soigner le problème puisque, idéalement, il n'y a pas de traitement stéréotypé. Chaque problème est unique et chaque résolution est unique, même si l'étiquetage est semblable.

Mais d'abord entendons-nous sur cette terminologie ! Je parle ici de mettre un mot clé sur un ensemble de symptômes. Je ne parle pas du diagnostic symptomatique, qui n'est que la réitération du symptôme sous forme condensée, résumée. Le diagnostic nosographique est une entité. Cette entité est virtuelle,

1. Malarewicz J.-A., *Comment la thérapie vient au thérapeute*, *op. cit.*

elle n'est pas validée scientifiquement, elle n'a d'existence que par le poids qu'une école (de pensée) lui donne. Dans le DSM, chacun trouvera de nombreux « troubles » qui sont autant de diagnostics acceptés par une certaine quantité de psychiatres et psychologues au monde. Nous n'avons pas encore d'équivalent au DSM en médecine vétérinaire comportementale et un début de consensus est loin d'être réalisé, mais cela est une autre histoire !

Le diagnostic nosographique (c'est-à-dire multisymptomatique) montre une certaine forme d'expertise de la part du vétérinaire psy mais il peut être très mal compris par le propriétaire, puisque le diagnostic est exprimé dans un autre langage que le sien. Cela est très sérieux. Dans certains cas, le lien thérapeutique est rompu par l'utilisation d'un jargon incompréhensible. L'important n'est pas de tenter de convaincre un propriétaire d'animal du bien-fondé du diagnostic qu'on vient de poser ni d'argumenter à ce sujet, ni de se gargariser d'avoir fait du bon travail, ni de signaler dans son langage non verbal qu'on est très fier de soi, mais d'aller à la rencontre des objectifs de ce propriétaire.

Le diagnostic des dysfonctions

C'est le diagnostic de ce qui fonctionne ou dysfonctionne chez l'animal-problème et dans le système. C'est très différent du diagnostic « fonctionnel » qui serait soit un diagnostic « pratique », c'est-à-dire permettant de classer tous les symptômes du patient dans une entité nosographique, situation idéale mais rarement vue en clinique, soit un diagnostic « pragmatique » qui permette d'envisager ou d'automatiser des stratégies thérapeutiques.

Le diagnostic des dysfonctions est basé sur une modélisation de la normalité et de la pathologie du comportement animal et du fonctionnement des systèmes et de la société. C'est donc tout un programme ! Ce type de diagnostic change avec le modèle de pensée du spécialiste consulté. En effet, certains vétérinaires considèrent que les comportements, les émotions, les humeurs... peuvent devenir pathologiques ; d'autres estiment que l'animal reste normal et tente de s'adapter à un milieu qui lui crée problème. Certains insistent sur les causes génétiques et d'autres sur les causes environnementales...

Ce diagnostic est basé sur les quelques symptômes individuels significatifs qui permettent d'élaborer une stratégie d'intervention. L'animal est-il « hyper », « hypo », « dys » ou « normal » ? Voilà une première approche. Est-il anxieux ? Souffre-t-il d'une pathologie ou est-il adapté ? La séquence comportementale est-elle intègre ou tronquée ? Voilà autant de questions qui méritent réponse dans ce domaine !

À la différence du diagnostic nosographique qui est basé sur plusieurs symptômes, le diagnostic de dysfonction ne s'occupe que d'un signe à la fois.

L'utilisation d'*échelles d'état* est intéressante ici. Chaque comportement peut être évalué sur un axe déterminé par ses extrêmes opposés. Le chien est-il désobéissant ou obéissant, soumis ou dominant, hypoactif ou hyperactif, hypovigilant ou hypervigilant, etc. ? Chaque axe peut être divisé en graduations, par exemple de – 10 à + 10, 0 étant la moyenne entre les deux extrêmes. Une variance (variabilité de la normale) peut être inscrite également, et, pour chaque comportement, le vétérinaire comportementaliste peut décider si le signe est dans l'enveloppe de la norme ou en dehors.

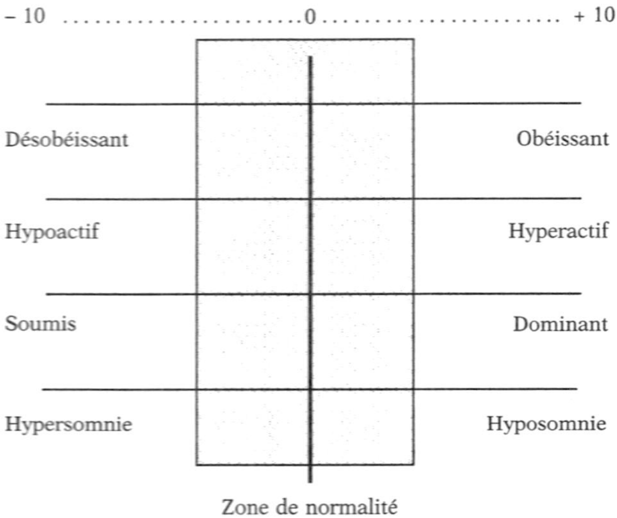

Ce type de diagramme peut être très utile pour visualiser les problèmes et les pathologies, autant pour le vétérinaire psy que pour le maître de l'animal. Un recadrage des objectifs peut être proposé à partir de ce diagramme.

Le diagnostic systémique

C'est une terminologie quelque peu prétentieuse pour parler du diagnostic de l'état du système dans lequel l'animal est contraint de vivre. Ce que le vétérinaire psy doit déterminer, ce sont au minimum les réponses aux questions suivantes au sujet du système : quel est l'état de ses ressources et de ses résistances, quelles sont les compétences pour l'observance des conseils d'intervention ? Ce système est-il fonctionnel ou dysfonctionnel ? Ce système favorise-t-il les problèmes ? Et ce système sera-t-il capable d'assumer des changements et de parvenir à un nouvel équilibre ?

Le vétérinaire n'a besoin que des informations appropriées pour induire les changements adéquats ; il ne doit pas passer son temps de consultation à analyser le système au détriment de la sémiotique de l'animal. J'ai vu des intervenants débutants se prendre au jeu de l'analyse du système social de leurs clients, de leurs relations, ententes et mésententes et, après une heure de consultation, on n'en savait guère plus sur les problèmes (de l'animal), les nuisances subies par les maîtres, leurs attentes et les mandats. Par contre, on connaissait le génogramme de la famille sur trois générations ! Après tout, en quoi cela affectait-il les problèmes présentés par l'animal ? Que l'on passe du temps à analyser la structure hiérarchique familiale et les rôles de chacun des membres de cette famille si on suspecte un trouble de la hiérarchie se comprend aisément ! Mais si le spécialiste consulté n'a pas de raison majeure pour s'engager dans cette étude, l'éthique professionnelle, la convenance et aussi l'efficacité (voire la rentabilité) de son travail exigent qu'il fasse preuve d'une réserve certaine. Le client paie pour avoir des solutions à ses problèmes, non pour obtenir une psychanalyse de son système familial par un amateur non qualifié pour cela.

Malgré l'éthique qui exige un certain discernement et une évidente discrétion face à la situation familiale de mes clients, il m'est arrivé de constater des modifications dans les « systèmes » une fois l'animal amélioré ; j'ai observé par exemple un divorce ou une fugue d'adolescent. C'est d'ailleurs pour cette raison, entre autres, que j'ai décidé de me lancer dans une formation de trois ans en thérapie familiale et en intervention sur les systèmes... Ces modifications de systèmes sociaux et familiaux sont inévitables et il ne faut pas s'en responsabiliser, ni surtout s'en culpabiliser. Si d'aventure le vétérinaire psy pense que l'animal est le symptôme d'un système social dissonant qui cherche consciemment ou inconsciemment un « bouc émissaire », il peut décider d'en parler aux propriétaires et leur conseiller de consulter un thérapeute familial (ou de couple). Ce que ces personnes feront de l'information est de leur responsabilité. Si un couple de clients divorce, il est possible que le spécialiste soit consulté à nouveau pour régler les problèmes comportementaux liés à l'obligation de l'animal de s'adapter à une gestion partagée, aux déménagements incessants et à la confrontation de deux systèmes éducatifs différents.

Le diagnostic annoncé

C'est le diagnostic exprimé au propriétaire de l'animal, avec ses propres mots, dans son jargon. Faire un diagnostic, je le rappelle, est un travail intellectuel. Si on veut éviter un télescopage de représentations, il est préférable de l'intégrer dans la vision du monde du client.

Exprimer un diagnostic est une stratégie thérapeutique. Cela doit être en étroite relation avec l'ensemble des stratégies d'intervention du spécialiste. Étiqueter un problème, une maladie, est très puissant tant en construction d'un lien thérapeutique qu'en destruction de celui-ci.

Annoncer un diagnostic n'est pas faire de la démagogie, c'est-à-dire donner raison au propriétaire même s'il se trompe dans ses représentations. Ce n'est pas non plus mettre le propriétaire dans une situation sans issue dans laquelle il aurait tort sur toute la ligne et cela argumenté de façon infaillible par l'intervenant. La vérité – et le mot est ici pris dans son sens opératoire – est entre les deux extrêmes. Et dans certains cas, il vaut mieux ne pas annoncer de diagnostic mais travailler simplement avec les symptômes qui posent problème et que le maître de l'animal s'attend à voir changer pour le meilleur.

Le diagnostic de dangerosité

J'insiste sur l'analyse de la dangerosité de l'animal. Pour le chien, on trouvera des éléments subjectifs, objectifs et une formule de dangerosité dans mon livre *Le Chien agressif*[1].

Ce sujet est souvent mésestimé par le vétérinaire comportementaliste débutant, ce qui peut mettre en danger le système social du chien, le public et le vétérinaire lui-même. Sachant que les propriétaires font assez souvent un déni sur la dangerosité de leur animal, il est du devoir éthique et légal du vétérinaire comportementaliste d'annoncer ce qu'il a pu observer et évaluer. Si, pour parler du chien, sur une échelle de 0 à 10 où 0 est un chien sans danger (c'est-à-dire le chien en peluche) et 10 est le chien qui peut causer un danger mortel, à quel chiffre évalue-t-on un chien ? Si on l'évalue à 7 ou à plus de 7, il faut émettre la suggestion de l'euthanasie et l'exprimer au client.

Quelles solutions pour Jessie la chienne ?

« Docteur, je suis venue faire le vaccin contre la rage, mais je dois aussi vous parler d'un problème de comportement très ennuyeux », dit la propriétaire de Jessie, labrador de 5 mois, au cours d'un jeu de rôle lors d'une formation en médecine vétérinaire comportementale.

1. Dehasse J., *Le Chien agressif*, Publibook.com, Paris, 2002.

« Jessie détruit quand elle est seule ! »

Je chuchote à la vétérinaire qu'il y a une contrainte de temps, qu'un autre client attend dans la salle d'attente, qu'elle a 15 minutes pour travailler sur ce cas, pour proposer des solutions ou postposer.

« Je suis quelque peu à court de temps et je vous propose de prendre un quart d'heure pour analyser la situation maintenant et trouver des solutions ; si nous n'avons pas assez de temps, je vous proposerai un rendez-vous pour faire une consultation de comportement approfondie », dit la vétérinaire.

La cliente marquant son accord, le jeu de consultation continue.

« Parlez-moi de ces destructions », dit la vétérinaire.

« Elle s'est mise à ronger le sofa, ou bien elle vide les livres de la bibliothèque, les éparpille et les détruit. »

Je fais stopper le jeu et demande aux acteurs et observateurs leur opinion sur les informations reçues. La consultation se déroule bien, l'ambiance est bonne, la communication passe bien, les cadres de la consultation ont été mis, et les premières informations nous permettent d'établir un arbre de décision rapide. À la question : « À quel diagnostic peut-on penser chez un chien de 5 mois qui détruit quand il est seul ? », les participants répondent « l'anxiété de séparation, l'hyperactivité et les crises de panique ».

« Comment peut-on faire la différence aisément entre ces trois pathologies ? Quels sont les signes différentiels ? », dis-je.

Les participants réfléchissent et donnent les réponses :

— crise de panique : destructions éparses, non structurées, signes neurovégétatifs (salivation...),

— anxiété de séparation : destructions structurées ou non, hyperattachement au propriétaire visible à la maison si le chien suit le propriétaire tout le temps et observable dehors si le chien reste collé à son maître sans explorer à grande distance,

— hyperactivité : destructions structurées ou non, signes de nervosité, d'impulsivité et de distractibilité en général, faible contrôle de la morsure et des mouvements.

Cette petite réflexion permet de poser des questions essentielles. Et cette réflexion peut être faite à haute voix devant le client, ce qui lui permet de voir la vidéo de sa chienne dans sa mémoire.

« Quand vous promenez Jessie sans laisse, en forêt par exemple, reste-t-elle près de vous ou s'éloigne-t-elle ? À quelle distance s'éloigne-t-elle ? », demande la vétérinaire à la propriétaire qui répond : « Jessie va jouer avec d'autres chiens et s'éloigne très loin, on ne la voit plus !

— Et en général, Jessie est-elle un chien calme ou plutôt toujours en mouvement ?

— Calme ? Non, Jessie est sans arrêt en train de demander de jouer. Elle peut courir des heures sans paraître fatiguée. Et, même quand on regarde la télévision, elle vient nous mordiller les mains pour nous faire jouer avec elle. Elle est tellement brute parfois qu'elle nous cogne les jambes et on est déjà tombés, vous savez, quand elle vient heurter l'arrière de nos genoux... »

Avec ces informations, le diagnostic d'hyperactivité est aisé. Il reste à la vétérinaire à déterminer si la chienne est vraiment hyperactive, c'est-à-dire si elle souffre d'une pathologie du contrôle de soi, ou si elle est juste trop active pour l'environnement qui est, lui, trop peu stimulant et trop pauvre pour rassasier les besoins d'activité de la chienne. Cependant, dans les deux cas, le traitement pourrait être le même, à savoir baisser le besoin d'activité de la chienne par des médicaments et augmenter les propositions d'activité variées. J'ai inventé une formule didactique pour ces besoins d'activité : Activité générale = activité motrice + activité masticatoire + activité vocale + activité intellectuelle.

Si le chien a un besoin inné de 7 heures d'activité par jour, parce que c'est un chien d'une lignée de travail par exemple, il faudra lui procurer ces 7 heures d'activité sous forme de promenades et de jeux de course, poursuites et rapports d'objets (activité motrice), sous forme d'un os ou de jouets à ronger (activité masticatoire) ou de jeux d'obéissance, de recherche, de pistage (activité intellectuelle). Si on ne lui fournit pas ces 7 heures d'activité – dont une partie se doit d'être sociale, donc interactive avec le propriétaire, ce qui est consommateur de temps –, le chien risque de gratter, de ronger des objets ou du mobilier (destructions par activité motrice et intellectuelle personnelle) ou d'aboyer et de hurler (activité vocale). On peut aussi donner des médicaments qui vont réduire ce besoin d'activité de 30 à 50 % en moyenne ; dans ce dernier cas, le chien qui avait un besoin inné de 7 heures d'activité aura toujours besoin de 3 heures 30 à 5 heures d'activité, sinon il détruira ou aboiera toujours.

En écrivant cette formule devant le propriétaire, on lui permet de choisir le type de solutions qui pourront être mises en œuvre dans sa famille.

Dans le jeu de rôle, la propriétaire choisit de donner des médicaments à sa chienne et aussi de lui donner un os à ronger, un vrai os tel qu'un genou de veau. De plus, elle se propose de lui faire des sessions de *clicker training*, de lui apprendre des trucs, non seulement à s'asseoir et à se coucher à la demande, mais aussi à faire le mort, à sauter d'une chaise à l'autre, à chercher des balles de couleur particulières, en somme de s'amuser de façon intelligente avec sa chienne.

Les stratégies de thérapie

Les stratégies d'intervention ou de thérapie sont planifiées bien avant que l'on étiquette un diagnostic sur le dos de l'animal ou du système. Elles sont inventées par l'expérience et l'intuition et dépendent des informations reçues pendant les premiers temps de la consultation. Parfois elles sont construites sur une base logique, comme la prescription d'une désensibilisation dans une phobie aux bruits d'explosion, parfois elles sont intuitives. Voici un exemple d'une intervention intuitive.

Je pense à une femme d'une quarantaine d'années vivant seule avec son chien mâle et qui lui était très dévouée, au point de ne prendre des vacances que là où elle pouvait emmener son chien. Le chien présentait des comportements agressifs d'intolérance aux contraintes, comme tout chien dominant. Le diagnostic nosographique aisé était un trouble de la hiérarchie. Le chien fonctionnait somme toute assez bien dans un système à double lien. Et la propriétaire semblait prête à remettre certaines choses en place. Après entretien dont j'ai oublié les détails, ma « thérapie » ne fut pas de remettre la hiérarchie en place en supprimant les privilèges du chien (comme on le fait d'habitude), mais de lui conseiller de... partir en vacances sans son chien. Comme on était en juin et que ses vacances étaient programmées, elle décida de partir en vacances avec son chien d'abord, puis de repartir seule après en mettant son chien en chenil. Deux mois plus tard, la hiérarchie était restructurée. Ce type de thérapie s'adressait typiquement au cerveau droit, c'était une prescription inattendue et elle s'adressait à un des sujets centraux de son discours, les vacances. Bien entendu, cela voulait dire : « Pourquoi ne vous occupez-vous pas de vous en priorité, en remettant le chien à sa place de chien, c'est-à-dire au second plan ? » Mais ce conseil n'aurait peut-être pas pu être entendu par son cerveau gauche logique. Bien entendu, c'est ce que la propriétaire a compris intuitivement et mis en pratique.

L'intuition du psy est bien souvent une ressource géniale pour inventer des stratégies de changement astucieuses, inattendues et efficaces.

Le sujet de ce livre n'est pas de décrire les différentes thérapies mais de donner des indications sur le cadre – le décor et les limites – des interventions thérapeutiques. Je ne peux cependant m'empêcher de préciser ici qu'une thérapie n'est pas une solution qui doit résoudre définitivement un problème. Il n'y a aucune solution définitive parce qu'il n'y a aucun problème permanent et immuable ; le problème tout comme le changement amenant à sa résolution sont… biodégradables ; l'homéostasie est un processus d'adaptation répétitive, que ce soit au niveau biologique individuel ou au niveau de la régulation sociale dans les systèmes.

La stratégie thérapeutique doit éviter la simplification terrible et le syndrome d'utopie[1]. Il n'y a pas une solution aux problèmes et aux énigmes qui nous sont soumis, il y en a trois, sept ou onze et sûrement bien davantage. Il est vain d'affirmer avoir trouvé la solution définitive, la recette miracle, puisque chaque solution est individuelle au système thérapeutique dans le moment présent.

1. Peut-être n'aurais-je pas dû écrire cette ligne ? Elle demande un livre d'explication à elle toute seule ! Heureusement pour moi, et pour vous, ce livre existe depuis longtemps. Je vous laisserai avec vos réflexions et le livre *Change* de Watzlawick dans : Watzlawick P., Weakland J. et Fisch R., *op. cit.*

POLYSÉMIE

L'hypothèse – et la définition – de la polysémie, c'est qu'il y a plusieurs sens, plusieurs explications, plusieurs causes, à un problème. Quand il y a plusieurs sens, il y a plusieurs stratégies de solutions possibles. C'est la richesse de cette hypothèse que j'ai adoptée. Et c'est plus qu'une hypothèse. En biologie, rien n'est irréductiblement lié à un facteur, à une cause. C'est d'une multiplicité de causes et de facteurs déclencheurs et aggravants qu'émerge un problème, un symptôme, un syndrome. En fait, quand on y pense, la vie elle-même, telle que nous la connaissons consciemment, est une réaction à des déclencheurs.

En infralogique, le client – ou l'animal pour lequel il consulte – est le plus souvent la victime d'autrui. C'est une causalité linéaire, simple, voire simpliste. En logique systémique, c'est-à-dire circulaire, tout le monde est coauteur des événements. Dans ma philosophie, chacun est responsable des événements qui l'affectent. Le modèle de vie du client et de l'intervenant va façonner leurs croyances.

Si le propriétaire s'est fait mordre par son chien, il peut jouer passivement à la victime ou déterminer en quoi son comportement a facilité l'agression du chien. Dans le premier cas, il se décharge du problème et des solutions, dans le second, il peut agir sur son propre comportement pour réduire le risque d'agression. S'il change son comportement, il peut induire chez le chien une autre humeur et, dès lors, d'autres conséquences. Par exemple, si le propriétaire veut mettre la laisse à son chien et que le chien grogne, le propriétaire peut se fâcher et entrer dans une communication symétrique qui évolue vers l'agression mutuelle, le chien pouvant gagner le conflit en mordant. Si, au grognement du chien, le propriétaire répond par un rire, une proposition de jeu, il peut induire une nouvelle ambiance, un *Stimmung* de jeu, qui entraînerait le chien dans une activité ludique. L'agression est incompatible avec le jeu ! Cela n'est possible que lorsqu'on accepte que la situation ait plusieurs sens, dans ce cas que l'on passe d'un paradigme de victimisation à un paradigme de co-responsabilisation !

> Il y a plusieurs sens, plusieurs explications, plusieurs causes à un problème. Ces sens, explications ou causes sont des théories de notre mental et ont un rapport hypothétique avec la réalité, toujours mystérieuse. Quand il y a plusieurs sens, il y a aussi plusieurs solutions possibles et, donc, plusieurs stratégies envisageables.

Euhérésis

L'euhérésis[1], c'est le « bon choix », du grec *eu* (bon) et *haeresis* (choix), c'est-à-dire le bon choix[2] thérapeutique, le choix du bon changement, celui qui permettra au système dans lequel vit l'animal et à l'animal lui-même de retrouver une homéostasie, son équilibre psychosocial.

1. Terme proposé par Cabié et Isebaert. Cabié M.-C. et Isebaert L., *op. cit.*
2. On peut rétorquer à l'euhérésis qu'il n'y a pas de bon choix ou de mauvais choix, que tout choix permet de vivre une expérience et que personne ne peut savoir d'avance si cette expérience sera ou non profitable à l'animal et à ses propriétaires, voire aussi au vétérinaire psy. Bien entendu, on ne tirera les conclusions qu'après avoir vécu cette expérience.

Le bon changement n'est pas toujours celui que le vétérinaire psy croit ou imagine. Il aurait tort de proposer ses solutions personnelles – les solutions qui, pense-t-il, amélioreraient la situation dans son système social – au système du propriétaire de l'animal. Le traitement ne vise pas à mettre en place les objectifs du thérapeute, mais ceux du propriétaire. À part l'empathie thérapeutique (vue au chapitre 5), comment y arriver ?

La première solution est de permettre au propriétaire de l'animal et au système dans son ensemble de trouver ses propres solutions en lui montrant ce qu'il a déjà réalisé avec succès et les écueils des tentatives de solutions qui ont mené à l'échec ; de cette façon il peut être guidé à choisir ses propres solutions efficaces.

Une deuxième solution est de proposer de multiples objectifs, de multiples solutions, de multiples tâches et de laisser au propriétaire (au système) l'option de choisir ce qui lui convient le mieux à ce moment précis. L'important est que le propriétaire décide de faire un choix.

La troisième solution est de laisser au propriétaire le choix de faire une des tâches proposées ou de... ne rien faire.

Pour y arriver, il est préférable que le thérapeute utilise des suggestions de tâches plutôt que des obligations : « Je vous propose de faire... », plutôt que « Faites... ! », ou bien « Il vous faut faire..., vous n'avez pas d'autre choix si vous désirez améliorer la situation ! »

Le vétérinaire psy peut donner le choix des tâches : « Dans mon expérience, la tâche numéro un est celle qui donne le plus de résultats le plus rapidement, mais elle est un peu plus difficile ; la tâche numéro deux est plus aisée, mais les résultats sont moins certains ; la tâche numéro trois donne d'excellents résultats mais elle doit être combinée impérativement à une médication... » Le propriétaire de l'animal peut dès lors choisir la tâche la plus appropriée à ses désirs du moment. Si on veut guider le client vers ce dernier choix, on dit cette solution en dernier. Oui, je sais, vous me direz que c'est de la manipulation ! En quelque sorte, oui, sans autre intention que le bien-être du système thérapeutique.

Enfin, pour clore ce point, le thérapeute doit au moins valoriser le choix minimal que chaque client a fait, c'est-à-dire le choix d'avoir décidé de consulter.

Le nombre de prescriptions

Au début de mes interventions comportementales, j'aimais restructurer complètement la vie de l'animal dans son système et je donnais de multiples explications et d'abondants conseils. Pour éviter de devoir répéter sans cesse ces conseils éducatifs, j'ai écrit un livret d'une trentaine de pages, qui, en quelques mois, est passé à une centaine de pages et est devenu mon premier livre sur l'éducation du chien. Inutile de dire que les gens ne lisaient pas la prose que je leur donnais. S'ils m'écoutaient en consultation – du moins j'avais l'illusion qu'ils m'écoutaient et me comprenaient –, qu'en retenaient-ils ? Avec la formation en systémique, et avec l'expérience, j'ai réduit le nombre de mes conseils et interventions. C'est donc la recommandation que je me permets de donner aujourd'hui : limiter les prescriptions au strict minimum, c'est-à-dire aux tâches qui pourront réellement être mises en pratique.

À combien se monte le strict minimum ? De une à cinq tâches me semble adéquat et permet d'obtenir plus d'observance. Il faut se mettre à la place de l'autre ! Si on me demandait de réaliser des tâches jour après jour, que je devais, pour ce faire, accommoder mon emploi du temps, ce qui nécessite un changement de mes habitudes, combien de tâches observerais-je ? Je vais être franc avec moi-même : une tâche, un quart d'heure par jour ? Est-ce beaucoup ? Non, ce n'est pas beaucoup, mais c'est déjà trop ! Au moment de la prescription, vous pouvez l'envisager : un quart d'heure par jour, c'est faisable ! Au moment de le mettre en pratique, il y aura toujours quelque chose de plus important à faire, de prioritaire, d'urgent, et la tâche est simplement remise à un autre jour.

Si c'est valable pour moi, c'est aussi valable pour la personne qui me consulte, mon « client moyen », car il y a des exceptions, des clients qui passeront un temps considérable pour réussir et aussi des clients qui ne feront strictement rien. Ainsi, ce jeune homme de 30 ans, habitant chez ses parents, me présentait son doberman de 2 ans hyperactif et hypervigilant, destructeur et aboyeur. Le traitement combinait une médication à la fluvoxamine et de... sortir le chien. En effet, le chien n'avait aucune activité, à part les promenades hygiéniques. Il ne lui était jamais possible de courir libre et de se défouler. Ayant entendu dire que le chien se calmerait vers l'âge de 5 ans, il donna le médicament pendant un an, puis abandonna progressivement la médication. Inutile de dire qu'il ne changea rien à ses habitudes. Il est revenu consulter trois ans plus tard, quand le chien avait 5 ans, parce qu'il ne s'était pas calmé spontanément, parce que l'hyperactivité persistait. J'ai donc repris le traitement et appris qu'il se sentait tout le temps fatigué, ce qui l'empêchait de sortir de chez lui pour promener son chien. Et, bien entendu, il vivait toujours chez ses parents ! L'objectif de la thérapie fut réduit : « Pouvez-vous envisager de sortir le chien... 5 minutes par jour ? » Le jeune homme a pu envisager ce changement pour lui colossal dans ses habitudes. Je lui ai aussi recommandé de vérifier avec son médecin s'il ne souffrait pas du syndrome « fatigue chronique » !

Des objectifs précis

Le vétérinaire psy peut proposer une thérapie par objectif précis : un objectif aisé à atteindre à la fois. L'objectif est fixé de commun accord avec le propriétaire de l'animal ou fixé par le thérapeute en fonction des ressources (et des résistances) du propriétaire.

Dans un cas d'agression de distancement, un contre-conditionnement semble la meilleure option thérapeutique ; l'expérience a montré que mille répétitions sont nécessaires pour obtenir un résultat appréciable. Il faut en avertir le propriétaire de l'animal. Mais ce n'est pas l'objectif immédiat : on peut fixer un objectif de cent répétitions dans un délai d'un mois ou avant de se revoir ! Si le chien agresse certains passants ou certains chiens, il est aisé de profiter des promenades quotidiennes pour mettre la thérapie en pratique. Le vétérinaire peut calculer avec le client le nombre de rencontres inopportunes qui deviendront autant d'occasions de mettre en pratique le contre-conditionnement. Un client a calculé rapidement devant moi que, sans changer quoi que ce soit dans ses habitudes, il pourrait réaliser les mille répétitions en 6 semaines. D'autres se disent qu'ils pourront le faire à peu près 10 fois en un mois ; je leur annonce que la thérapie durera dès lors au moins 100 mois ! Mais j'essaie de voir avec eux comment ils peuvent augmenter ce nombre mensuel très aisément.

De nombreux propriétaires de chien qui vivent ce problème quotidien se mettent à sortir à des heures spéciales ou dans des lieux particuliers, c'est-à-dire quand et où ils ne rencontrent plus le stimulus déclencheur (humains ou chiens). Ils ont adapté leur mode de vie au problème ; la seule solution qu'ils ont trouvée est l'évitement, ce qui est une technique typique des phobiques ; c'est, bien entendu, le propriétaire qui est phobique, puisqu'il craint les rencontres en raison de la réaction de son chien et des réactions des individus agressés par son chien ! Il est aisé de faire reprendre à ce type de propriétaire une vie « normale » et de le faire sortir aux heures et dans des lieux où le stimulus déclencheur sera présent, afin de mettre en place le contre-conditionnement le plus souvent possible.

Parfois le propriétaire du chien est réellement phobique au point d'avoir des difficultés à sortir ; et c'est plus fréquent qu'on ne le croit. On peut le déterminer par exemple sur le temps global de sortie ou les heures de sortie. Cette dame ne sortait plus que 20 minutes par jour au lieu de 100 minutes avant que son petit chien ne se fasse agresser par un doberman. Telle autre ne sortait plus qu'en forêt à 6 heures du matin pour être certaine de ne rencontrer ni homme ni chien[1] !

Quoi qu'il en soit, il faut toujours annoncer que, même si la thérapie est aisée à expliquer, elle n'est pas nécessairement facile à faire et qu'il faut avancer doucement !

Le changement pertinent est spontané

Pour reprendre le 6ᵉ axiome de Malarewicz[2] : « Il n'est de changement pertinent qui ne soit spontané. » Plus loin, il écrit encore : « Voici le paradoxe le plus décourageant de la thérapie. Comment permettre à un patient de changer spontanément ? Comment intervenir ou agir, en laissant à l'autre l'initiative ? Seuls les changements spontanés sont en effet valides. Face à ce

1. Anne-Marie Villars me racontait qu'elle avait proposé à un client agoraphobe de se faire accompagner par son psychothérapeute comportementaliste pour se faire aider pour lui-même et en profiter pour sortir et exposer son chien – qui souffrait d'un syndrome de privation – à l'environnement extérieur. Villars Anne-Marie, communication personnelle, 2002.
2. Malarewicz J.-A., *Quatorze Leçons de thérapie stratégique*, *op. cit.*

paradoxe, le thérapeute va développer un autre paradoxe qui est celui-ci : le patient va apprendre la spontanéité dans la contrainte. »

> Seuls les changements spontanés sont efficaces. Comment dès lors conseiller un changement qui puisse être spontané ? C'est un paradoxe dont on se sort par l'empathie, la motivation et la coconstruction des stratégies de changement.

C'est une des raisons pour lesquelles il faut écouter avec empathie et, surtout, bien entendre ce que le propriétaire a déjà fait pour résoudre les problèmes. Si ses techniques peuvent être améliorées, ce seront les meilleures. Si ses techniques sont aberrantes, il faudra lui faire trouver les meilleures techniques, les lui suggérer jusqu'à ce qu'il les adopte comme s'il les avait découvertes lui-même. Je répète que, dans certains cas, le vétérinaire comportementaliste peut proposer plusieurs solutions et laisser le propriétaire choisir ; le choix du client est sa décision. Parfois on lui laissera le choix de ne rien choisir. Enfin, on proposera parfois des solutions contre lesquelles il se révoltera, ce qui le poussera dans la résolution des problèmes. Ainsi, à cet homme qui adore et caresse sans cesse sa chienne qui détruit tout quand elle est laissée seule, on pourrait prescrire de façon contraignante de caresser sa chienne 15 minutes toutes les heures, de la prendre dans ses bras dès qu'elle gémit… et expliquer qu'elle manque d'amour ; si la prescription est suffisamment contraignante, la chienne se rebellera ou le client se révoltera et décidera sans doute de caresser moins sa chienne, ce qui lui permettra de s'autonomiser et de s'attacher à l'environnement, ce qui devrait être apaisant et supprimer les destructions. Inutile de dire que, dans ce style de thérapie dite stratégique, on joue avec le feu et qu'on… se brûle parfois les doigts.

Un contrat thérapeutique

Si des objectifs à long terme ont été précisés, il est intéressant de proposer un contrat dans un délai déterminé. Le contrat peut spécifier un objectif précis, un pourcentage d'amélioration établi, des conséquences prédéterminées en cas d'échec, en cas d'insuffisance d'effet ou lors d'obtention de l'effet attendu. À la fin du délai fixé, un nouveau contrat peut être élaboré.

Il est bon, en fin de consultation, de vérifier les termes du contrat et l'agrément des parties. « Voici ce dont nous sommes convenus ensemble, sommes-nous bien d'accord ? »

Tenir un journal

Comme nous le verrons plus loin dans l'évaluation, chacun garde en mémoire les derniers événements qui l'ont marqué, généralement les événements désagréables, oubliant (de raconter) les événements agréables. Si le propriétaire qui consulte tient un journal quotidien, ces événements objectivables, tant agréables que désagréables, ressortent mieux du bruit de fond. Le vétérinaire psy peut, pour cette raison, lui conseiller de tenir un journal où noter soit un résumé des événements du jour, soit les séquences comportementales complètes contextualisées, soit une évaluation du bien-être des différents membres du système.

La fin de la première consultation

Respecter le cadre temporel

La consultation devrait se terminer dans les délais impartis du cadre temporel. Le vétérinaire devrait avoir programmé son temps afin de pouvoir proposer ses interventions (thérapies) et les expliquer. Il ne convient pas de recommencer une sémiotique à ce moment, même si le propriétaire donne des informations précieuses au moment où il est temps de se séparer. Ces informations seront gardées en mémoire, inscrites sur le dossier et discutées à la consultation suivante.

Le prochain rendez-vous

Si, avant même la première consultation, le vétérinaire a pris soin de préciser quand il désirait revoir le client, à quelle fréquence, avec quels intervalles, il peut lui annoncer que normalement le rendez-vous suivant se fait après 4 semaines (c'est ma proposition) ou un autre intervalle de son choix, qui, suivant son expérience, donne les meilleurs résultats. En cas d'accord, mieux vaut, si possible, fixer à ce moment-là le rendez-vous suivant et le noter. Il est préférable aussi de signaler qu'il convient de décommander d'avance. Je donne toujours cette possibilité de décommander le rendez-vous d'avance, le jour même si c'est nécessaire, et cela sans explication obligatoire ; cela me permet de m'organiser et cela donne à mes clients la liberté de choisir de venir ou de ne pas venir sans avoir à s'excuser, se justifier ou s'expliquer. Pour faciliter encore ce processus de liberté, ils peuvent laisser un message sur le répondeur-enregistreur téléphonique ou par courriel.

Une deuxième solution est de proposer au propriétaire de l'animal de déterminer lui-même cet intervalle de visites en lui laissant le libre choix et donc la responsabilité de prendre le prochain rendez-vous. En cas de prescription de médicament, toutefois, il est impossible d'engager sa responsabilité professionnelle indéfiniment et il faut limiter le renouvellement de la prescription dans le temps. Ce temps dépendra autant de la pathologie que des systèmes familiaux. Par exemple, une hyperactivité chez le chien peut nécessiter 6 mois de traitement en raison même de la pathologie ; une phobie de se promener dehors peut prendre entre 1 mois et 1 an de traitement en fonction de la motivation et des capacités des propriétaires à sortir le chien. Il est rare que j'engage un traitement médicamenteux pour une durée de plus de deux mois sans faire une évaluation. De nombreux propriétaires d'animaux s'organisent pour se faire prescrire le médicament par leur vétérinaire généraliste ou par un médecin ; je le sais et je préviens mes clients que je ne peux engager ma responsabilité si les cadres ne sont pas respectés.

Il y a un troisième choix, celui de proposer au propriétaire de revenir uniquement si et quand l'objectif convenu est atteint. C'est-à-dire qu'on lui interdit de revenir si la tâche n'a pas été réalisée. On lui dit, en fait, qu'on veut bien engager son temps et son expertise pour autant qu'il s'engage comme coacteur dans la thérapie et qu'on refuse d'endosser toute la responsabilité du traitement, ce que certains clients souhaiteraient pourtant faire : mettre le problème sur le dos du spécialiste et le laisser se débrouiller sans s'engager personnellement, en démissionnant.

CHAPITRE 7

Et après ?

Les consultations suivantes

Un épagneul hyperactif devenu vagabond

J'aime bien Mme R. Elle a 81 ans, bon pied bon œil. Comme elle a peur de mélanger tous les conseils psychologiques que je pourrais lui donner, elle demande des consultations courtes, d'une demi-heure, et elle insiste pour travailler sur deux ou trois problèmes au maximum. Je la connais depuis 3 ans : elle m'avait présenté son jeune chien épagneul breton hyperactif. Le chien a aujourd'hui 4 ans et est en grande forme.

Les problèmes du jour sont les suivants, dit-elle : « Quand je promène, tous les jours, au parc, je le lâche, il court et ne revient qu'après 1 heure, 1 heure et demie ; moi je l'attends sur place et cela m'ennuie. Qu'est-ce que je peux faire ? » Et le second problème est le suivant. « Quand j'ai des visiteurs, il aboie. Mon amie m'a prêté un collier électrique antiaboiement, il reçoit une décharge et il va se cacher sous la table. Est-ce que je peux continuer cela ? », dit-elle avec un air de tristesse et de souffrance mêlées, manifestement avec un fond de culpabilité.

Les demandes de madame sont très claires, précises, exprimées en termes de comportement. Elle ne demande pas que son chien soit plus obéissant, mais que son chien revienne au rappel lors des promenades. Il s'agit de modifier des comportements, ce qui est assez simple en théorie. Il ne s'agit pas de modifier la personnalité du chien, ce qui est impossible en pratique. J'utilise une démarche de résolution de problèmes, technique efficace dans la majorité des cas de consultations de comportement.

Pour l'utilisation du collier électrique lors des visites, déclenchant les aboiements, j'explique que, en effet, le chien, qui est excité par la présence de visiteurs et l'exprime avec une activité vocale, est privé de cette forme d'expression, privé de cette activité, et que, si on ne redirige pas cette excitation dans une autre comme un mâchonnement ou des jeux, il risque de développer une frustration ; si cela se répète régulièrement, on va vers la détresse acquise et/ou vers les problèmes psychosomatiques et/ou vers une excitation sans vocalisation, comme des agressions par exemple.

Pour le problème du rappel en promenade, madame pensait utiliser un sifflet à ultrasons. Bien entendu, le sifflement n'a pas de sens pour le chien s'il n'est pas associé avec un autre comportement sensé, comme le rappel avec récompense ; au mieux, il signifiera que la maîtresse est à proximité audible et permet donc au chien d'être sécurisé à distance. Il faut comprendre que ce chien a besoin de courir ; il revient quand il est fatigué ; à ce moment-là il est content de rentrer à la maison. On ne peut donc pas empêcher le chien d'avoir son heure de promenade quotidienne ; sinon il devra passer cette heure à faire autre chose ; il inventera tout seul une activité intéressante, comme détruire ou aboyer. Dès lors, on peut apprendre au chien à rester près de madame lors de la promenade qui durera tout de même 1 heure. Madame est tout à fait d'accord pour se promener, elle apprécie cela, même en hiver, mais elle ne veut pas attendre son chien sans rien faire. On convient de motiver le chien à rester près d'elle en attirant son attention alimentaire : le chien n'aura pas de repas à 10 heures comme convenu le matin et il aura faim pour la promenade de 14 heures ; madame lui donnera son repas petit à petit au cours de la promenade ; le chien restera près d'elle et reviendra plus facilement au rappel.

L'évolution des problèmes

Lorsque, au cours de la première consultation, l'intervenant a fixé les cadres, recueilli les informations, réalisé un diagnostic et proposé une stratégie pour modifier le comportement de l'animal et, éventuellement de la communication dans le système familial, la seconde consultation permet de réaliser l'évaluation. En fonction de celle-ci, le spécialiste va pouvoir confirmer la thérapie, l'affiner si nécessaire, ou changer radicalement de diagnostic et de thérapie (et recommencer une première consultation).

Pour ma part, j'aime commencer la seconde consultation par : « Comment cela s'est-il passé ? » Et je laisse le propriétaire de l'animal répondre avec son impression subjective. Certains me répondent alors : « Je vous dis ce qui va bien ou ce qui va mal ? » Je réponds : « Ce qui va bien avant tout ! » Certains « psy »[1] recommandent de s'intéresser essentiellement à ce qui

1. Cabié M.-C. et Isebaert L., *op. cit.*

va mieux : « Le thérapeute part de l'*a priori* qu'un progrès s'est produit entre les entretiens. » Et dès lors la question qu'ils recommandent est la suivante : « Qu'est-ce qui va mieux ? »

« Une fois ce succès établi, le vétérinaire psy peut s'intéresser à la façon dont le patient l'a mis en place. Quelles ressources a-t-il utilisées, chez lui, chez d'autres ? Comment a-t-il su tirer parti des circonstances extérieures ? Le thérapeute peut s'intéresser au résultat des tâches éventuelles. Laquelle a-t-il choisie ? Comment l'a-t-il choisie ? Qu'est-ce que cela lui a apporté ? S'il n'a pas fait de tâche, qu'a-t-il fait à la place ? »

Après cette phase initiale de libre expression du client, je passe par l'évaluation des éléments de la demande (et des attentes) les uns après les autres, de façon subjective et objective autant que possible. Je reprends les éléments de la demande parce que, fréquemment, le propriétaire vient raconter que cela ne va pas alors qu'en fait les problèmes exprimés dans ses demandes ont été améliorés ou résolus et qu'il a tout simplement... une autre demande. Si c'est le cas, cela fait l'objet d'un nouveau mandat.

Je me permets de revenir une nouvelle fois sur le point suivant : comme il se souvient essentiellement des événements qui se sont déroulés pendant les derniers jours et non de ceux qui se sont passés au cours des 4 à 6 semaines qui précèdent, l'évaluation qu'il formule risque d'être biaisée. Il est plus aisé, pour avoir une information objective, de partir de notes sur ce qui s'est passé au jour le jour, avec des résumés hebdomadaires. J'insiste pour les résumés hebdomadaires parce que le spécialiste risque autrement d'être submergé par des dizaines de pages de notes qu'il ne pourra pas lire. Non, un résumé hebdomadaire ou même mensuel est très bien !

Les rechutes d'une golden retriever

J'ai consulté Gaya en avril. Elle agresse les enfants, dit-on. Le diagnostic fut simple. Gaya se sent en insécurité avec certains enfants et certains adultes ; elle vient au contact avec plaisir mais n'accepte pas d'être caressée ; elle se défend contre ces manipulations en grognant et parfois tout simplement en bondissant vers la personne et en boxant, gueule légèrement entrouverte. Cela fait de petites blessures par compression. C'est aisé à gérer puisqu'il suffit de ne plus caresser Gaya. C'est aisé en théorie ; en pratique, Gaya est très belle ; c'est une chienne golden retriever très blanche, très duveteuse, et elle attire non seulement le regard, mais aussi plein de monde qui veut la caresser. Et cela, surtout quand ce n'est pas sollicité, elle n'aime pas.

Les choses ont été gérées sans difficulté pendant plusieurs mois mais la chienne a récidivé au cours des vacances. En fait, elle a eu des problèmes digestifs, a souvent eu mal au ventre, se promenant comme recroquevillée sur elle-même, et son désir de ne pas être touchée s'est amplifié. Elle grogne désormais si certains enfants s'approchent à moins de 5 mètres. Comme madame va chercher son fils à l'école avec la chienne, qui apprécie ce moment de promenade, elle se sent obligée d'attendre sur le trottoir d'en face, à distance de la sortie, afin d'éviter des incidents ; malgré cela, les gens traversent la rue pour s'approcher de la chienne et la caresser.

Cette recrudescence des agressions réactives défensives est le déclencheur de la demande de consultation de septembre.

On se retrouve donc dans une visite de suivi, avec une situation d'apparente aggravation, avec une demande qui doit être précisée. Je ne dispose pas de beaucoup de temps. Madame est venue avec ses deux enfants un mercredi après-midi, congé pour les enfants qui ont des activités parascolaires ; elle a une fourchette de temps de 30 minutes entre le moment de conduire l'un et l'autre à leurs activités sportives ou artistiques.

Quelle est la demande du jour ? Pour la propriétaire et ses enfants de 9 et 14 ans : « Il faut améliorer certains comportements et réduire la dangerosité de la chienne dans certains contextes, puisque le reste du temps elle est très agréable à vivre. » Pour le mari, absent à la consultation, « il faut, me rapporte madame, changer la chienne ou prendre une décision ».

« Quelle décision ? La replacer ? »

C'est un refus catégorique des membres présents de la famille. Monsieur ne s'est pas prononcé sur cette « décision », mais lui, qui n'aimait pas les chiens et était au départ opposé à l'adoption d'un chien, joue avec elle à quatre pattes dans le salon ; d'autre part, il est antipsy et considère que c'est dépenser beaucoup d'argent pour rien, et il est confirmé par l'absence de changement apparent. Madame vient à la consultation avec son désaccord. Il y a donc des tensions familiales. Monsieur demande des résultats sur des changements de personnalité de la chienne ; madame voudrait des changements sur des comportements spécifiques de la chienne. Je ne peux m'engager que sur la seconde demande : je ne peux pas changer la personnalité des chiens ; je peux rendre un chien plus doux, moins agressif, moins craintif, mais je ne peux changer la structure de sa personnalité. Les gens peuvent modifier leur personnalité suite à des confrontations d'expériences de vie et à des conscientisations ; le chien ne le peut pas ; du moins pas fondamentalement.

Cela étant dit, je peux évaluer les comportements de la chienne et entrer dans la coconstruction des changements.

En présence d'enfants, la chienne est hypervigilante, elle les guette, les observe, puis aboie et grogne s'ils s'approchent entre 3 et 5 mètres d'elle. Elle ne se cache pas derrière sa propriétaire ; elle se met devant elle et veut attaquer l'enfant ; madame doit la retenir à deux mains. Quelle est l'émotion de la chienne ? Excitation, peur, colère ? Il s'agit plus d'insécurité, donc de peur, que de colère ou d'excitation plaisante, manifestement. Il s'agit d'une agression de distancement ; son effet est de maintenir les gens à distance. Ce type d'agression est toujours lié à une insécurité au départ ; l'agression est efficace puisque la chienne arrive à maintenir les intrus considérés dangereux à distance ; son comportement est récompensé puisque la menace d'être manipulée est réduite ou enlevée. Le comportement d'agression de distancement s'amplifie avec les répétitions, avec le temps. La distance d'attaque s'amplifie aussi. La situation est classique. L'évolution est prévisible. Pour cette chienne, le problème s'est aggravé au moment de ses 13 à 14 mois ; l'apparition ou l'aggravation de l'agression de distancement est classique et s'observe régulièrement. De plus, à cet âge, la chienne a souffert de coliques, de douleurs abdominales, ce qui a augmenté son désir de ne pas être approchée et manipulée.

Comment améliorer ce comportement ? En associant les enfants avec un plaisir plutôt qu'avec une source d'insécurité. Qu'est-ce qui fait plaisir à la chienne ? Les jeux, la nourriture. Va-t-elle jouer ou manger en présence d'une menace d'approche d'enfants ? Il faut l'expérimenter. Il y a des chances qu'elle s'intéresse à la nourriture si elle est à jeun plus que si elle a faim. Madame est prête à essayer : promener la chienne à la sortie de l'école, attendre de l'autre côté de la rue, donner à manger à la chienne dès qu'il y a des enfants à 5-6 mètres ; répéter cette procédure jusqu'à ce que la chienne ne regarde plus les enfants, mais juste sa propriétaire qui la nourrit dans ce contexte. Il faut généralement plus de 500 répétitions pour apprendre ce nouveau comportement en cas de stress, d'anticipation de contact chez une chienne craintive du contact ; mais j'ai constaté que, si la chienne est à jeun, on se retrouve dans un conflit de motivations : penser à la menace que représente l'enfant ou penser à la nourriture ? Si la chienne est à jeun, la nourriture devient une motivation de base, de survie, plus importante que la peur du risque d'être touchée par un enfant. À ce moment, la chienne focalise son attention sur son éducatrice. À terme, après plusieurs centaines de répétitions, la chienne a envie de voir les enfants ; dès qu'elle voit un enfant, elle regarde sa propriétaire, s'assied et reçoit à manger ; sa faim et ses creux à l'estomac se réduisent, elle retrouve un apaisement.

D'autres symptômes existent chez la chienne que l'on décrit comme jalouse et possessive, comme ayant besoin de se montrer face aux autres chiens, grognant sur eux, les provoquant pour leur voler un bâton et se pavaner… Tout cela peut être lié à une insécurité ; pourquoi se pavaner si on est sûr de soi ? Pourquoi faire semblant d'être assertif, sûr de soi, si on l'est vraiment ? Et, cela dit, ce peut être un miroir de certains membres de la famille. Cela, on pourrait le travailler avec d'autres méthodologies, comme la kinésiologie ; mais c'est en dehors du sujet de ce livre.

La consultation se termine abruptement, le fils devant être conduit à son entraînement sportif. Rendez-vous est cependant pris en conseillant à madame de motiver son mari à venir exprimer son opinion. La chienne est bien aggravée ; les traitements mis en place en avril, qui consistaient à conscientiser les propriétaires et à respecter la personnalité de la chienne, se montrent insuffisants ; il nous faut aller à l'expérience et à l'apprentissage de nouveaux comportements, ce qui prend du temps et de la compétence de la part des propriétaires, c'est-à-dire de madame, puisque c'est elle qui prend en charge toute cette partie de la gestion familiale (les enfants et la chienne).

Comment évaluer le changement ?

L'évaluation, c'est-à-dire la détermination ou l'estimation des changements, donne au vétérinaire psy un *feed-back* positif ou négatif sur l'efficacité de ses interventions (thérapeutiques), de ses croyances, et sur l'évolution du système. Il y a différentes formes d'évaluation :

— divulguée (exprimée) ou cachée,

— objective ou subjective.

L'évaluation divulguée et cachée

L'évaluation divulguée couvre les effets des prescriptions, des prédictions, des exercices pratiques prescrits, des tâches. Elle est verbalisée. Le client et le thérapeute en parlent.

L'évaluation cachée (ou occultée) donne au thérapeute un aperçu des effets de l'étiquetage (diagnostic), du lien thérapeutique (et de l'ambiance de travail), des effets d'une thérapie singulière (ou étrange), par exemple une thérapie dite stratégique.

L'évaluation objective et subjective

Les gens étant guidés plus par des procédés infralogiques subjectifs que par des pensées logiques et des méthodes objectives, cela fait partie de la stratégie thérapeutique de les motiver d'accepter des mesures objectives, qui modifieront leurs impressions subjectives.

L'évaluation subjective du client donne des indications de son degré de satisfaction ou de ses attentes (la façon dont il envisage que l'amélioration aurait dû se passer). Le vétérinaire comportementaliste doit essayer d'avoir une évaluation subjective et objective de chaque élément de la demande initiale et de chaque symptôme. Il doit aussi tenter de corréler l'évaluation verbale avec la métacommunication (le langage corporel, le ton de la voix...) pour confirmer ou infirmer ce qui lui est dit.

Une certaine objectivation peut être obtenue par :

— l'utilisation des échelles d'évaluation,
— l'évaluation des paramètres (fréquences et durées) des comportements,
— l'évaluation de la participation des membres du système.

Les échelles d'évaluation

Si les échelles d'estimation ont été introduites à la première consultation (voir aussi à ce sujet « L'exposé des problèmes » et les *échelles d'état* dans « Le diagnostic des dysfonctions », chapitre 6), il est aisé de s'en servir à nouveau pour l'évaluation du changement. Si ce n'est pas le cas, c'est l'occasion rêvée pour commencer à les utiliser.

L'ÉCHELLE D'ÉTAT

Si les problèmes d'un chien ont été évalués avec une *échelle d'état* (variant de – 10 à + 10), par exemple, à obéissance (– 5), dominance (+ 9), activité (+ 7), etc., chacune de ces évaluations peut être reprise à chaque consultation de suivi. Ainsi, le chien peut avoir évolué de la façon suivante : obéissance (+ 1), dominance (+ 8), activité (+ 5), etc. Même si le propriétaire n'est pas satisfait parce que le chien est encore hyperactif et dominant, il y a une tendance qui marque un progrès, et c'est tout à fait favorable pour l'évolution du cas.

Les échelles de progrès

Les échelles d'évaluation du changement (ou *échelles de progrès*) doivent être utilisées par chaque membre du système familial :

— échelle analogique (verbale) : pire, inchangé, amélioré, résolu,

— échelle digitale (chiffrée) de 0 à 10 ou de 0 à 7,

— échelle de pourcentage.

Voici une question caractéristique avec une *échelle de progrès chiffrée* de 0 à 10 : « Si la situation au moment de la première consultation est cotée à 0 et que la situation idéale est chiffrée à 10, quel est le chiffre de la situation (et résolution) du problème aujourd'hui ? »

Avec une échelle de progrès en pourcentage, le vétérinaire peut dire : « À quel pourcentage estimez-vous l'amélioration du problème, sachant que 100 % est la situation rêvée et/ou idéale ? » Bien entendu, si l'état de l'animal a empiré, le propriétaire peut utiliser des chiffres négatifs : – 2 ou – 20 % par exemple.

Madame D., qui est venue avec sa fille, me ramène sa chienne Kali six semaines après le début du traitement. La chienne caniche a été violemment agressée et mordue par un doberman en liberté. Il s'est ensuivi une chirurgie importante et plusieurs jours d'hospitalisation. Kali, déjà craintive avant cet accident, est désormais terrifiée. Sa propriétaire aussi. Kali ne désirant plus sortir se promener, sa propriétaire s'en accommode et reste à la maison. Pour ce syndrome posttraumatique, le traitement est simple : une médication à base de sertraline pour la chienne, un spray antiagression pour la propriétaire, et des promenades forcées pour se réhabituer à l'environnement extérieur et permettre de se confronter à la réalité, ce que les phobiques et les anxieux arrivent très bien à éviter. Après 6 semaines, je demande : « Sur une échelle de 0 à 10, où 0 était la situation il y a 6 semaines et 10 la situation idéale si un miracle s'était passé, où en sommes-nous aujourd'hui ? » La réponse m'étonne : « Je dirais à 7, me dit madame.

— Et que faudrait-il pour monter à 7,5 ou 8 ?

— Il faudrait qu'elle soit moins agressive avec les chiens inconnus... » Et madame me raconte que la chienne grogne sur les chiens inconnus, qu'elle lui dit « non » sèchement, puis, comme ça ne marche pas, qu'elle dit d'un ton plus doux : « Allez, Kali, ce n'est rien... », ce qui ne marche pas non plus ; elle lui donne alors un biscuit que la chienne refuse le plus souvent.

« Le plus souvent ? Combien de fois refuse-t-elle le biscuit sur 10 fois ?

— 9 fois sur 10 !

— Quand y a-t-il une exception ? »

— Quand elle a déjà vu les chiens ! »

Et elle enchaîne : « Que pouvez-vous m'apprendre pour améliorer son comportement ? »

Bien entendu, à ce stade, c'est extrêmement simple. La propriétaire a toutes les réponses, mais ne le sait pas encore. Je vais les lui faire découvrir.

« Il y a trois solutions. Puisque cela se passe mieux quand elle a déjà vu les chiens, je peux vous recommander de rencontrer des chiens très souvent ! » Elle comprend tout de suite qu'il faut se promener plus souvent au moment même où les autres chiens se promènent. Comme c'est l'automne, il fait plus vite noir le soir, et les gens sortent plus tôt, me dit-elle, enchantée de ne rien devoir faire de plus que d'habitude.

« Puisque lui dire "non" d'une voix ferme ou douce ne change rien, que pouvez-vous faire pour attirer son attention ? »

La fille de madame, infirmière en psychiatrie, me regarde, regarde sa mère et lui dit qu'elle peut très bien attirer l'attention du chien en prenant une voix enjouée et aiguë. Les deux femmes se regardent. Je demande à la fille de faire le clown, elle éclate de rire et dit : « Non, non, il n'en est pas question ! » Je m'adresse alors à la mère qui dit qu'elle peut très bien le faire, mais avec un sous-entendu : « Pas ici, ni maintenant. » Sur la prescription, j'écris : « Se rendre attractive... » et j'encadre les points de suspension en disant à madame qu'elle doit remplir le cadre elle-même, puisqu'elle connaît mieux son chien que moi, qu'elle sait donc mieux que moi ce qui peut attirer l'attention de son chien.

« Et finalement, dis-je, qu'est-ce qui pourrait être plus intéressant qu'un petit biscuit ? » Et j'enchaîne : « Cela vous intéresse, vous, ces petits biscuits ? » Elle secoue la tête en dénégation. Les deux femmes réfléchissent.

« Qu'est-ce que Kali aime par-dessus tout ? »

Et, bien entendu, elles se donnent la solution : fromage, viande, lardons, etc.

Il n'y a plus qu'à assener le coup de grâce, c'est-à-dire annoncer que les changements n'apparaîtront qu'après un certain nombre de répétitions, à savoir 700.

Dans cette histoire, quelques éléments de la solution m'ont été fournis par l'utilisation d'une échelle d'état.

Je préfère les échelles chiffrées (digitales) aux échelles non chiffrées (analogiques), mais certains propriétaires n'ont pas du tout l'esprit mathématique et seront plus à l'aise avec des échelles analogiques. Encore une fois, c'est au vétérinaire psy de s'adapter, et non l'inverse.

Les autres échelles

Le vétérinaire psy peut aussi utiliser des échelles telles que l'évaluation globale de fonctionnement (adaptée du DSM) (voir annexe 3) ou d'autres échelles d'évaluation.

Enfin il existe d'innombrables échelles[1] qui peuvent servir pour analyser l'aspect humain de la relation thérapeutique ainsi que les ressources du système :

— Une échelle d'espoir de 0 (« je suis certain de ne jamais atteindre cet objectif) à 10 (« je suis certain que je pourrai atteindre l'objectif »). Cette échelle permet une autosuggestion de réussite.

— Une échelle de motivation de 0 (« je n'ai aucune motivation ni envie de faire quoi que ce soit pour obtenir cet objectif ») à 10 (« je suis prêt à tout faire pour y arriver »). Dans cette échelle, le propriétaire de l'animal donne la mesure de son engagement et veut respecter sa part du contrat thérapeutique.

— Une échelle D. D est ici symbolique de débrouillardise. L'échelle varie de – 10 (le pire moment vécu au cours des derniers mois) à + 10 (la situation idéale au cas où un miracle se produirait). Cette échelle permet de déterminer où se situe le propriétaire (le système) au niveau de ses moyens et ressources.

— Une échelle relationnelle, permettant de chiffrer la qualité de relation entre, en médecine vétérinaire, le propriétaire et son animal. Cette échelle peut varier de – 10 ou 0 (la plus mauvaise qualité de relation) à + 10 (la meilleure qualité de relation imaginable).

L'UTILISATION DES ÉCHELLES

Malgré le désir d'objectivation marqué par ces échelles, aucune d'entre elles n'a une véritable valeur objective. Le chiffre est une métaphore. Il n'a de valeur que pour la personne qui l'utilise. Et le vétérinaire psy peut s'en servir afin d'encourager au changement. « Si, sur l'échelle de progrès de 0 à 10, vous êtes

1. Cabié et Isebaert, psychothérapeutes, proposent des échelles pour leurs patients humains, et ces échelles peuvent être intéressantes pour nos clients (mais non pour leur animal). Cabié M.-C. et Isebaert L., *op. cit.*

passé à 3, que faudrait-il comme changement mineur pour arriver à 4 ou même seulement à 3,5 ? » Ainsi, le nombre utilisé n'a aucune valeur absolue ; il n'a qu'une valeur relative en relation avec les autres nombres de l'échelle.

L'utilisation des échelles est plus qu'un instrument de mesure, c'est un instrument de stimulation au changement. C'est aussi un outil d'observation pour le propriétaire de l'animal ; qui dit observation dit aussi métavision, c'est-à-dire vision à un niveau différent, comme de l'extérieur ; le propriétaire qui joue à la victime d'une situation pourra difficilement tenir cette place en tant qu'observateur ; il sera même poussé à prendre une part active pour faire évoluer la situation sur l'échelle.

L'objectivation de la fréquence, de l'intensité et de la durée du comportement

Déjà au cours de la première consultation, l'analyse détaillée de chaque symptôme a dû apporter des informations objectives chiffrées sur la *fréquence*, l'*intensité* et la *durée* des comportements à problèmes. Cela fait partie de la validation des symptômes. Si ce travail sémiotique a été fait, il est aisé de reprendre ces informations et de contrôler leur évolution.

En général, le propriétaire va estimer qu'il n'y a pas (ou qu'il y a peu) d'amélioration tant que le symptôme persiste, quelles que soient son intensité ou sa durée. Pour son appréciation infralogique, il s'agit d'un système de « tout ou rien ». Si un chat réalise du marquage urinaire et des souillures, le système se contentera rarement d'une ou deux souillures par jour même si le chat souillait dix fois par jour auparavant. Le système exige l'arrêt miraculeux des souillures, ce qui est une demande inaccessible.

Voici une autre exemple : au cours d'une thérapie d'immersion ou de désensibilisation systématique pour un chien qui a peur en présence de visiteurs inconnus, le propriétaire sera insatisfait de la thérapie tant que le chien montrera des signes de peur, même si cette peur est cinq fois moins importante et que le chien vient au contact après 5 minutes (au lieu de 30 minutes). Pour le vétérinaire psy, l'objectivation du progrès est nette ; pour le maître de l'animal, ce n'est pas le cas. Pouvoir lui montrer le progrès par des évaluations chiffrées est une aide considérable.

L'objectivation du changement de cinétique du symptôme

La cinétique du symptôme est analysée lors de la sémiotique (en première consultation, voir chapitre 6). Un graphique de l'intensité, fréquence et/ou durée du symptôme en fonction du temps peut être dessiné alors. Une prospective peut être envisagée et dessinée. J'ai analysé cette question lors de la sémiotique.

La question à se poser est la suivante : « Quelle est la situation du symptôme lors de la visite de suivi par rapport à la prospective ? » Il serait erroné de se poser la question : « Quelle est la situation du symptôme lors de la visite de suivi par rapport à la visite précédente ? » En effet, aucun symptôme n'est immuable, et il faut considérer sa trajectoire probable dans le temps.

J'ai dessiné dans le premier graphique qui suit la cinétique stable, une évolution sans changement dans le temps. J'ai représenté la prospective (absence de changement) en pointillé. Et j'ai figuré l'amélioration entre la première visite et la visite 2 (la consultation de contrôle) en trait plein, et l'aggravation en trait discontinu. Le graphique d'après présente, lui, la cinétique d'un symptôme en amélioration spontanée. J'ai représenté la prospective (absence de changement) en pointillé. Et j'ai figuré l'amélioration entre la pre-

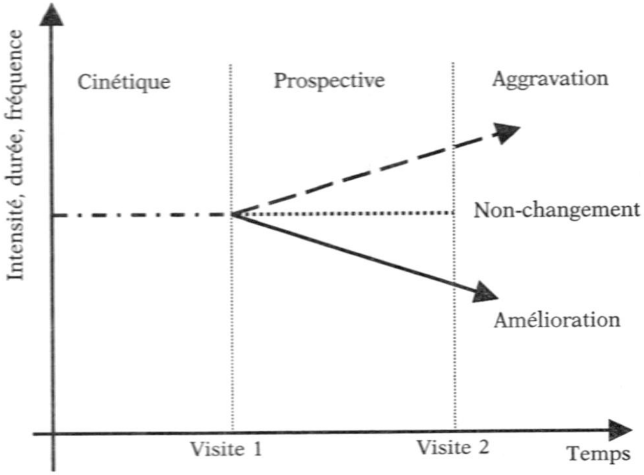

Évolution d'un symptôme stable.

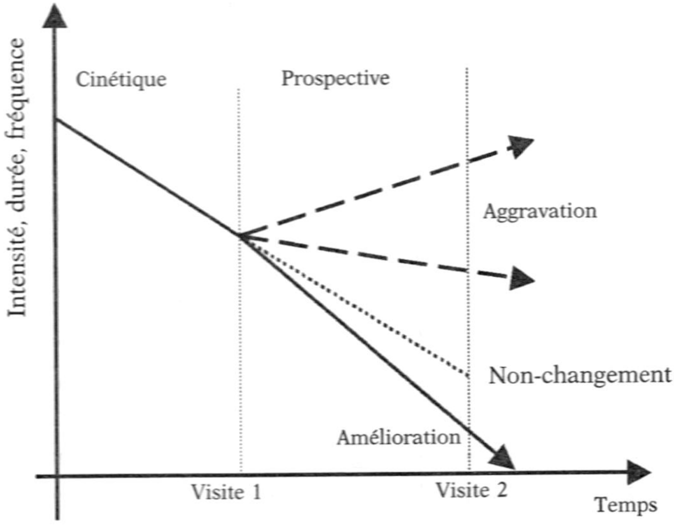

Évolution d'un symptôme s'améliorant.

mière visite et la visite 2 (la consultation de contrôle) en trait plein, et l'aggravation en trait discontinu.

Le dernier graphique ci-après présente la cinétique d'un symptôme évoluant spontanément vers l'aggravation. J'ai représenté la prospective (ou absence de changement) en pointillé. L'amélioration entre la première visite et la visite 2 (la consultation de contrôle) est figurée en trait plein, et l'aggravation en trait discontinu.

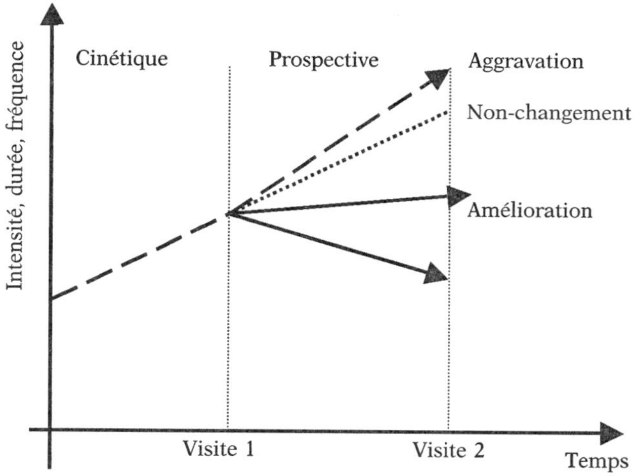

Évolution d'un symptôme s'aggravant.

Si la situation du symptôme est *sous* la prospective, on peut considérer qu'il y a amélioration, même si le symptôme est pire qu'à la première visite : pour le propriétaire de l'animal, le symptôme s'est aggravé, mais, pour le thérapeute, l'aggravation a été modérée et réduite par rapport à son évolution naturelle anticipée.

Par contre, si la cinétique montrait une amélioration spontanée et que l'évaluation en visite de contrôle affichait un ralentissement de cette amélioration spontanée, c'est-à-dire une droite au-dessus de la prospective, le thérapeute pourrait envisager plusieurs hypothèses, la première étant que son traitement a aggravé la situation !

Dessiner la cinétique permet d'anticiper l'évolution du symptôme. Il faut avertir le propriétaire de l'animal de l'évolution prévisible et attendue, surtout si l'amélioration prévue par le thérapeute peut être considérée comme une aggravation par le propriétaire, ce qui est fréquent lorsqu'un symptôme s'aggrave spontanément à toute vitesse. C'est le cas d'un marquage urinaire en voie de devenir une mauvaise habitude (conditionnement opérant) chez un chat anxieux ou surexcité ; la première chose à faire est de stabiliser la situation avant d'engager une régression du symptôme. C'est la même chose avec une agression ou une phobie chez un chien, dans la phase d'accélération du problème.

L'évaluation de changement

Le vétérinaire comportementaliste doit s'informer de l'observance, des effets, de l'évolution et des changements des items suivants :

— chaque demande du propriétaire de l'animal (telle que hiérarchisée dans le début de consultation),

— chacune des thérapies, prescriptions, chaque tâche réalisée,

— la médication (à comparer avec les effets d'une analyse statistique).

Pour chacun de ces items, le vétérinaire psy devrait tenter d'objectiver le plus d'informations possible (comme je l'ai vu ci-dessus). La médication est un point particulier. Comment peut-elle être évaluée puisque personne ne connaît son effet sur un individu particulier, sauf si cette médication a déjà été utilisée par l'individu en question ? Et encore, ce n'est pas certain dans ce cas puisque l'individu peut avoir changé avec le temps. Du coup, les effets d'une médication ne peuvent être évalués que par rapport à une analyse statistique (et nous sommes très pauvres en analyses statistiques des effets des médications).

L'intervenant demandera les modifications apparues :

- Chez l'animal :
  - — l'humeur,
  - — les cognitions,
  - — les émotions,
  - — les perceptions sensorielles,
  - — les actes moteurs,
  - — les activités neurovégétatives (autonomes).
- Dans les relations entre l'animal et chaque membre du système (humains et animaux).
- Dans le système.

Évaluer cet ensemble d'informations peut prendre du temps. Et il sera impossible de discerner quel élément a produit quel changement. En clinique, d'habitude, on ne se contente pas de prescrire un médicament ou une thérapie, ou de donner une explication, on fait le tout en même temps. Scientifiquement, c'est déplorable, mais cliniquement (et éthiquement), le spécialiste consulté a à cœur le bien-être du patient (l'animal), de son maître et du système (thérapeutique), et il désire engager l'amélioration la plus rapide possible. Dans de telles conditions, déterminer quel élément a fait quel effet est très difficile ; seule l'expérience permet de s'y retrouver quelque peu, et encore cette expérience entraîne des déductions infralogiques, donc subjectives.

Certains éléments permettent heureusement de faire le tri. Par exemple, si le problème posé était que le chien attaquait une personne sur cinq dans la rue, et si l'évaluation montrait qu'après un mois de traitement le chien n'attaque plus qu'une personne sur dix, qu'il est de meilleure humeur, que son maître a réalisé l'administration de médicaments mais n'a pas réalisé le contre-conditionnement qui était pourtant prescrit, alors le vétérinaire comportementaliste pourrait supposer que la médication seule a été efficace et qu'il ne doit pas compter sur l'investissement des propriétaires dans la stratégie de changement. Il devrait alors essayer de comprendre le pourquoi de cette situation et envisager de simplifier la thérapie afin d'obtenir une meilleure observance du traitement coconstruit.

Le recadrage des évaluations

Après avoir effectué les évaluations – et les avoir consignées –, le vétérinaire psy pourrait en rediscuter avec ses clients. Ce peut être important pour changer leurs sentiments, impressions, perceptions subjectives, sur les réels progrès de l'intervention comportementale. Comment s'y prendre ? Le discours socratique et l'utilisation des échelles permettent de faciliter ce recadrage.

« Vous m'avez dit que, sur une échelle de 0 à 10, nous étions arrivés à 2 en un mois de traitement. Cependant, à la fin de cette deuxième consultation, je constate que de nombreux comportements ont été modifiés, que l'animal est de meilleure humeur, qu'il joue à nouveau, etc. Dès lors je voudrais vous demander... vous proposer une autre échelle, une échelle de bien-être de l'animal : sur une échelle de bien-être de 0 à 10, à combien estimez-vous l'animal aujourd'hui et il y a un mois ? Il ne s'agit pas de parler du symptôme qui pose problème, mais de son état général, de son bien-être ou, si on veut, de son confort. » Une telle réévaluation permet de mettre de côté l'échelle de progrès telle que l'avait proposée le propriétaire de l'animal et d'inventer une nouvelle échelle prenant en compte des progrès réels de l'animal. Cela peut élargir le cadre de l'évaluation, puisqu'on passe du symptôme à l'animal. Éventuellement, il ne faut pas hésiter à proposer une *échelle de bien-être ou confort du système*, une échelle de confort familial. L'important est de marquer positivement – et de valoriser – tout progrès qui est réalisé.

Histoire d'une rottweiler chasseuse d'ombres

Buba est une chienne rottweiler de 13 mois. C'est la troisième fois que je la vois. Je l'ai examinée 7 mois plus tôt, en mars, parce qu'elle chassait les ombres et qu'il était difficile de la sortir de cette activité prenante. Et depuis qu'elle chassait les ombres, elle était redevenue malpropre. Ce n'était pas la première rottweiler chasseuse d'ombre que je voyais ; néanmoins, le problème n'est pas très fréquent. Quand un chien commence à faire des comportements répétitifs dont on peut difficilement le sortir, on se demande toujours s'il n'entre pas dans un monde personnel auquel on n'a pas accès, un état dissocié, comme un schizophrène humain. On se pose aussi la question des troubles compulsifs, analogues aux troubles obsessionnels compulsifs humains. Dans le cas de Buba, ce n'était ni l'un ni l'autre. La chienne était simplement trop active, voire hyperactive. Dans ce cas, l'animal a besoin d'activité ; s'il ne trouve pas assez de déclencheurs et de contextes d'activité dans son milieu de vie, il développe des activités spontanées, sous la dépendance de ses tendances innées, génétiques, personnelles. Un chien va tourner sur lui-même, tentant de capturer sa queue, un autre va courir en tous sens, un troisième pourrait très bien chasser les reflets ou les ombres. Buba chasse les ombres. Elle est très probablement issue d'une lignée de rottweilers chasseurs d'ombres, d'origine allemande. En résumé, si Buba n'a pas assez à faire, elle chasse les ombres. Si on lui donne une activité motivante, telle que mâcher un (vrai) os ou un jouet en caoutchouc creux fourré de saucisson, elle préférera mâcher plutôt que de chasser les ombres.

Le traitement est double. Je peux diminuer les besoins en activité de la chienne par médication. D'autre part, les propriétaires peuvent donner plus d'activité à la chienne pour satisfaire ses besoins et lui fournir des activités plus motivantes que de chasser les ombres. La combinaison des deux approches devrait donner satisfaction, ce qui fut le cas pendant 5 mois. Cependant, depuis la mi-août, la chienne recommence à chasser les ombres, moins qu'au mois de mars, mais plus que pendant la période antérieure.

« Je peux réduire l'activité de Buba, dis-je, en augmentant les médicaments ou en combinant deux médicaments, ou vous pouvez donner plus d'activité à la chienne ; ces deux options sont possibles. Cependant, je n'ai pas vraiment envie de réduire encore son besoin d'activité, surtout qu'il y a des alternatives.

— Je pourrais la promener plus le soir ? C'est vrai que je la promène peu. Elle est calme au bureau toute la journée. Ce n'est que le soir qu'elle chasse les ombres, uniquement à la maison. Pas au bureau. » C'est le propriétaire qui parle. Il est plus fréquent que ce soit la propriétaire qui consulte, mais dans ce cas, c'est monsieur.

« Se promener fatigue peu ; cela fatigue beaucoup moins que des activités intellectuelles, comme faire des trucs de cirque avec le chien : assis, couché, faire le mort, aller dans le fauteuil ou sous le fauteuil... Il y a plein de possibilités. Et cela amuse les chiens ! » Et c'est vrai que le chien peut se promener des heures sans se fatiguer, particulièrement en laisse, et que cela satisfait peu son besoin d'hyperactivité ; et c'est encore plus le cas avec des chiens hyperactifs. Et promener le chien, même faire du jogging, ou faire courir le chien derrière un vélo, ne fait que l'entraîner à être un athlète ; cela ne le fatigue pas suffisamment ; et cela le pousse à avoir encore plus besoin d'activité ! En revanche, les activités de mâchonnement sont apaisantes, et les activités intellectuelles sont fatigantes. Donc je les privilégie ; cependant elles nécessitent du propriétaire un minimum de compétences éducatives et du temps ; à lui de décider quel temps il peut consacrer à son chien.

Je me lève, prends quelques croquettes pour chat dont je me sers pour récompenser les chiens en consultation et je montre comment apprendre un assis à la chienne. J'attends le comportement spontané. La chienne joue, je l'attire, elle sent ma main (fermée qui contient une croquette) ; j'avance la main, la chienne recule et s'assied ; je dis « assis » et je donne la croquette. Je répète le processus plusieurs fois. La chienne apprend vite. En 6 répétitions, elle s'assied à la demande. Je dis à monsieur : « Vous pouvez appliquer le même processus au coucher ou la faire se lever sur les pattes arrière puisqu'elle semble aimer cela. Il y a plein de possibilités. »

Monsieur décide d'essayer et, de toute façon, de réduire les repas de la chienne, de lui donner ses repas en récompense ou dans des bouteilles en plastique que la chienne devra détruire pour accéder au repas, ou d'autres solutions du même genre. En somme, je répète les conseils donnés auparavant et insiste sur leur mise en application, ce que le propriétaire avait déjà fait ; il faut amplifier les activités structurées, et la chasse des ombres disparaît directement.

Buba est un cas typique. L'usage des médicaments et l'organisation des activités avait permis une amélioration telle que les propriétaires pensaient même pouvoir supprimer la médication. Un léger relâchement dans la structuration des activités, et les besoins différents du chien devenant adulte entraînent une modification des besoins et la réapparition des problèmes. Je dois faire prendre conscience de cela afin que le propriétaire puisse trouver les solutions efficaces dans son environnement propre et son système social. La thérapie n'est pas terminée.

La progression du processus thérapeutique

Après évaluation des changements, le vétérinaire psy doit prendre des décisions sur l'évolution de ses stratégies thérapeutiques. Quelles décisions va-t-il prendre ? Elles vont dépendre des changements observés, à savoir changements positifs (amélioration) ou négatifs (aggravation), ou absence de changement.

En cas de changement positif et d'amélioration

Obtenir une amélioration est, bien entendu, la meilleure situation. Les changements sont positifs, subjectivement et objectivement. Le vétérinaire peut :

— encourager le propriétaire de l'animal à continuer le traitement,
— annoncer le ralentissement de l'amélioration ou la récidive,
— commencer une phase de sevrage du médicament.

Continuer le traitement

La situation est favorable, mais l'objectif définitif n'est pas encore atteint. Le propriétaire de l'animal a mis en place des stratégies de changement, a donné des médicaments ; ces derniers ont été ajustés en dose et fréquence d'administration. Tout est bien. Le propriétaire est encouragé à continuer, à persévérer. Aucun autre traitement n'est ajouté ; le traitement reste inchangé. Le propriétaire est valorisé pour tout ce qu'il a fait.

Vérifier le niveau de motivation

Même si l'évaluation montre des progrès objectifs, ceux-ci peuvent ne pas être à la hauteur des attentes de la personne qui est venue consulter, et son niveau de motivation peut s'en ressentir. Une amélioration ne signifie pas automatiquement plus de motivation. Des événements fortuits peuvent aussi avoir modifié le désir, la capacité ou la priorité de continuer les changements (voir chapitre 5).

Annoncer le ralentissement de l'amélioration ou la récidive

L'amélioration est le plus souvent rapide au départ et s'atténue avec le temps. Le graphique ci-dessous en montre un exemple.

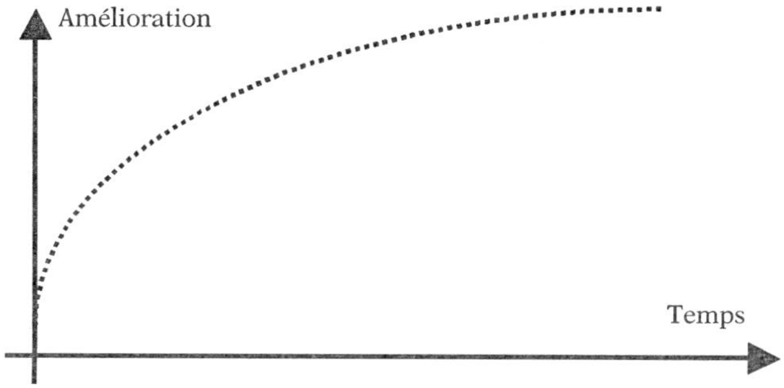

Je présente souvent ce graphique en fin de première consultation, afin que le propriétaire de l'animal puisse anticiper ce que l'on peut attendre comme progrès dans les semaines ou mois à venir. Si cela n'a pas été fait à ce moment-là, je présente le graphique en consultation d'évaluation. Le ralentissement de l'amélioration n'est pas un processus nécessaire et inévitable. Pour l'éviter, certains propriétaires redoublent d'efforts pour prouver que l'amélioration sera continue jusqu'à résolution du cas. Ainsi, le vétérinaire psy ne peut jamais se tromper : si la vitesse d'amélioration ralentit, il avait raison (et le propriétaire reconnaît son expertise) et si l'amélioration se poursuit, le propriétaire est gagnant (et le thérapeute satisfait) !

L'autre processus, ayant des effets manipulateurs équivalents, est d'annoncer la récidive. J'utilise cette technique particulièrement lorsque l'amélioration est très rapide. Je peux dire, par exemple : « Oh ! cela me fait peur quand l'amélioration est aussi rapide et aussi intense. Cela me fait craindre le pire. J'ai peur que tout recommence assez vite ! » S'il y a une récidive, le spécialiste avait raison (et sa compétence est une fois de plus démontrée) ; si la récidive ne se produit pas – et un propriétaire peut foncer tête baissée dans le progrès pour prouver que le thérapeute avait tort –, le système thérapeutique est gagnant. Et si le client ne revient plus, ce n'est pas si important, puisque le problème est résolu. La psychothérapie n'est pas faite pour vanter les mérites des thérapeutes mais pour permettre à un « système » en difficulté de résoudre ses problèmes de façon le plus autonome possible !

■ *Commencer un sevrage*

Si, après un mois, le propriétaire d'un animal estime que le problème est résolu, on peut envisager un sevrage des médicaments si une médication a été prescrite. Il n'est pas question de faire un « sevrage » des thérapies puisque les nouvelles habitudes acquises par le système thérapeutique doivent être conservées pour que le progrès, encore jeune et instable, soit confirmé et établisse une nouvelle homéostasie.

En ce qui concerne le sevrage des médicaments, et particulièrement dans une affection chronique, je ne conseille le sevrage que lorsque l'animal est resté sans récurrence de ses symptômes pendant au moins un à trois mois.

Il n'y a aucun changement !

L'absence de changement est une situation déplaisante. Je parle ici d'absence objective de changement, non d'un mécontentement d'un propriétaire qui estime qu'il n'y a pas de progrès ou que les progrès ne sont pas à la hauteur de ses attentes.

Si le diagnostic, l'évaluation du système, etc., n'ont pas changé, le vétérinaire psy peut proposer de continuer le traitement et de prendre patience. Ce « prendre patience » peut être reformulé comme « attendre agressivement », comme si le fait d'attendre était une action en soi (et c'est agressif et provocant pour le propriétaire qui doit attendre). C'est la meilleure solution s'il n'y a pas d'urgence. S'il y a urgence, si le propriétaire est mécontent ou pour n'importe quelle raison, le vétérinaire peut changer la médication, les prescriptions, les tâches, etc. Tout est possible, tout est permis… pour autant que cela a été annoncé !

Si le diagnostic et l'évaluation du système ont changé en raison de nouvelles informations ou en raison de changements cachés, le thérapeute doit modifier ses stratégies thérapeutiques comme s'il se retrouvait en première consultation. À ce moment-là, il propose de reprendre son intervention de zéro !

CHANGEMENT NÉGATIF ET AGGRAVATION

Une aggravation de la situation met un spécialiste dans les ennuis. Mais il peut se sauver de différentes manières. Quand je dis qu'il peut se sauver, c'est une figure de style puisqu'il a comme objectif l'amélioration du système thérapeutique et non son confort personnel !

■ *L'évolution du problème*

Le vétérinaire comportementaliste peut se poser la question suivante : est-ce une évolution normale du problème, du trouble ? Conscient de la cinétique du problème, il avait d'ailleurs annoncé cette possibilité pendant la première consultation. S'il ne l'a pas fait, il est urgent d'en parler maintenant. Dans ce cas, il lui faut alors envisager les solutions dont j'ai parlé au paragraphe « aucun changement ».

■ *L'aggravation est liée à l'intervention*

Est-ce une aggravation par le traitement (le médicament ou la thérapie) ? C'est une excellente question à se poser. Il faut toujours se remettre en cause. Soit le vétérinaire a fait une erreur, soit l'animal est hypersensible au médicament, soit la thérapie n'a pas été faite adéquatement ou a des effets pervers. Il faut analyser en détail ce que le propriétaire de l'animal a fait, pour déterminer si l'explication était correcte, compréhensible et comprise, si elle a été suivie, quelles modifications éventuelles ont été apportées, quel facteur d'imprévisibilité et d'incertitude s'est glissé dans la réalisation des thérapies. En cas de doute, il faut voir, observer, soit en direct, soit sur vidéo. Un thérapeute ne doit pas essayer de se déresponsabiliser avec la pirouette classique, à savoir que le propriétaire a mal compris, mal réalisé, est en faute. Inutile de culpabiliser l'autre et d'endommager ainsi le lien thérapeutique. Si le propriétaire a mal réalisé ou mal compris, c'est que la thérapie a été mal expliquée.

L'aggravation par le traitement est une remarque fréquente du propriétaire alarmé. Généralement cela se fait par téléphone ou par courriel. L'animal présente un symptôme bizarre, une diarrhée, des vomissements… et la faute en incombe au médicament ! À ce moment, si le médecin vétérinaire n'a aucune preuve du contraire, il convient de stopper le médicament, au moins quelques jours, pour déterminer si c'est réellement le médicament qui est responsable et, si c'est le cas, pour réévaluer et proposer des changements radicaux.

Dans le cas où le médicament peut être incriminé, je ne parlerai pas – parce que c'est une évidence – de l'administration de médications désinhibitrices à des animaux agressifs, déclenchant des accès agressifs et rendant l'animal dangereux pour son entourage ou la société.

La thérapie comportementale, cognitive ou systémique, peut aussi être responsable d'aggravation. Ainsi, pour le chien qui avait peur des orages et dont j'ai déjà parlé ailleurs, j'avais proposé, il y a de cela quelques années, de réaliser une désensibilisation à l'aide de cassettes audio de bruits d'orage. Cette cassette avait été réalisée par un amateur et on entendait l'orage s'approcher, gronder puis éclater au-dessus d'un bois où des oiseaux chantaient. Le propriétaire ayant réalisé non une désensibilisation progressive comme je l'avais conseillée, mais une immersion à forte intensité, il m'a signalé après quelques jours que le chien avait non seulement toujours peur des orages mais qu'il avait aussi maintenant peur des chants d'oiseaux !

De même, ce teckel (souffrant d'un trouble de phobie sociale), qui aboyait sur les gens et qui était soumis à un contre-conditionnement avec demande de s'asseoir, de regarder le propriétaire dans les yeux avant de recevoir une récompense, s'est mis à aboyer de plus en plus violemment. Son maître ne réussissait pas à le faire asseoir et lui tendait une friandise dans l'espoir qu'il se taise ; le chien prenait la friandise et aboyait d'autant plus, semblant croire que c'était ce qu'on attendait de lui. Le processus de contre-conditionnement, dans lequel on apprend quelque chose de différent à l'animal en présence du même stimulus déclencheur, processus évident pour le professionnel, n'était absolument pas évident pour – ni compris par – le propriétaire.

■ *L'aggravation est indépendante de l'intervention*

En cas d'aggravation, le vétérinaire comportementaliste est en droit de se demander s'il s'agit d'un processus indépendant des traitements qu'il a recommandé. Il doit toujours envisager qu'il puisse s'agir d'une affection intercurrente et soigner cette affection ou la laisser soigner par le vétérinaire traitant ou généraliste.

Après des années de prescription de psychotropes, on commence à avoir quelques notions sur ce qu'on peut en attendre et sur les effets secondaires éventuels. Une sédation (effet non désiré d'endormissement et de fatigabilité) importante chez un animal peut être liée à une hypersensibilité au psychotrope, à un surdosage, mais aussi à une banale fièvre intercurrente. Une prise de température permet rapidement au propriétaire de le savoir.

Il faut savoir qu'en infralogique deux événements liés dans le temps deviennent liés dans leur causalité. Si un chien présente subitement des vomissements et des diarrhées, c'est, de l'avis infralogique du propriétaire, certainement dû à la fluvoxamine, qu'il a donnée le matin (et qu'il donne depuis deux mois journellement), plutôt qu'à la charogne que le chien a ingérée en s'enfuyant lors de sa promenade matinale. Être comportementaliste n'autorise pas à perdre les bonnes habitudes du vétérinaire généraliste et à rechercher toutes les causes à un état pathologique.

Aggravation partielle et amélioration partielle

Quand le propriétaire parle d'aggravation, et qu'il insiste sur les symptômes qui sont aggravés, le vétérinaire comportementaliste ne doit pas conclure automatiquement à une aggravation du cas, de l'animal et du système. S'il y a une aggravation de un ou plusieurs symptômes, n'y a-t-il pas une amélioration d'autres comportements ?

Si le bilan général est positif, le spécialiste peut proposer quelques modifications de la stratégie thérapeutique pour réduire l'aggravation des symptômes qui posent problèmes et maintenir les éléments en amélioration.

S'il s'agit d'une aggravation générale malgré l'amélioration de quelques comportements, il vaut mieux traiter le cas comme une véritable aggravation, liée à l'évolution du problème ou à l'intervention.

Nouvelle demande

Le propriétaire, qui parle de l'aggravation de son animal, dit souvent : « Ça ne va pas, docteur ! » « Qu'est-ce qui ne va pas ? » « Rien ne va plus, docteur ! » Il nous dit généralement le dernier signe ou comportement négatif qu'il a en mémoire. Il a oublié ses demandes, ce que le vétérinaire psy avait noté soigneusement et n'avait donc pas oublié, lui (ou elle) ! Le thérapeute reprend bien entendu ses notes, revoit les demandes, les évalue et se rend bien souvent compte que toutes ces demandes sont améliorées mais que le propriétaire a une nouvelle demande !

C'est, de toutes les vraies et fausses aggravations, la meilleure situation. Le thérapeute doit juste recommencer le travail sur les nouvelles demandes, comme s'il se trouvait en première consultation ; il précise un nouveau mandat.

CHAPITRE 8

C'est fini !

La fin de la thérapie

Comment se termine une thérapie ? Je parle de la relation thérapeutique, non du processus de changement. Le but de la relation thérapeutique est qu'elle se termine avec de nouvelles qualifications dans le système thérapeutique lui permettant d'acquérir un nouvel équilibre. Donc une thérapie doit se terminer à un moment donné. C'est d'ailleurs inscrit dans les cadres et les contrats (verbaux) dès la première consultation.

Mais comment se termine cette thérapie ?

Généralement, le propriétaire de l'animal ne revient pas. Il est encore inhabituel et insolite d'avoir un accord d'arrêt. Pourtant le propriétaire sait d'emblée qu'il peut arrêter la thérapie à tout moment ; c'est pourquoi, à partir d'une certaine évolution dans la thérapie, je propose au client de prendre rendez-vous à la demande, c'est-à-dire à sa demande.

L'état de l'animal, de la demande, du système thérapeutique a évolué au cours du temps. Le comportement-symptôme s'améliore ou disparaît, le contrat thérapeutique est réévalué, le système thérapeutique est modifié, le propriétaire est autonomisé dans ses processus de changement.

Enfin... on aimerait que cela se passe ainsi. Mais il y a de nombreuses raisons pour que la thérapie s'arrête. En voici quelques-unes, à prendre avec un zeste d'humour.

> La thérapie se termine à la demande du propriétaire de l'animal. Dommage, l'animal n'a pas son mot à dire. Il dirait sans doute que le processus de changement n'est jamais terminé, qu'on peut toujours prendre conscience de nouvelles expériences. Néanmoins, il est bon de prendre son temps et de faire des étapes, de s'arrêter en chemin...

Quelques bonnes raisons d'en finir...

L'animal est mort

La thérapie s'arrête... faute de patient.

Si la thérapie a été insuffisamment efficace et que l'animal est euthanasié, il va de soi que la thérapie se termine. Cela ne veut pas dire qu'elle a été inutile. Beaucoup de propriétaires apprennent énormément même si les objectifs n'ont pas été atteints.

Dans certains cas, l'animal décède suite à un accident ou à une affection somatique. Ainsi ce rottweiler soigné pour un granulome de léchage est-il décédé d'un problème cardiaque.

LE PROPRIÉTAIRE NE VOIT PAS DE RAISON DE REVENIR

Le propriétaire ne voit pas de raison de revenir quand il n'a pas été écouté et entendu, quand le vétérinaire psy n'a pas répondu à ses questions, quand les objectifs ne sont pas atteints dans les délais espérés, quand le client croit comprendre qu'on ne peut rien faire pour son animal et son système, quand le coût de la thérapie dépasse ses estimations ou son budget du moment, quand l'investissement en temps lui paraît trop substantiel, etc.

Mais, également, le propriétaire ne voit pas de raison de revenir quand il a été entendu, quand le thérapeute a répondu à ses questions, quand les objectifs ont été atteints.

Comment savoir ? J'en ai touché un mot dans le chapitre sur le cadre de la fin de la thérapie. Le vétérinaire peut proposer au client de le contacter. Le contact peut se faire par téléphone, par courriel ou par un questionnaire posté au client. Il peut se faire quelques semaines après l'arrêt des visites ou en fin d'année suivant les préférences de chacun. C'est une solution simple et élégante qui permet de savoir, donc d'apprendre si son intervention s'est avérée fructueuse. C'est aussi une bonne solution quand on cherche à faire une analyse statistique de ses résultats.

LE PROPRIÉTAIRE OU LE VÉTÉRINAIRE PSY DÉMÉNAGE

Déménager est une raison qui n'est pas négligeable. Cette cliente quittait la Belgique pour se rendre au Texas ; la thérapie s'est arrêtée ; j'ai essayé de lui trouver un vétérinaire comportementaliste pour suivre la thérapie au Texas.

À l'époque de la télématique et de la communication mondiale immédiate, le déménagement ne devrait pas être une raison valable pour stopper une thérapie. En effet, qu'est-ce qui empêche de continuer la thérapie par téléphone, courriel ou autre moyen de téléconférence ?

Le propriétaire est autonomisé

Si le propriétaire a été autonomisé, il est devenu compétent pour continuer seul les processus de changement. C'est un des objectifs de mes interventions, c'est-à-dire donner au système thérapeutique les connaissances et les compétences pour poursuivre les changements vers un meilleur équilibre, que le problème pour lequel il a consulté soit résolu ou non ! La vie du système ne s'arrête pas avec la résolution du problème de comportement d'un animal à un moment déterminé dans le temps. Le système continue d'évoluer, de changer, et d'autres problèmes peuvent apparaître à tout moment. Il est idéal que le système soit capable d'autogestion de ses problèmes et ne fasse appel à l'aide d'un spécialiste que lorsqu'il en a le besoin.

Il y a accord commun

J'aimerais qu'un accord commun de fin de thérapie se passe plus fréquemment. Mais ce n'est pas encore le cas, les propriétaires d'animaux préfèrent ne plus revenir sans rien dire. L'accord commun est souvent réalisé par téléphone ou par courriel, mais certains clients insistent pour venir à une dernière consultation pour faire un bilan. Je n'impose jamais cette dernière visite et ces derniers honoraires.

L'accord d'arrêt est commun lorsque le propriétaire ne revient plus à la fin d'un contrat d'une thérapie par objectif. C'est entendu d'avance, c'est contractuel. Il est agréable de verbaliser cet accord. Cela permet d'éviter de rester éventuellement sur des malentendus.

Le vétérinaire psy met fin unilatéralement à la thérapie

Il y a plusieurs raisons pour que l'intervenant mette fin de lui-même à la thérapie. Une des meilleures raisons est qu'il considère ne pas pouvoir aider correctement le système, ce soit pour des raisons d'éthique, d'empathie, d'entente... Le télescopage des cultures et des personnalités est trop choquant pour pouvoir intervenir adéquatement. Le vétérinaire psy doit penser à lui-même, non seulement à assurer son confort mais surtout à se préserver des influences délétères d'un système (de clients) dont il ne partage pas suffisamment les visions du monde.

Une autre raison est légale. En cas de risque de maltraitance[1], active ou passive, d'enfants, il est indispensable de le déclarer aux autorités responsables. Le vétérinaire doit le dire au client et peut, en plus, décider de sortir du système thérapeutique définitivement ou sous condition de mesures de sécurité.

Enfin, et ceci est plus banal, le thérapeute peut mettre fin à la thérapie parce que les objectifs du propriétaire de l'animal ne sont pas raisonnables, parce que le propriétaire confond un problème et une limitation. Par exemple, si le client désire supprimer un comportement de prédation de son chat sur des oiseaux ou de son

1. La déclaration de maltraitance d'enfants est une obligation légale en Belgique.

chien sur des chats, le thérapeute peut décider de stopper net toute intervention ou de recadrer cette demande sur un objectif atteignable.

... Et quelques raisons plus insolites !

Je vous engage à lire le chapitre « Comment quitter la thérapie » dans le livre *Quatorze Leçons de thérapie stratégique* de Jacques-Antoine Malarewicz. J'y ai pêché les quelques suggestions suivantes et j'ai écrit ces lignes avec une humeur espiègle.

Le client tombe amoureux du vétérinaire (ou inversement)

Si le propriétaire d'un animal tombe amoureux du vétérinaire ou le vétérinaire du propriétaire, le cadre thérapeutique ne peut plus être respecté ! La logique statistique veut que ce soit le propriétaire qui, plus souvent que le thérapeute, tombe amoureux ! Le client est un parmi d'autres pour le thérapeute, alors que le thérapeute est bien souvent unique pour le client.

S'il y a énamouration, il s'ensuit que la thérapie, comme elle était définie, s'arrête. Elle peut reprendre sous une autre forme, dans un autre cadre, qui est alors à définir.

Comme l'écrit Malarewicz : « Certaines statistiques (surtout nord-américaines) font état d'une proportion non négligeable de "passages à l'acte", mais il semble que tous les thérapeutes ne répondent pas toujours honnêtement au questionnaire qui a pu leur être soumis ! Il est donc permis de penser que les chiffres ne dépassent pas la réalité, loin de là. »

Une chance pour nous, le vétérinaire psy tombe rarement amoureux de... son patient ! Heureusement.

Le vétérinaire psy devient célèbre

Quand l'intervenant devient célèbre, il est souvent fort demandé de par le monde, ce qui le rend alors inaccessible. Parfois il change de personnalité, il se « prend la tête », devient mégalomane et ses honoraires deviennent trop chers pour le propriétaire de l'animal qui ne peut pas suivre !

La célébrité a des effets à double tranchant. Beaucoup de propriétaires estiment que, si le thérapeute est célèbre, il est inabordable et inaccessible : il doit avoir trop de clients, qu'il est impossible d'obtenir un rendez-vous, ses tarifs doivent être exorbitants... et ils abandonnent avant même d'avoir décroché leur téléphone pour prendre un rendez-vous ! D'autres clients ne viendront que parce qu'ils ont lu dans un magazine un article du célèbre thérapeute, article qui décrit exactement le comportement de leur animal, et ils veulent absolument rencontrer cet individu étonnant. Le vétérinaire psy a beaucoup de mal à rester à la hauteur de telles attentes !

Le vétérinaire psy devient fou

Il est certain, suivant d'autres statistiques, que les thérapeutes sont plus que d'autres soumis aux pathologies mentales. C'est bien pour cette raison – se traiter soi-même – qu'ils se sont mis à étudier la psychologie ou la psychiatrie. Ils le savent et les clients le savent. Peut-être est-ce aussi la situation des vétérinaires psy ?

Il est donc tout à fait possible, pour finir une relation thérapeutique, sans vouloir le dire, de jouer au fou ou à l'idiot. « ... Rien de tel pour quitter la thérapie que d'énoncer quelque chose de parfaitement idiot. Rien de tel également pour laisser à penser au patient qu'il n'y a vraiment aucune raison de revenir voir ce vétérinaire psy. Le patient peut même se laisser aller à jeter un regard rétrospectif, et inquiet, sur la thérapie pour finir par penser qu'il peut facilement s'attribuer à lui-même les progrès qu'il a pu trouver » (Malarewicz, 1998).

Le vétérinaire change de métier

Il est toujours possible de se reconvertir en chercheur, en homme d'affaires, en consultant, en écrivain, en berger (et garder les chèvres dans une région pauvre), mais ce n'est pas évident. Le thérapeute a bien souvent en lui une fibre pathologique, celle du besoin obsessionnel d'aider autrui et de sauver le monde. Il a beau se plaindre du temps que lui prend ce sacerdoce, finalement il se fait tellement plaisir à lui-même qu'il aura bien du mal à recourir à cette méthode pour terminer la thérapie.

La « Causa Nostra » se mêle de la thérapie

Parmi les raisons les plus valables pour arrêter une thérapie, c'est la dangerosité pour soi-même, pour le client et pour l'environnement qui entraîne l'intervenant à décider de se retirer de la thérapie et de désengager sa responsabilité professionnelle.

Je vous donne un exemple. Ce cane corso était dangereux ! Il a mordu et causé des plaies sérieuses. Il était puissant, musclé, un véritable athlète. L'amour que lui portaient ses propriétaires avait-il une limite ? Un jour, Marcus a explosé et mordu sa propriétaire au bras, causant des plaies profondes jusqu'à l'os. Elle a failli perdre le bras mais n'a pas perdu l'amour. Je me suis refusé d'encore traiter le chien, d'encore le voir et j'ai recommandé l'euthanasie. Les propriétaires ont décidé de garder le chien. Au cours des années suivantes, j'ai suivi l'histoire de Marcus. Lorsqu'il eut atteint l'âge de 6 ans, des Corses ont désiré l'acquérir. Ils sont venus à sept, dans deux Mercedes blindées. Le parrain, tel que le décrivait la cliente, était accompagné de ses gardes du corps et de son frère. Celui-ci voulait absolument toucher le chien, a passé sa main à travers le grillage. Marcus l'a regardé la tête basse. La propriétaire a prévenu que Marcus allait lui arracher la main. Marcus a bondi et le Corse a retiré sa main juste à temps. La « Causa Nostra » (comme disait madame) voulait acquérir le chien, offrait les deux voitures en échange, ou un pont d'or. Marcus était un chien corse de pure souche. Les Corses voulaient le reproduire. Ils ne voulaient d'aucun autre chien ; c'était Marcus et personne d'autre. La propriétaire a accepté de reproduire Marcus si j'en donnais l'aval, ce que je me serais bien gardé de faire, refusant de reproduire des animaux dangereux à la personnalité explosive, dont on peut se poser des questions sur la composante génétique évidente. La propriétaire m'a prévenu que les Corses risquaient de m'appeler... Et maintenant, que fais-je ?

Pourquoi il est inutile de prolonger une thérapie

Sauf pour des raisons de rentabilité financière – et je vous dirai que ce sont de mauvaises raisons –, il n'est pas bon de prolonger les thérapies au-delà de ce qui a été convenu. En gardant des patients plusieurs années, ne démontreriez-vous paradoxalement pas l'incurabilité de leur trouble ou votre incompétence à le gérer ? Il y a des troubles incurables qui nécessiteront votre intervention récurrente tout au long de la vie de l'animal. Il existe aussi des systèmes dépendants qui auront besoin de votre présence protectrice tant que vous jouerez le jeu, et les clients abandonniques ne décrocheront jamais d'une personne empathique à l'oreille attentive et à la tolérance infinie.

Cependant, en règle générale, le vétérinaire psy renouvelle sa clientèle sans arrêt. Si, en raison de circonstances surprenantes et inhabituelles – mais c'est quasiment inconcevable –, le thérapeute ne changeait pas au cours des thérapies qu'il conçoit, si le propriétaire ne changeait pas et si l'animal ne changeait pas, au moins la clientèle, elle, changerait sans arrêt !

Annexes

Les outils du vétérinaire psy

1. Les questions essentielles

J'ai parlé des questions élémentaires dans le chapitre sur les particularités de la *première* consultation. Je reprends ici les questions sans commentaires. Il est possible de copier ces pages et de les utiliser en consultation.

Début de consultation. Questions à poser au client :
— Que se passe-t-il ?
— Quels sont les problèmes ?
— En quoi puis-je vous être utile ?
— Qu'attendez-vous de moi ?
— Pourquoi venez-vous voir un vétérinaire comportementaliste ?
— Qu'allons-nous essayer de résoudre ensemble ?

Problèmes, demandes, mandats, solutions antérieures, traitements précédents. Questions à se poser :
— Y a-t-il une demande ?
— La demande est-elle exprimée ou cachée ?

— Quelles sont ces demandes ?
— Quelles sont les attentes exprimées ?
— Quelles sont les attentes cachées (non exprimées) ?
— Le mandat a-t-il été défini et accepté ?
— Pourquoi ce propriétaire consulte-t-il maintenant ?
— Quels sont les problèmes ?
— Quelles sont les exceptions, c'est-à-dire les moments où les problèmes ne s'expriment pas ?
— Qu'est-ce qui est important pour le propriétaire de l'animal ?
— Qu'est-ce qui est secondaire pour le propriétaire de l'animal ?
— Quelles sont les mesures prises par le propriétaire de l'animal pour améliorer la situation ?
— Y a-t-il eu des traitements avant la visite et quels ont été leurs effets ?
— Qu'est-ce qui a réussi, qu'est-ce qui a échoué ?
— Les problèmes ont-ils une solution ou sont-ce des limitations ?

Le symptôme-problème. Questions à poser et à se poser :
— Description complète du comportement et de sa séquence.
— Stabilité ou variabilité de la séquence.
— Quels sont les déclencheurs et les circonstances ?
— Quels sont les postures, les mimiques, le langage du corps ?
— Quelles sont les conséquences ?
— Quelles sont les exceptions à la production du symptôme ?
— Quand le comportement n'apparaît-il pas ?

La cinétique du symptôme. Questions à poser et à se poser :
— Quand le symptôme a-t-il débuté et avec quelle intensité ? Comment le symptôme a-t-il évolué depuis son apparition ?
— Comment le symptôme a-t-il évolué depuis son apparition (faire dessiner) ?

— Est-il stable dans le temps, s'est-il aggravé, s'est-il atténué avec le temps et avec certaines tentatives de solutions ?
— Si le symptôme s'est aggravé, y a-t-il eu des paliers ou l'évolution est-elle continue ? Y a-t-il eu des accélérations dans l'aggravation ?
— Si le symptôme s'est amélioré, y a-t-il eu des améliorations passagères, en palier, continues, progressives... ?
— Actuellement, le symptôme est-il en phase d'aggravation, en phase d'amélioration ou est-il stable ?

Ressources et résistances du système. Questions à se poser :
— Quelles sont les ressources du système ?
— Qui dans le système va pouvoir nous aider ?
— Qu'est-ce que le propriétaire de l'animal est prêt à – et capable de – faire ?
— Le propriétaire est-il prêt à s'engager dans un processus de changement ?
— Préfère-t-il déléguer la totalité des solutions au vétérinaire psy ?
— Le propriétaire est-il prêt à administrer des médicaments ou y est-il opposé ?
— Le propriétaire a-t-il accepté les recadrages ?
— Le propriétaire a-t-il souri ou ri, montré de l'émotion, éventuellement écrasé une larme ?
— Quel a été le langage corporel du client ?
— Le propriétaire a-t-il montré une ouverture ou une fermeture dans son langage corporel ?

Le vétérinaire psy en introspection (ou autocritique, au choix). Questions à se poser :
— Que pense-t-il de sa propre écoute, de son empathie ?
— Que pense-t-il de l'ambiance (la *Stimmung*) ?

— Que pense-t-il que le propriétaire a compris de ce qu'il lui a dit ?
— Le message est-il passé ?
— Le thérapeute a-t-il parlé le langage du client ?

Le référent, ses demandes et attentes. Questions à se poser :
— Pourquoi le référent a-t-il référé le cas, et pourquoi maintenant ?
— Le référent a-t-il déjà proposé un traitement ?
— Quelle est sa vision du problème ?
— Est-ce que les deux visions sont congruentes ?
— Les objectifs sont-ils convergents ?
— Si les visions et les objectifs sont divergents, comment faire pour ne pas critiquer le référent en face du propriétaire de l'animal ?

L'animal. Questions à se poser :
— L'animal est-il physiquement sain ?
— Ne souffre-t-il pas d'un trouble neurologique ou endocrinien qui pourrait activer les troubles psychologiques ?
— Qu'a-t-il vécu dans sa vie qui puisse expliquer éventuellement qu'il ait été conduit à choisir des comportements qui soient devenus des problèmes pour son entourage ?
— A-t-on une idée même vague de sa génétique, du comportement de ses parents, frères et sœurs ?

L'animal dans son système. Questions à se poser :
— L'animal est-il normal dans un système normal ?
— L'animal est-il anormal dans un système normal ?
— L'animal est-il normal dans un système anormal ?
— L'animal est-il anormal dans un système anormal ?

Stratégies thérapeutiques envisageables. Questions à se poser :
— Quelles stratégies le vétérinaire psy peut-il envisager ?
— Seront-elles acceptables pour le propriétaire de l'animal ?
— Maintiennent-elles le bien-être de l'animal et du système dans lequel il vit ?
— Le thérapeute va-t-il prescrire des tâches ? Lesquelles ?
— Les tâches seront-elles mises en pratique par le propriétaire, par un des membres du système ?

2. La consultation télématique

À l'âge de la technologie de la communication immédiate et mondiale, pourquoi la consultation en psychologie animale n'évoluerait-elle pas vers la télématisation ? Pourquoi ne pas consulter par téléphone, télécopie, courriel ou vidéoconférence ?

Ce sujet nécessite quelques réflexions.

Un acte de médecine vétérinaire est défini comme un examen conduisant à un diagnostic d'une maladie ou d'un trouble et à un traitement. L'examen implique la recherche de changements structurels et physiologiques. Un technicien en santé animale ne peut réaliser un acte vétérinaire ; il ne peut faire un diagnostic et ne peut prescrire un traitement médical ; il peut réaliser une thérapie pour un diagnostic réalisé sous supervision d'un vétérinaire.

La médecine comportementale dépend également de l'observation des actes moteurs et des réactions neurovégétatives. Ceux-ci suggèrent des informations sur les émotions, la cognition, les perceptions sensorielles et les humeurs.

Le meilleur observateur est la personne qui vit avec l'animal. Il est impossible pour un vétérinaire comportementaliste d'observer tous les comportements qu'il doit connaître ; s'il voulait le faire, il serait obligé d'être présent avec l'animal pendant des heures jour et nuit. Et sa présence dans l'environnement de l'animal causerait des modifications de ses comportements.

Dès lors, la recherche des signes et symptômes dépend beaucoup de l'entretien avec les propriétaires. Il est plus aisé de le faire en présence des propriétaires et de l'animal parce que cela donne la possibilité au spécialiste de décoder le langage corporel des individus présents. Il n'est cependant pas impossible de réaliser cet entretien par téléphone, par courriel, particulièrement grâce aux nouvelles technologies et à l'utilisation de caméra vidéo. Il manquera cependant toujours quelques informations analogiques, pour sustenter le cerveau droit du thérapeute ! Ce dernier, s'il est intuitif, sera privé de quelques éléments essentiels de son art.

Cependant, les lois professionnelles, codifiées dans les codes de déontologie, ne sont pas toujours d'accord avec les avancées technologiques. En Belgique et en France, le vétérinaire doit examiner l'animal pour lequel il pose un diagnostic et prescrit des traitements. La première consultation doit se faire en présence de l'animal. Les consultations de suivi peuvent être réalisées de façon télématique[1].

Que faire pour un dogue allemand agressif avec ses propriétaires handicapés, alors que le chien n'est jamais monté en voiture et que ces personnes habitent à plus de 100 km et que leurs moyens financiers sont modestes ? Le vétérinaire psy se situe dans un double lien, entre deux lois : entre « non-assistance à personne en danger » et la punition par l'association professionnelle pour consultation télématique.

1. En Belgique du moins.

C'est de toute façon l'éthique et l'aide à autrui qui priment. Pour rester dans le respect de la déontologie, il suffit de passer par l'intermédiaire du vétérinaire référent qui, s'il accepte, prendra en charge les prescriptions et… l'examen clinique (qui est une nécessité).

Cela étant dit, cette situation va évoluer dans l'avenir. Dans de nombreuses régions du monde, la consultation télématique est un fait admis. Pourquoi un spécialiste européen ne pourrait-il pas être consulté par quelqu'un habitant dans un endroit quelconque d'Europe ou même de l'autre côté du monde ?

3. L'échelle d'évaluation globale de fonctionnement (EGF)

Cette échelle est proposée dans le manuel diagnostique et statistique des troubles mentaux de l'association psychiatrique américaine sous le nom de *Global Assessment of Functioning (GAF) Scale* (DSM-IV). Cette « bible » de la nosographie psychiatrique humaine (américaine) contient une description a-théorique des troubles psychiatriques, c'est-à-dire que le DSM ne fait aucune hypothèse de causalité, de pathogenèse et ne donne aucune suggestion de traitement. J'ai préconisé auparavant[1] d'adapter au chien l'échelle d'évaluation présentée dans le DSM[2].

Voici l'échelle en question et, ensuite, quelques exemples d'application au chien.

---

1. Dehasse J., *Mon jeune chien a des problèmes*, Le Jour, Montréal, 2000, p. 106-107.
2. American Psychiatric Association, *Quick Reference to the Diagnostic Criteria from the DSM-IV*, Washington, 1994, p. 46-47.

	Signes chez l'humain
81 à 90	Symptômes absents ou minimes, bon fonctionnement, bonnes initiatives, pas plus de problèmes que les petits soucis de la vie quotidienne.
71 à 80	Symptômes transitoires, réactions prévisibles à des facteurs de stress, invalidité légère du fonctionnement social ou professionnel.
61 à 70	Quelques symptômes légers, ou petites difficultés ou invalidités dans la communication sociale ou le travail professionnel.
51 à 60	Symptômes d'intensité moyenne ou invalidité moyenne dans le fonctionnement social ou professionnel.
41 à 50	Symptômes ou invalidité importante.
31 à 40	Symptômes ou invalidité majeure.
21 à 30	Symptômes ou invalidité grave. Hallucinations. Dépression aiguë grave avec dépérissement.
11 à 20	Dangerosité marquée. Syndrome dissociatif. Totale incapacité de communiquer avec chiens et humains. Dépression aiguë grave avec risque de mortalité.
1 à 10	Hyperagressivité systématisée.

Voici une application de cette EGF chez le chien agressif[1].

	Signes chez le chien agressif
81 à 90	Petits grognements d'assertivité, mimiques de menace avec retroussement des babines, découverte des dents, lors de conflit pour un os, lors de manipulation, lors de dérangement sur le lieu de couchage, etc. Postures compréhensibles. Séquence d'agression limitée à la phase de menace. Etc.

1. Dehasse J., *Le Chien agressif, op. cit.*, p. 263-265.

71 à 80	Quelques jours d'humeur bougonne par mois, ou plus irritable le soir, mais seulement avec des menaces prévisibles et donc gérables. Etc.
61 à 70	Méfiance envers les étrangers et aboiements de distancement en rue envers des personnes bizarres. Impulsivité dans la réaction agressive, mais avec contrôle des attaques et des morsures. Etc.
51 à 60	Attaques de panique une ou deux fois par mois. Réactions d'évitement et/ou d'agression contrôlée face à certaines personnes ou certains chiens. Etc.
41 à 50	Agression contrôlée à forte obligeant le propriétaire à maintenir le chien sous contrôle (laisse, muselière). Etc.
31 à 40	Communication sérieusement altérée (chien délinquant). Recours fréquent à des agressions, qui ont perdu en contrôle (morsures plus fortes). Agression systématique contre une catégorie d'individus (chiens ou humains). Etc.
21 à 30	Agression importante et mal contrôlée sur quiconque sauf quelques familiers. Hallucinations. Mouvements répétitifs (stéréotypies) pendant des heures par jour.
11 à 20	Agression violente et imprévisible. Chien délinquant (dyssocialisé) hyperagressif. Hyperagressions primaire et secondaire liées à des contextes et à des circonstances fréquents ou devenant imprévisibles.
1 à 10	Chien hyperagressif en toutes circonstances.

▒ Notes

Professionnel : chien de travail, de police, de recherche, etc.

Voici une application de cette EGF chez le chien en général[1].

1. Dehasse J., *Mon jeune chien a des problèmes*, *op. cit.*

81 à 90	Trac avant un parcours d'agility. Petits grognements lors de conflit pour un os. Rares fugues. Etc.
71 à 80	Calme excessif et perte d'appétit temporaire au retour des vacances et à la reprise du travail des maîtres ou lors de mise en chenil. Quelques jours d'humeur bougonne par mois. Peur ou phobie d'un stimulus présent rarement dans l'environnement (montgolfière...). Etc.
61 à 70	Vol épisodique hebdomadaire d'aliments ou d'objets. Appétit variable et sommeil perturbé de temps à autre, sans régularité. Parfois aboie, souille ou détruit, quand il est seul. Signes de suractivité temporaire. Etc.
51 à 60	Attaques de panique une ou deux fois par mois. Phobie de l'orage et des feux d'artifice (stimulus très occasionnel). Évitement de certaines situations systématiques et courantes comme les marchés. Réactions d'évitement et/ou d'agression contrôlées face à certaines personnes ou certains chiens. Signes d'hyperactivité. Etc.
41 à 50	Phobie ou anxiété de privation empêchant le chien d'explorer l'environnement ou le maintenant à distance de certaines personnes. Agression contrôlée à forte forçant le propriétaire à maintenir le chien sous contrôle (laisse, muselière). Hyperactivité sérieuse avec manque de contrôle de soi et de ses morsures. Etc.
31 à 40	Communication sérieusement altérée (chien délinquant). Recours fréquent à des agressions qui ont perdu en contrôle (morsure plus forte). Agression systématique contre une catégorie d'individus (chiens ou humains). Dépression chronique. Troubles sérieux du sommeil. Etc.
21 à 30	Agression importante et mal contrôlée sur quiconque sauf quelques familiers. Hallucinations visuelles ou olfactives. Mouvements répétitifs (tournis) pendant des heures par jour. Dépression aiguë avec dépérissement.

11 à 20	Agression violente et imprévisible. Chien délinquant (dyssocialisé) hyperagressif. Crises de panique violentes et quotidiennes avec échappements sans contrôle (et risque de défenestration ou d'accident).
1 à 10	Chien hyperagressif en toutes circonstances.

Cette échelle est réalisée au jour zéro – jour de la consultation, jour de lecture de ce chapitre – et elle permet de suivre l'évolution du chien tant en amélioration qu'en aggravation :

— au cours du traitement,

— au cours de l'évolution de sa problématique, s'il n'est pas traité.

Les vétérinaires comportementalistes disposent également d'échelles quantitatives de l'évaluation émotionnelle ou agressive du chien, élaborées par Patrick Pageat[1], qui seront d'une aide réelle pour le suivi du traitement.

1. Pageat P., *Pathologie du comportement du chien*, Éditions du Point Vétérinaire, 2e édition, 1998.

Liste des principaux « troubles psy » chez le chien et le chat

Un trouble, une maladie, est une collection de symptômes qui sont en corrélation. C'est une description des signes qui se retrouvent souvent ensemble. Ce portrait est subjectif. Chaque auteur propose ses propres portraits utilisant son propre vocabulaire. Il n'y a pas d'agrément international sur les maladies psychologiques. Pour la facilité didactique, j'utilise autant que possible les terminologies de la psychiatrie humaine[1]. L'utilisation des termes de la psychiatrie humaine ne signifie pas que la maladie chez l'animal soit identique, mais je fais l'hypothèse de leur similarité. Il y a aussi des maladies psychologiques typiquement canines ou félines.

La description des maladies, appelée nosographie, permet aux spécialistes de discuter entre eux de façon entendue avec des mots savants. C'est une tentative de donner une structure, une forme, au flou de la symptomatologie psychologique. La description des

1. APA, *op. cit.*

maladies est basée sur les symptômes saillants, ceux qui sont les plus évidents dans le tableau général.

Les maladies sont regroupées suivant leurs affinités et ressemblances[1] :

— les troubles liés à l'âge : développement ou sénescence,
— les troubles des humeurs et des émotions : troubles anxieux, dépressifs et « hyper »,
— les troubles liés au territoire et à l'organisation sociale,
— les troubles liés aux comportements répétitifs,
— les troubles dissociatifs,
— les troubles liés à des atteintes organiques,
— les troubles liés à des substances,
— les troubles de la personnalité,
— les troubles divers : troubles de l'appétit, troubles sexuels, troubles du sommeil.

Cette classification est didactique. Une maladie n'exclut pas une autre. On peut trouver des troubles anxieux et des troubles répétitifs ou des troubles de la personnalité ensemble.

Il faut garder en mémoire que ce n'est pas un diagnostic que l'on traite, mais un animal avec des symptômes. On peut très bien traiter sans connaître le diagnostic de la maladie.

Les troubles liés à l'âge

Cette catégorie rassemble les maladies que l'on observe principalement aux deux extrêmes de la vie, à savoir en période de développement et dans la période de sénescence.

1. Schroll S. et Dehasse J., *Verhaltenmedizin bei der Katze*, Enke, 2004, p. 177-194.

Les troubles liés au développement

On observe des maladies psychologiques qui apparaissent ou tirent leur origine dans le jeune âge, chez le chiot et le chaton.

Le trouble d'hyperactivité

Le trouble hyperactivité (ou TH) est composé de trois éléments incontournables : une condition « hyper », une absence de contrôle de la motricité et une réduction des phases d'arrêt.

Le syndrome de privation[1]

Il s'agit d'un trouble lié à l'insuffisance quantitative et qualitative de stimuli dans le milieu de développement pendant la phase d'imprégnation-socialisation (primaire). Le chiot ou le chaton privé de ces stimuli pendant cette phase sensible peut développer des troubles psychologiques de type manque d'adaptation au milieu de vie, avec phobies ou anxiété.

Les troubles liés au vieillissement

Le vieillissement peut entraîner des troubles de l'adaptation considérés comme des maladies psychologiques ou psychiatriques. Sont spécifiques les troubles cognitifs de l'animal âgé. Les symptômes peuvent être évalués de façon ipsative, c'est-à-dire par autoréférence avec l'histoire de l'animal lui-même. Tester la fonction cognitive en dehors des laboratoires est encore malaisé puisqu'il n'existe pas de tests validés dans ce domaine.

---

1. Pageat P., *op. cit.*

La démence sénile

La démence, définie comme affaiblissement progressif et irréversible des fonctions cognitives et affectives, caractérisé par des troubles de la mémoire, de la communication, de l'orientation et du sommeil, existe chez le chien et le chat âgé[1].

Les troubles de l'humeur et des émotions

Les troubles de l'humeur (troubles thymiques) sont caractérisés par des épisodes récurrents ou par un état permanent d'humeur pathologique. L'humeur est définie comme un sentiment de longue durée qui modifie les réactions émotionnelles, cognitives et comportementales. Les humeurs pathologiques sont l'anxiété, l'état dépressif, l'état « hyper » (exalté), l'état irrité... Il y a autant d'humeurs que d'émotions et de sentiments ; toutes ne sont pas reprises dans les états pathologiques.

Cette section regroupe :

— les troubles anxieux,

— les troubles dépressifs,

— les troubles unipolaires et bipolaires.

Le trouble dysthymique (dépression modérée) a été inséré dans les troubles de la personnalité.

LES TROUBLES ANXIEUX

Les troubles anxieux sont caractérisés par des comportements et postures d'autodéfense (évitement, échappement/fuite, agres-

1. Dehasse J., « Senile dementia or generalised cognitive impairment disorder, 4th International behavioural meeting, Caloundra », Australie, août 2003, p. 207-208.

sion d'autodéfense, immobilité, apaisement) combinés avec soit une hyperréactivité neurovégétative, soit de l'hypervigilance et/ou des activités substitutives.

Les troubles anxieux regroupent les attaques de panique, les phobies, le trouble anxiété généralisée, les troubles anxieux spécifiques...

Les phobies simples

La phobie est une peur ou un dégoût en présence d'un stimulus objectivable *a priori* non dangereux, sans habituation lors de présentation répétée. Les comportements de peur sont typiquement la fuite, l'immobilisation, l'agression d'autodéfense et la tentative de communication sociale.

Les phobies multiples

Le trouble « phobies multiples » est constitué de plusieurs phobies (simples) déclenchées par des stimuli de catégories différentes.

Les critères de diagnostic sont les mêmes que pour le trouble phobie simple, mais il y a plus d'un type de stimulus déclencheur. Le trouble phobies multiples peut évoluer vers un trouble anxiété généralisée, à moins qu'il n'y soit déjà associé.

La phobie sociale

La phobie sociale est une réaction phobique dont le stimulus déclencheur est (l'anticipation d') une interaction sociale spécifique, sans atteinte aux autres interactions sociales ni autres contextes de vie. Il ne s'agit pas de la phobie à un individu particulier (ou à une catégorie d'individus) auquel l'animal n'a pas été socialisé (phobie simple), mais bien d'une interaction sociale (regard, approche, toucher, caresse, etc.) avec un individu (une catégorie d'individus) avec lequel l'animal a été socialisé. Cette peur peut apparaître après traumatisme ou lors de développement d'une croyance d'une cause extérieure (tel qu'un humain) lors d'une situation de douleur.

■ *L'anxiété généralisée*

L'anxiété (généralisée) est un état de crainte et de stress quasi permanent, avec anticipation de désagréments et de dangers, sans que l'on puisse observer un déclencheur objectivable. L'anxiété généralisée est la maladie anxieuse de base sur laquelle vont se greffer d'autres descriptions, comme l'anxiété liée au territoire, l'anxiété en milieu clos...

Les termes « anxiété » et « anxiété généralisée » sont interchangeables ici. En psychologie humaine, on parle d'une anxiété normale, qui peut être considérée comme un analogue de la crainte (avec anticipation) en psychologie animale. Ce trouble est caractérisé par des comportements de défense, des signes de détresse, une hyperréactivité neurovégétative, de l'hypervigilance, des activités substitutives (léchage du pelage, déambulations, ingestion alimentaire ou de boisson...), etc.

■ *L'anxiété de séparation*

Il s'agit d'un état d'anxieté généralisée qui s'accompagne d'hyperattachement et de signes de détresse lorsque l'animal est séparé de la figure d'attachement ou anticipe de l'être. Les signes de détresse peuvent être en « hyper », comme des destructions, des vocalises, des déambulations..., ou en « hypo », comme des immobilités, somnolences... Les signes de détresse peuvent prendre l'aspect de crises de panique. Une forme d'anxiété de séparation se développe à la puberté et est accompagnée d'infantilité et de retard pubertaire.

L'anxiété de solitude

Il s'agit d'un état d'anxiété généralisée qui s'accompagne de signes de détresse lorsque l'animal reste ou anticipe de rester seul. Les signes de détresse peuvent prendre l'aspect de crises de panique.

L'anxiété liée au territoire (chat)

Voir les troubles liés à la déterritorialisation.

L'anxiété de déritualisation interspécifique

Le trouble « anxiété de déritualisation[1] interspécifique » est observé lorsqu'un animal a perdu ses rituels sociaux apaisants avec les personnes avec lesquelles il vit ; c'est le cas, par exemple, lorsqu'il a changé de groupe social. En fait, il s'agit plutôt d'une phobie sociale greffée sur un fond d'anxiété.

L'anxiété de cohabitation (chat)

Voir les troubles de la cohabitation entre chats.

L'anxiété en milieu clos (chat)

Voir les troubles en milieu clos.

L'anxiété liée à une condition médicale

Cette catégorie rassemble les troubles anxieux directement liés à une affection organique, mais excluant les cas de phobie sociale induits secondairement à une affection douloureuse.

---

1. Pageat P., *op. cit.*

L'anxiété induite par des substances

Il s'agit d'un trouble anxieux lié directement à l'utilisation d'une substance à effets psychotropes. Voir aussi les troubles (généraux) induits par des substances.

Le trouble (ou attaque de) panique

Il s'agit d'un trouble dans lequel prédominent les crises de panique, c'est-à-dire des crises de peurs dominées par les signes neurovégétatifs intenses. S'il est aisé de déclencher une crise de panique occasionnelle[1], il est plus rare d'observer un trouble panique avec des crises régulières.

Ce trouble est caractérisé par de courtes crises (de quelques minutes à quelques heures) de peur intense, d'inconfort ou de détresse, au cours de laquelle des symptômes (tels qu'accélération cardiaque, halètements, salivation, nausée, tremblements, crises d'excitation avec fuite ou agression...) se développent brusquement (avec ou plus souvent sans déclencheur connu).

LES TROUBLES DÉPRESSIFS

Les troubles dépressifs rassemblent les états aigus et chroniques dans lesquels l'inhibition de l'action et la perte du plaisir sont prévalentes. Tous ces états ne se ressemblent pas et ne se traitent pas de la même façon. Le stress posttraumatique (dépression aiguë) est une athymie, une absence d'humeur, une perte de l'énergie de vie, alors que la dépression est une hyperthymie, un excès d'humeur, un excès d'énergie dans les émotions de tristesse ou d'irritation.

---

1. Dantzer R., *L'Illusion psychosomatique*, Odile Jacob, Paris, 1989, p. 192-193.

Le trouble de stress posttraumatique (dépression aiguë)

Ce trouble hypothymique (état d'inhibition, de sidération) est adapté très librement du DSM (Acute / post traumatic Stress Disorder[1]). Il a les mêmes événements déclenchants mais manque des aspects cognitifs du trouble psychiatrique humain (ou du moins nous n'en savons rien). Un trouble apparenté a été décrit par Pageat sous le nom de dépression réactionnelle[2].

L'animal, qui a été exposé à un événement traumatique (tel que la perte d'une figure d'attachement, une peur intense, un état d'impuissance... avec ou sans traumatisme physique), présente un manque de réponse émotionnelle, un détachement affectif, un manque d'intérêt pour les stimulations de l'environnement et les activités habituelles, une hypovigilance, une perte d'appétit et de poids, une hypersomnie et/ou un décubitus quasi permanent (même avec insomnie), une inhibition locomotrice (réduction des comportements exploratoires).

La dépression

La dépression n'est pas un état de torpeur mais un état hyperthymique, c'est-à-dire « hyper » qui produit de l'irritabilité et de l'anhédonie (perte de plaisir), de la perte de motivation et du pouvoir de décision.

Ce trouble est caractérisé par de l'humeur irritable et/ou déprimée (posture basse, absence de signes de plaisir, etc.), une réduction de l'intérêt et/ou du plaisir dans la majorité des activités (anhédonie, perte des initiatives, réduction ou augmentation de l'appétit et/ou du poids, insomnie ou hypersomnie, agitation ou inhibition psychomotrice, fatigue, éloignement [distancement, isolement])...

---

1. APA, *op. cit.*, p. 161.
2. Pageat P., *op. cit.*

Les troubles « hyper »

Le trouble « hyper » unipolaire

Trouble hyperthymique temporaire avec exaltation et frénésie, accompagné souvent d'agressivité, caractérisé par de l'hyposomnie (réduction du besoin de dormir), de l'agitation psychomotrice, de l'hypervigilance, une hyperexcitabilité, une hyperréactivité au moindre stimulus, de la distractibilité... et parfois aussi par de l'agression (offensive, défensive et/ou prédatrice) déclenchée par le stimulus le plus trivial, des comportements répétitifs et stéréotypés, des périodes d'immobilité corporelle avec fixation oculaire...

Le dyscontrôle épisodique ou trouble furieux intermittent (chien)

Ce trouble a été décrit comme le trouble furieux (« rage disorder ») du cocker spaniel ou du springer spaniel dans la littérature anglo-saxonne, ou sous le nom de « dysthymie du cocker spaniel[1] », qui en fait un équivalent d'un trouble unipolaire « hyper », ou encore sous le nom de « dyscontrôle épisodique ». Je classe ce trouble de façon séparée en raison de l'aspect explosif des épisodes agressifs et de la versatilité et de l'instabilité de l'humeur, l'animal étant capable de passer rapidement du comportement de compagnon bien éduqué à un état furieux en quelques minutes, comme un changement de type « Dr Jekyll et Mr Hyde[1] ».

Ce trouble est caractérisé par des épisodes distincts d'une humeur anormalement irritable et agressive, ne se prolongeant

1. Pageat P., *op. cit.*

pas plus que quelques heures à quelques jours, avec agitation psychomotrice, hypervigilance, hyperexcitabilité, hyperréactivité, agression de possession, agression d'autodéfense et de distancement et, parfois aussi, présence de comportements répétitifs ou même de stéréotypies, une diminution des réponses d'obéissance, des périodes de fixité ou de fixation oculaire de plus de 10 secondes...

Les troubles sociaux et socio-territoriaux

Les troubles de l'ajustement à l'organisation hiérarchique (chien)

Il s'agit d'un trouble de l'ajustement, de l'adaptation, le chien étant incapable de s'adapter à l'organisation sociale qui lui est imposée par la famille.

Ce trouble est caractérisé par des accès fréquents et/ou excessifs à des privilèges dominants, par l'expression fréquente et/ou excessive de postures ou de comportements dominants.

Les troubles de la cohabitation entre chats

Les chats ne sont pas spécialement adaptés pour vivre ensemble. Quand ils doivent cohabiter, ils peuvent présenter différents types de dégradation de leurs états émotionnels et de leurs compétences de communication. Ce trouble affecte au minimum deux chats qui présentent des comportements complémentaires. Il s'agit d'un trouble systémique. Si un seul chat est affecté dans un groupe, on pensera davantage à une phobie sociale.

Les troubles de la déterritorialisation, troubles liés au territoire

La disruption des marques territoriales apaisantes peut conduire à des comportements peureux et anxieux accompagnés de l'altération des marquages faciaux et de la production de souillures urinaires et/ou marquage urinaire. C'est la cause principale de consultation avec des chats.

Les troubles en milieu clos (appartement)

Les chats ne s'adaptent pas aisément à un environnement fermé de petite dimension. Ils peuvent développer de l'anxiété avec des comportements prédateurs redirigés vers leurs propriétaires.

Les troubles répétitifs

Cette section concerne les cognitions et les comportements répétitifs prévalents tels que compulsions, tics, activités stéréotypées et stéréotypies. Si le comportement répétitif est corrélé avec un autre trouble, il n'est pas repris ici.

Les troubles compulsifs

Lorsque les comportements répétitifs sont inadaptés, qu'ils apparaissent quasiment seuls et/ou dominent le tableau clinique, que le chat ne peut les stopper spontanément, ils sont définis comme des « compulsions » (obnubilations), l'animal semblant contraint par une motivation interne, un « drive », une propension, à réaliser et à répéter ledit comportement de façon itérative.

L'aspect obsessionnel (cognitif) décrit en psychiatrie humaine est peu accessible à l'analyse en médecine vétérinaire. Cependant, on peut envisager deux niveaux de compulsions :

— Compulsion cognitive avec séquence comportementale maintenue.

— Compulsion avec séquence comportementale répétitive et stéréotypée. Dans ce cas, il n'y a plus d'adaptation de la séquence, de la structure, de la fonction, de la durée, aux stimuli de l'environnement.

Cette spécification peut avoir un impact au niveau des stratégies de traitement.

En l'absence de signes de peur (ou d'anxiété), il n'y a pas de raison majeure d'en faire un trouble appartenant au groupe des troubles anxieux, tel qu'on le classe dans le DSM[1].

Les critères de diagnostic sont basés sur des comportements compulsifs fréquents, excessifs, consommateurs de temps et stéréotypé (tels que léchage dans l'air, léchage de patte, marcher en cercle, déambuler, tourner en rond comme une toupie, chasser sa queue, mâcher de la laine et autres tissus et matières, chasser des mouches inexistantes, se ronger les griffes, chasser des ombres, etc.), non déclenchés par une recherche d'attention (comportement de recherche d'attention ritualisé).

Les tics

Les tics sont des actes moteurs simples (qui n'ont pas la caractéristique d'un comportement) répétitifs et stéréotypés[2].

---

1. APA, *op. cit.*
2. *Ibid.*, p 71.

Les troubles dissociatifs

Cette section concerne les tableaux cliniques dans lesquels les comportements fonctionnels se dégradent et les comportements altérés (surtout une perte de réceptivité à l'environnement, de l'hébétude, des hallucinations et des stéréotypies) s'accroissent progressivement et inéluctablement. Ce trouble semble encore plus rare chez le chat qu'il ne l'est chez le chien.

Le trouble dissociatif chez le chien

Ce trouble, analogue de la schizophrénie humaine, est diagnostiqué lors d'une présence croissante et invalidante de signes comportementaux inadaptés, tels que des mouvements répétitifs (stéréotypies : marche en cercle, attaque de la queue, tournis…), des hallucinations, de l'hébétude, avec une réduction des réponses aux sollicitations de l'environnement (des propriétaires).

Le trouble hyperesthésie féline

Ce trouble est constitué de crises psychomotrices répétitives avec hyperesthésie. Le chat est décrit comme « dans un autre monde », regardant son corps (sa queue) ou les sujets dans l'environnement comme s'il ne les reconnaissait pas (comme une menace), et ne réagit pas aux sollicitations de l'environnement, ce qui justifie l'hypothèse de dissociation.

Le chat présente des crises fréquentes et excessives d'hyperesthésie, pendant lesquelles on retrouve des tressaillements de la peau, suivi ou non de courses erratiques, de la fixation du regard et/ou des grondements et/ou une attaque et/ou une morsure de la queue (tenue souvent raide et droite), du flanc ou du pelvis, de la nervosité (déambulations constantes avec vocalisations), des périodes de léchage des membres antérieurs et/ou mâchonnements des griffes (onychophagie)...

Les troubles liés à des atteintes organiques

Les troubles comportementaux d'origine organique sont dus à des altérations organiques connues telles qu'une affection cérébrale, primaire ou secondaire à une maladie biologique, chimique, métabolique, dégénérative ou douloureuse. La démence sénile, les eidolies hallucinosiques (dégénérescence des photorécepteurs), etc., en sont quelques exemples.

Les troubles liés à des substances

Ces troubles sont dus à des substances chimiques à effets psychotropes qui entraînent une modification de l'humeur, des émotions, des cognitions, des perceptions ou des actes moteurs. Les effets peuvent être primaires ou secondaires, apparaître lors de l'administration de la substance ou lors du sevrage de celle-ci...

L'hallucinose due à une substance

Ce tableau clinique a été décrit par Patrick Pageat[1] chez le chat et le chien, qui présentent des comportements d'évitement et/ou d'agression (de défense) lorsqu'ils sont dans un contexte de repos, une hypersensibilité aux stimuli lumineux tels que des spots lumineux (mobiles), une illumination stroboscopique ou des

1. Pageat P., *op. cit.*, p. 317-320.

objets colorés brillants. Ces troubles comportementaux apparaissent suite à l'administration d'une substance chimique telle qu'un anesthésique comme la kétamine.

Les troubles de la personnalité

Cette division regroupe des troubles de la personnalité, définis comme un ensemble de traits (de caractère) ou une disposition psychobiologique, mal adaptés (ou inadaptés), envahissants, inflexibles (peu modifiables), qui conduisent à une perte de l'homéostasie et/ou à des interférences sévères avec les activités sociales normales. Les troubles de la personnalité persistent toute la vie.

La personnalité dépendante

Ce trouble de la personnalité est constitué par un pattern envahissant d'hyperattachement et de peur de la séparation/solitude commençant généralement à la période pubertaire ou chez le jeune adulte.

La personnalité dyssociale

Ce trouble de la personnalité est constitué par un pattern envahissant d'un manque de capacités sociales, d'incapacité de communiquer avec des rituels sociaux apaisants, d'agressivité sociale, chez des chiens ou des chats âgés de plus de 9 semaines. Ce trouble est caractérisé par une absence de posture d'apaisement, un manque de contrôle des morsures et des griffades (causant des blessures et de la douleur) au cours de jeux, dans l'agression de compétition et dans les agressions irritative, et des réactions impulsives.

La personnalité dysthymique

Il s'agit d'une personnalité dépressive, qui n'a pas tous les critères ni l'intensité du trouble dépression, caractérisée par une humeur irritable et/ou déprimée, une perte d'initiatives et une réduction des comportements liés au plaisir.

La personnalité impulsive-explosive

Ce trouble insiste sur le caractère rapide (impulsif) des réponses comportementales de l'animal et/ou sur son caractère intense et non contrôlé (explosif).

Les troubles divers

Je regroupe dans les troubles divers les affections de certaines fonctions comportementales sans atteinte générale.

Les troubles des conduites sexuelles

On observe des conduites sexuelles aberrantes pour l'espèce, mais satisfaisantes pour l'individu. Décider que ces conduites sont pathologiques est une question de vision du monde.

Les troubles sexuels de type paraphilie

Une paraphilie est définie comme une excitation sexuelle en réaction à des objets ou individus qui ne font pas partie des modèles normatifs éthologiques de stimulation, et le comportement qui en résulte interfère avec la capacité du sujet à être efficace dans la perpétuation de l'espèce. Une paraphilie peut être adaptative au niveau de l'individu et considérée comme pathologique dans l'épistémologie éthologique. Les paraphilies sont extrêmement rares.

L'HOMOSEXUALITÉ

Une homosexualité[1] vraie – préférence d'un partenaire du même sexe et cela même en présence d'un partenaire opérationnel et motivé du sexe opposé – est extrêmement rare.

L'ANTHROPOPHILIE

On pourrait appeler anthropophilie la préférence chez l'animal d'un partenaire humain (bras, jambe), avec rejet du partenaire de l'espèce.

LA ZOOPHILIE

On pourrait appeler zoophilie la préférence chez l'animal d'un partenaire animal autre qu'un individu de la même espèce, avec rejet du partenaire de l'espèce.

Les troubles sexuels dysfonctionnels

Il s'agit de troubles caractérisés par une altération de la motivation (intensité, fréquence), de la séquence ou des performances sexuelles, indépendamment de causes organiques, d'un trouble anxieux ou d'un trouble de l'humeur.

LA RÉDUCTION DE L'EXCITATION SEXUELLE CHEZ LE MÂLE

Manque ou insuffisance répétée et persistante, en présence de différents partenaires, de motivation dans le comportement de cour, de chevauchement, de pénétration.

1. Beaver B., *Feline Behavior : A Guide for Veterinarians*, Saunders, 1992.

LA RÉDUCTION DE L'EXCITATION SEXUELLE CHEZ LA FEMELLE

Manque ou insuffisance répétée et persistante, en présence de différents partenaires, de motivation dans le comportement de cour, de l'acceptation du chevauchement, de l'acceptation de la pénétration...

L'anœstrie psychogène ne sera diagnostiquée qu'après élimination de tout problème organique.

L'AUGMENTATION DE L'EXCITATION SEXUELLE CHEZ LE MÂLE, SATYRIASIS

Excès pathologique répété et persistant dans toutes ou certaines séquences du comportement sexuel.

L'AUGMENTATION DE L'EXCITATION SEXUELLE CHEZ LA FEMELLE, NYMPHOMANIE

Excès pathologique répété et persistant dans toutes ou certaines séquences du comportement sexuel.

C'est le cas lors de troubles organiques comme les ovaires polykystiques. Une nymphomanie psychogène non organique n'a pas encore été diagnostiquée à ma connaissance.

LES TROUBLES DES CONDUITES ALIMENTAIRES

On observe des modifications des comportements alimentaires, indépendantes de troubles organiques objectivables et qui ne sont pas mieux décrites par un autre trouble psychologique.

L'hyperphagie

Excès pathologique d'ingestion alimentaire.

Le pica

Ingestion (pathologique) répétitive d'éléments non alimentaires tels que des fibres textiles, des feuilles, des graviers, de la bande magnétique, des aiguilles à coudre…

Cette pathologie peut conduire à la mort de l'animal par blocage ou perforation d'un organe du système digestif.

LES TROUBLES DU SOMMEIL

La narcolepsie

La narcolepsie est un endormissement soudain et irrésistible en pleine phase d'activité, lors d'un repas, d'une marche… La narcolepsie peut s'accompagner d'une cataplexie (perte du tonus musculaire).

Le trouble panique du sommeil

Épisodes récurrents ou abrupts de réveils au cours du sommeil, avec des signes de panique : peur intense et signes neurovégétatifs (tels qu'accélération cardiaque et respiratoire, miction ou défécation émotionnelle) ; l'animal ne s'apaise pas malgré les tentatives des figures d'attachement pour l'apaiser.

La désynchronisation du rythme circadien

Il s'agit d'une inversion des rythmes jour-nuit, indépendamment d'un trouble dépressif.

Ce trouble n'est problématique qu'à partir du moment où il entraîne des problèmes dans l'environnement social, tels qu'un trouble du sommeil des propriétaires.

Petit lexique pour non-initiés

Boîte noire	Symbole décrivant l'élément inconnu ou négligé en thérapie comportementale stricte, c'est-à-dire la personnalité de l'individu, son fonctionnement mental, son état organique.
Chakra	Centre d'énergie situé le long de la colonne vertébrale, suivant la médecine énergétique et ésotérique. Les chakras sont au nombre de sept.
Cinétique	La cinétique (du grec *kinêtikos*, « mobile ») est le mouvement du symptôme, sa trajectoire, sa vitesse de transformation, ses modifications, ses modulations, ses développements.
Clicker training	Méthode d'apprentissage utilisant le clicker ou cliquette (petit objet faisant un cliquetis) comme renforcement positif symbolique.
Compliance	Voir « Observance ».
Courriel	e-mail, courrier électronique.
DSM	Manuel diagnostique et statistique des troubles mentaux, publié par l'Association psychiatrique américaine.
EGF	Échelle d'évaluation globale de fonctionnement.

Empathie	L'empathie est la capacité de comprendre cognitivement et, surtout, affectivement autrui, sans jugement et avec acceptation totale, tant dans ses bonheurs que – et c'est ce qui nous préoccupe davantage ici – dans ses problèmes et malheurs, sans en souffrir, sans en être malade, en gardant toutes ses compétences pour aider la personne et sans imposer ses propres idées et solutions.
Feng shui	Philosophie d'origine chinoise de création d'un environnement ergonomique et harmonieux.
Géobiologie	Science de la biologie de la Terre, la géobiologie analyse les structures énergétiques de la Terre, les cours d'eau souterrain, les zones de failles, les ondes de forme, etc.
Granulome	De *granulum*, lésion cutanée en forme de petite tuméfaction arrondie.
Infralogique	Système déductif basé sur un ensemble de présomptions et d'inférences hypothétiques – et souvent de bon sens – mais rarement précises et correctes (et donc logiquement erronées). L'infralogique est inductive, la logique est déductive. « Ensemble de régularités énonçables de l'esprit dans son fonctionnement et dans son appréhension des phénomènes extérieurs à lui. Les règles infralogiques sont [...] plus ou moins indépendantes des lois du raisonnement formel [...] : propagation illimitée de la causalité dans les chaînes de syllogisme, principe du tiers exclu, principe de transitivité, etc. » (Moles, 1995, p. 119-122). Exemple de la loi de corrélation : « La corrélation est toujours une (présomption de) causalité » (Moles, 1995, p. 120).
Nosographie	De *nosos* (maladie) et *graphein* (décrire), science de la description des pathologies.
Observance	Application des prescriptions sans (trop) dévier des règles énoncées. Forme d'obéissance aux prescriptions de l'expert.
Pathologique, état	Un état pathologique est une condition de l'organisme (somatique, humeur, etc.) qui empêche l'adaptation et le retour à l'équilibre (homéostasie). Par exemple, l'anxiété ou la dépression sont des états d'humeur pathologique.

PNL	Programmation neuro-linguistique.
Pseudocyèse	De *pseudo* (« faux ») et *cyesis* (« gestation »), pseudogestation avec ou sans lactation. En fait, chez les animaux, la pseudocyèse est une phase hormonale tout à fait normale accompagnée de changements d'humeur et de comportements maternants.
Reiki	Du mot japonais signifiant « force de vie universelle », méthode thérapeutique qui vise à modifier ou à équilibrer les énergies par des placements (impositions) de main spécifiques.
Sculpture	Au sens de la formation en systémique, mise en scène et façonnement des postures et mimiques des personnages afin d'en faire ressentir le vécu émotionnel et cognitif.
Sémiologie	Voir « Sémiotique ».
Sémiotique	De *sémios* (signe), science de la description et de l'interprétation des signes (et symptômes).
Somesthésie	De *soma* et *esthésis*, qui est en rapport avec la perception sensorielle au niveau corporel.
Thérapeute	Thérapeute ou psychothérapeute, « la personne qui a la prétention de proposer une psychothérapie... Résultat de l'interaction, constamment remaniée, entre sa propre personne et un ensemble de concepts et de techniques constituants eux-mêmes à la fois un modèle et une théorie » (Malarewicz, 1996). Le thérapeute est un acteur qui prétend faire de la psychothérapie dans la pièce de théâtre qu'est la vie.
Thérapie	Thérapie ou psychothérapie, « monde virtuel où peut survenir ce que le patient [client] peut considérer comme étant une solution » (Malarewicz, 1996).
Thymoana-leptique	De *thumos* (« humeur, siège des passions »), *ana* (« de bas en haut ») et *lambano/leptomai* (« prendre ») : qualificatif de ce qui stimule l'humeur.

Lectures utiles

ALAMÉDA A., *Les 7 Péchés familiaux*, Odile Jacob, Paris, 1998.

AMERICAN PSYCHIATRIC ASSOCIATION, *Quick Reference to the Diagnostic Criteria from the DSM-IV*, Washington, 1994.

CABIÉ M.-C. et ISEBAERT L., *Pour une thérapie brève (Le libre choix du patient comme éthique en psychothérapie)*, Érès, Ramonville Saint-Agne, 1997.

DEHASSE J., *Mon jeune chien a des problèmes*, Le Jour, Montréal, 2000.

DEHASSE J., *Mon chien est-il dominant ?*, Le Jour, Montréal, 2000.

DEHASSE J., *Le Chien agressif*, Publibook, Paris, 2002.

Grand Dictionnaire de la psychologie, Larousse, Paris, 1999.

HALEY J., *Learning & Teaching Therapy*, The Guilford Press, New York, 1996.

KOURILKSY-BELLIARD F., *Du désir au plaisir de changer*, InterEditions, Paris, 1995.

MALAREWICZ J.-A., *Comment la thérapie vient au thérapeute*, ESF, Paris, 1996.

MALAREWICZ J.-A., *Quatorze Leçons de thérapie stratégique*, ESF, Paris, 1998.

MALAREWICZ J.-A., *Repenser le couple*, Le Livre de poche, Paris, 2001.

MILLER W.R. et ROLLNICK S., *Motivational Interviewing*, The Guilford Press, New York-Londres, 2002.

MOLES A., *Les Sciences de l'imprécis*, Seuil, Paris, 1995.

PAGEAT P., *Pathologie du comportement du chien*, Éditions du Point Vétérinaire, 2e édition, 1998.

TURCHET P., *La Synergologie*, Éditions de l'Homme, Montréal, 2000.

WATZLAWICK P., WEAKLAND J. et FISCH R., *Change*, Norton, New York, 1974.

WATZLAWICK P., *The Situation is Hopeless but not Serious*, Norton, New York, 1983.

WATZLAWICK P., *The Language of Change (Elements of Therapeutic Communication)*, Norton, New York, 1993.

Table

Annexes – Les outils du vétérinaire psy

DU MÊME AUTEUR

Odile Jacob, Paris :
Tout sur la psychologie du chat, 2005.

Publibook.com :
Le Chien agressif, 2002.

Le Jour, Montréal :
Chiens hors du commun, 1996.
Chats hors du commun, 1998.
L'Éducation du chien, 1998.
Mon chien est bien élevé, 2000.
Mon jeune chien a des problèmes, 2000.
Mon chien est-il dominant ?, 2000.
L'Éducation du chat, 2000.
Le Chien qui vous convient, 2001.

Dans la collection « Mon chien de compagnie » :
48 titres sur les races de chien.

Éditions Vander, Bruxelles :
Le Chat cet inconnu, 1985.
Mon chien est d'une humeur de chien, 1987.
L'Homéopathie, pour votre chien, pour votre chat, 1989.

Delcourt Productions, Paris :
Ma vie de chat, dessins de Bruno Marchand, 1991.

Site Internet de l'auteur : http://www.joeldehasse.com

CET OUVRAGE A ÉTÉ TRANSCODÉ
ET MIS EN PAGES CHEZ NORD COMPO (VILLENEUVE-D'ASCQ)
ET ACHEVÉ D'IMPRIMER SUR ROTO-PAGE
PAR L'IMPRIMERIE FLOCH À MAYENNE
EN DÉCEMBRE 2005

N° d'impression : 64561.
N° d'édition : 7381-1705-X.
Dépôt légal : janvier 2006

Imprimé en France